O homem,
esse desconhecido

O livro é a porta que se abre para a realização do homem.

Jair Lot Vieira

ALEXIS CARREL

O homem,
esse desconhecido

Tradução, apresentação e notas:
EVELYN TESCHE
Bacharel em Letras pela UFRGS

O Homem, esse Desconhecido
Alexis Carrel
Tradução, apresentação e notas: Evelyn Tesche

1ª Edição 2016

© desta tradução: *Edipro Edições Profissionais Ltda. – CNPJ nº 47.640.982/0001-40*

Todos os direitos reservados. Nenhuma parte deste livro poderá ser reproduzida ou transmitida de qualquer forma ou por quaisquer meios, eletrônicos ou mecânicos, incluindo fotocópia, gravação ou qualquer sistema de armazenamento e recuperação de informações, sem permissão por escrito do Editor.

Editores: Jair Lot Vieira e Maíra Lot Vieira Micales
Produção editorial: Fernanda Rizzo Sanchez
Revisão: Ricardo Ondir
Projeto gráfico e editoração eletrônica: Cristina Sousa | Diagrama Studio Design
Arte da capa: Marcela Badolatto | Studio Mandragora

Dados Internacionais de Catalogação na Publicação (CIP)
(Câmara Brasileira do Livro, SP, Brasil)

Carrel, Alexis, 1873-1944.
   O homem, esse desconhecido / Alexis Carrel ; tradução, apresentação e notas Evelyn Tesche.
-- São Paulo : EDIPRO, 2016.

   Título original: L'homme cet inconnu.

   ISBN 978-85-7283-961-7

   1. Homem I. Tesche, Evelyn. II. Título.

15-10579   CDD-301

Índice para catálogo sistemático:
1. Antropologia 301

EDITORA AFILIADA

edições profissionais ltda.
São Paulo: Fone (11) 3107-4788 – Fax (11) 3107-0061
Bauru: Fone (14) 3234-4121 – Fax (14) 3234-4122
www.edipro.com.br

Sumário

APRESENTAÇÃO 13

Introdução 16

Prefácio à última edição norte-americana 21

I – DA NECESSIDADE DE CONHECERMOS A NÓS MESMOS 29

1 – A ciência dos seres vivos progrediu mais lentamente do que a da matéria inanimada. – Nossa ignorância sobre nós mesmos. 29

2 – Essa ignorância deve-se ao modo de existência de nossos ancestrais, à complexidade do ser humano, à estrutura de nossa mente. 33

3 – O modo como as ciências mecânicas, físicas e químicas transformaram o nosso meio. 37

4 – Os resultados para nós. 42

5 – As transformações do meio são perigosas porque foram produzidas sem o conhecimento de nossa natureza. 46

6 – Necessidade prática do conhecimento do homem. 49

II – A CIÊNCIA DO HOMEM 51

1 – Necessidade de uma escolha em meio ao volume de dados heterogêneos que temos sobre nós mesmos. – O conceito operacional de bridgman. – Sua aplicação no estudo dos seres vivos. – Conceitos biológicos. – A mistura de conceitos das diferentes ciências. – Eliminação dos sistemas filosóficos e científicos, ilusões e erros. – Papel das conjeturas. 51

2 – É indispensável fazer um inventário completo. – Nenhum aspecto do homem deve ser privilegiado. – Evitar dar importância exagerada a uma parte em detrimento das outras. – Não se limitar ao que é simples. – Não excluir o que é inexplicável. – O método científico é aplicável à totalidade do ser humano. 56

3 – Deve-se desenvolver uma verdadeira ciência do homem. – Ela é mais necessária do que as ciências mecânicas, físicas e químicas. – Seu caráter analítico e sintético. 60

4 – Para analisar o homem, várias técnicas são necessárias. – Foram as técnicas que criaram a divisão do homem em partes. – Os especialistas. – Seu perigo. – Fragmentação indefinida do objeto. – A necessidade de cientistas não especializados. – Como melhorar os resultados das pesquisas. – Redução do número de cientistas e estabelecimento de condições próprias para a criação intelectual. 62

5 – Observação e experiência na ciência do homem. – A dificuldade das experiências comparativas. – A lentidão dos resultados. – Utilização de animais. – Experiências feitas em animais de inteligência superior. – Organização das experiências de longo prazo. 67

6 – Reconstituição do ser humano. – Cada fragmento deve ser considerado em suas relações com o todo. – As características de uma síntese utilizável. 71

III – O CORPO E AS ATIVIDADES FISIOLÓGICAS 73

1 – O homem. – Seus dois aspectos. – O substrato corporal e as atividades humanas. 73

2 – Dimensões e forma do corpo. 75

3 – Sua superfície exterior e interior. 78

4 – Sua constituição interna. – As células e suas associações. – Sua estrutura. – As diferentes raças celulares. 82

5 – O sangue e o meio interior 87

6 – A nutrição dos tecidos. – As trocas químicas. 90

7 – A circulação do sangue. – Pulmões e rins. 92

8 – As relações químicas do corpo com o mundo exterior. 94

9 – As funções sexuais e a reprodução. 97

10 – As relações físicas entre o corpo e o mundo exterior. – Sistema nervoso voluntário. – Sistema esquelético e muscular. 100

11 – Sistema nervoso visceral. – A vida inconsciente dos órgãos. 105

12 – Complexidade e simplicidade do corpo. – Os limites anatômicos e os limites fisiológicos dos órgãos. – Homogeneidade fisiológica e heterogeneidade anatômica. 108

13 – Modo de organização do corpo. – A analogia mecânica. – As antíteses. – A necessidade de se contentar com os dados imediatos da observação. – As regiões desconhecidas. 111

14 – Fragilidade e resistência do corpo. – O silêncio do corpo saudável. – Os estados intermediários entre a doença e a saúde. 114

15 – As doenças infecciosas e degenerativas. 117

IV – AS ATIVIDADES MENTAIS. 121

1 – O conceito operacional de consciência. – A alma e o corpo. – Questões sem sentido. – A introspecção e o estudo do comportamento. 121

2 – As atividades intelectuais. – A certeza científica. – A intuição. – Clarividência e telepatia. 124

3 – As atividades afetivas e morais. – Os sentimentos e o metabolismo. – O temperamento. – O caráter inato das atividades morais. – Técnicas para o estudo do senso moral. – A beleza moral. 128

4 – O senso estético. – A supressão da atividade estética na vida moderna. – A arte popular. – A beleza. 132

5 – A atividade mística. – As técnicas da mística. – Conceito operacional da experiência mística. 134

6 – As relações entre as atividades da consciência. – A inteligência e o senso moral. – Os indivíduos desarmônicos. 137

7 – As relações entre as atividades mentais e fisiológicas. – A influência das glândulas na mente. – O homem pensa com o cérebro e com todos os órgãos. 141

8 – A influência das atividades mentais nos órgãos. – A vida moderna e a saúde. – Os estados místicos e as atividades nervosas. – A oração. – As curas milagrosas. 144

9 – A influência do meio social na inteligência, no senso estético, moral e religioso. – Suspensão do desenvolvimento da consciência. 149

10 – As doenças mentais. – Os débeis mentais, os loucos e os criminosos. – Nossa ignorância sobre as doenças mentais. – Hereditariedade e meio. – A debilidade mental nos cães. – A vida moderna e a saúde psicológica. 153

V – O TEMPO INTERIOR 157

1 – A duração. – Sua mensuração pelo tempo solar. – A extensão das coisas no espaço e no tempo. – Tempo matemático. – Conceito operacional do tempo físico. ... 157

2 – Definição do tempo interior. – Tempo fisiológico e tempo psicológico. – A medida do tempo fisiológico. 161

3 – As características do tempo fisiológico. – Sua irregularidade. – Sua irreversibilidade. 165

4 – O substrato do tempo fisiológico. – Mudanças sofridas pelas células que vivem em um meio limitado. – As alterações progressivas dos tecidos e do meio interior. 168

5 – A longevidade. – É possível aumentar a duração da vida. – É desejável fazê-lo? 172

6 – O rejuvenescimento artificial. – As tentativas de rejuvenescimento. – O rejuvenescimento é possível? 175

7 – Conceito operacional do tempo interior. – O real valor do tempo físico na infância e na velhice 178

8 – A utilização do conceito de tempo interior. – A duração do homem e da civilização. – A idade fisiológica e o indivíduo. 180

9 – O ritmo do tempo fisiológico e a modificação artificial dos seres humanos. 182

VI – AS FUNÇÕES ADAPTATIVAS 184

1 – As funções adaptativas. 184

2 – Adaptação intraorgânica. – Regulação automática da composição do sangue e dos humores. 186

3 – As correlações orgânicas. – Aspecto teleológico do fenômeno. 189

4 – A reparação dos tecidos. 191

5 – A cirurgia e os fenômenos adaptativos. 194

6 – As doenças. – Significado da doença. – A resistência natural à doença. – A imunidade adquirida. 196

7 – As doenças microbianas. – As doenças degenerativas e os fenômenos adaptativos. – As doenças contra as quais o organismo não reage. – Saúde artificial e saúde natural. 199

8 – Adaptação extraorgânica. – Adaptação às condições físicas do meio. 201

9 – Modificações permanentes do corpo e da consciência produzidas pela adaptação. 204

10 – Adaptação ao meio social pelo esforço e pela fuga. – A falta de adaptação. 207

11 – As características das funções adaptativas. – O princípio de Le Châtelier e a estabilidade interna do corpo. – A lei do esforço. 210

12 – A supressão da maioria das funções adaptativas pela civilização moderna. 213

13 – Necessidade da atividade das funções adaptativas para o desenvolvimento ideal dos seres humanos. 216

Significado da adaptação. – Suas aplicações práticas 219

VII – O INDIVÍDUO. 220

1 – O ser humano e o indivíduo. – A querela entre realistas e nominalistas. – A confusão entre símbolos e fatos concretos. 220

2 – A individualidade tecidual e humoral. 222

3 – A individualidade psicológica. – As características que constituem a personalidade. 226

4 – A individualidade da doença. – A medicina e a realidade dos universais. 229

5 – Origem da individualidade. – A querela entre geneticistas e behavioristas. – Importância relativa da hereditariedade do desenvolvimento. – A influência dos fatores hereditários no indivíduo. 232

6 – A influência do desenvolvimento no indivíduo. – Variações do efeito desse fator de acordo com as características inatas do indivíduo. 235

7 – Os limites do indivíduo no espaço. – As fronteiras anatômicas e psicológicas. – Extensão do indivíduo para além das fronteiras anatômicas. 238

8 – Os limites do indivíduo no tempo. – As ligações do corpo e da consciência com o passado e o futuro. 242

9 – O indivíduo. 245

10 – O homem é simultaneamente um ser humano e um indivíduo. – O realismo e o nominalismo são ambos necessários. 248

11 – Significado prático do conhecimento de nós mesmos. 251

VIII – A reconstrução do homem 252

1 – A ciência do homem pode conduzir à sua renovação? 252

2 – Necessidade de uma mudança de orientação intelectual. – O erro da Renascença. – A preeminência da matéria e do homem. 255

3 – Como utilizar o conhecimento de nós mesmos. – Como fazer uma síntese. – É possível um cientista adquirir tantos conhecimentos? 258

4 – Instituições necessárias à ciência do homem. 261

5 – A restauração do homem de acordo com as regras de sua natureza. – Necessidade de agir simultaneamente sobre o indivíduo e seu meio. 266

6 – As escolhas dos indivíduos. – As classes biológicas e sociais. 269

7 – A construção da elite. – A eugenia voluntária. – Uma aristocracia hereditária. 271

8 – Os agentes físicos e químicos da formação do indivíduo. 274

9 – Os agentes fisiológicos. 276

10 – Os agentes psicológicos. 279

11 – A saúde. 281

12 – O desenvolvimento da personalidade. 283

13 – O universo humano. 286

14 – A reconstrução do homem. 287

Apresentação

Alexis Carrel foi uma das figuras mais emblemáticas do meio científico ocidental do início do século XX. Nascido perto de Lyon, na França, em 1873, Carrel formou-se em Medicina pela Universidade de Lyon em 1900. Seus talentos cirúrgicos, evidenciados pelo desenvolvimento de técnicas inovadoras de sutura de vasos sanguíneos, trouxeram-lhe reconhecimento profissional desde cedo, mas, em 1904, conflitos ideológicos obrigaram-no a trocar a comunidade médica francesa pela norte-americana. Depois de dois anos trabalhando em Montreal e em Chicago, foi convidado por Simon Flexner a integrar o recém-fundado Instituto Rockefeller de Pesquisas Médicas, onde aperfeiçoou suas habilidades cirúrgicas e iniciou as culturas de células e tecidos *in vitro*, que lhe renderam, em 1912, o Prêmio Nobel em Medicina ou Fisiologia.

Na década de 1930, após um retorno temporário à França durante a Primeira Guerra Mundial, seu projeto no Instituto Rockefeller evoluiu para a cultura de órgãos vivos inteiros fora do corpo. Esse trabalho, além de representar um precursor direto das técnicas modernas do transplante de órgãos, colocou Carrel em contato com Charles Lindbergh, o famoso aviador norte-americano, com quem desenvolveu, em uma inusitada colaboração científica, uma bomba de perfusão, instrumento usado para nutrir os órgãos retirados do corpo. Além disso, sua associação com Lindbergh, herói nacional cujos movimentos eram registrados e publicados por toda a mídia desde o seu célebre voo transatlântico, em 1927, trouxe ao cirurgião ainda mais exposição e reconhecimento.

Em meio à repercussão gerada por seu invento colaborativo, Carrel publicou, em 1935, em francês e em inglês, O homem, esse desconhecido. Misturando ciência popular e misticismo, essa reflexão sobre o presente e o futuro da civilização ocidental desfrutou enorme sucesso internacional. Impulsionado pela notoriedade de seu autor e pelo insólito viés com que este conduz sua análise, o livro tornou-se um *best seller* instantâneo, com mais de 100 mil cópias vendidas no primeiro ano e traduções para mais de vinte idiomas.

Nesta obra representativa do pensamento científico e social de uma época, o cirurgião francês traça uma extensa análise filosófica do ser humano e dos problemas sociais modernos à luz de seus conhecimentos em fisiologia, medicina e biologia, propondo uma "reconstrução do homem" para libertá-lo do que julga ser um ambiente tóxico, muito diferente daquele que moldou sua biologia por milênios.

Os dois primeiros capítulos lamentam o declínio da civilização industrial e a incapacidade de uma ciência fragmentária e superespecializada de sintetizar seus conhecimentos sobre o ser humano a fim de corrigir o problema. Além disso, Carrel introduz a necessidade de elaboração de um novo saber médico global, o que está em sintonia com a sua concepção holística do homem.

Os capítulos intermediários trazem um resumo para leigos da visão de Carrel sobre as pesquisas médicas da época. Algumas dessas visões constituem descrições diretas das funções fisiológicas humanas e dos trabalhos laboratoriais, mas a elas se unem as próprias conjeturas do autor sobre temas como a telepatia e a clarividência, o poder da fé na cura de doenças e a degradação das "raças humanas" engendrada por fatores como condições climáticas, estilo de vida, rejeição feminina à maternidade e ausência generalizada de práticas morais, estéticas e religiosas.

Os capítulos finais aprofundam-se nas ideias de Carrel sobre a eugenia, bem como em seu argumento a favor da criação de uma instituição dedicada ao estudo do homem. Ao traçar um plano para a reconstrução do ser humano, o médico prega uma eugenia majoritariamente positiva, focada em "desenvolver os fortes" e criar uma "aristocracia não hereditária" cujas qualidades estariam "escondidas sob o manto da degeneração" e em educar as pessoas para uma eugenia voluntária. Quanto a medidas negativas, Carrel absorveu algumas das propostas mais extremas dos eugenistas norte-americanos para os "deficientes e criminosos", que representavam um "fardo" para a sociedade ideal, defendendo, por exemplo, como ação paliativa, a construção de estabelecimentos eutanásicos.

O contexto da década de 1930 é particularmente favorável para o sucesso de suas reflexões sobre o declínio do ocidente. Sua concepção dos "fracos" como um fardo social alinhava-se à atitude prevalente da época e era compartilhada por vários cientistas do movimento eugenista norte-americano com quem o francês mantinha contato, como Charles Davenport e Henry Fairfield Osborn.

A oportunidade de Carrel de introduzir essas ideias na França veio às vésperas da Segunda Guerra Mundial, durante as circunstâncias peculiares criadas pelo regime da França de Vichy. Esse contexto parecia estar em conformidade com suas afinidades políticas, ainda que suas ligações com a extrema direita francesa permaneçam obscuras, e parecia representar um terreno fértil para o seu projeto de regeneração humana. Assim, em 1941, por meio de conexões com o chefe de Estado Philippe Pétain, Carrel advoga a criação da *Fundação Francesa para o Estudo dos Problemas Humanos*, cuja missão era melhorar e desenvolver a população francesa. De certa forma, tal movimento é antecipado em *O homem, esse desconhecido*, que enfatiza a necessidade da existência de pessoas e instituições capazes de sintetizar, em um todo coeso, o conhecimento fragmentado que se tem sobre os seres humanos.

Presidida por Carrel, essa instituição desenvolveu pesquisas em demografia, economia, nutrição e habitação. No entanto, o médico faleceu em 1944, e, talvez, por falta de tempo ou por uma mudança na mentalidade, a Fundação, extinta em 1945, nunca se tornou um veículo para colocar em prática as medidas propostas pelo cientista nos anos anteriores.

Quase um século após o seu lançamento, *O homem, esse desconhecido* continua sendo uma obra original, ainda que muitos de seus posicionamentos tenham se tornado marcadamente datados em uma época de franca popularização dos movimentos a favor da igualdade social. Contudo, esta nova tradução do livro de Carrel serve como importante registro histórico de uma mentalidade que moldou muitas das concepções posteriores – algumas já extintas, outras não – sobre a ciência e a humanidade.

Evelyn Tesche
Bacharel em Letras pela UFRGS

Introdução

Quem escreveu este livro não é um filósofo. É apenas um homem da ciência, que passa grande parte de sua vida em laboratórios, estudando seres vivos, e outra parte no vasto mundo, observando os homens e tentando compreendê-los. Ele não tem a pretensão de conhecer as coisas fora do domínio da observação científica.

Neste livro, o autor buscou distinguir claramente o conhecido do plausível e reconhecer a existência do desconhecido e do incognoscível. Considerou o ser humano como a soma das observações e experiências de todos os tempos e de todos os países. Mas o que ele descreve aqui é o que viu com seus próprios olhos ou o que obteve diretamente dos homens aos quais se associou. Ele teve a felicidade de se encontrar em condições que lhe permitiram estudar, sem esforço nem mérito de sua parte, os fenômenos da vida em sua arrebatadora complexidade. Ele pôde observar quase todas as formas da atividade humana. Conheceu os pequenos e os grandes, os sãos e os enfermos, os sábios e os ignorantes, os débeis mentais, os loucos, os hábeis, os criminosos. Frequentou a casa de proletários, empregados, homens de negócios, lojistas, políticos, soldados, professores, mestres, padres, aristocratas, burgueses. O acaso colocou-o no caminho de filósofos, artistas, poetas e estudiosos, e, às vezes, também no de gênios, heróis, santos. Ao mesmo tempo, viu trabalharem os mecanismos secretos que, na camada profunda dos tecidos, na vastidão vertiginosa do cérebro, são o substrato de todos os fenômenos orgânicos e mentais.

Foram os modos da existência moderna que lhe permitiram assistir a esse gigantesco espetáculo. Graças a eles, pôde estender sua atenção a domínios variados que, habitualmente, tomam a vida inteira de um cientista. Ele vive ao mesmo tempo no Novo e no Velho Mundo e passa a maior parte de seu tempo no Instituto Rockefeller de Pesquisa Médica, pois é um dos homens de ciência ali reunidos por Simon Flexner. Nesse Instituto, teve a oportunidade de contemplar os fenômenos da vida confiados a especialistas incomparáveis, como Jacques Loeb, Meltzer e Noguchi, entre outros grandes cientistas. Graças ao gênio de Flexner, estudou-se o ser vivo nesses laboratórios em uma escala nunca antes vista. A matéria é estudada em todos os níveis de sua organização, desde o crescimento até a formação do ser humano. Examina-se a estrutura dos menores organismos que compõem os líquidos e as células do corpo, as moléculas, cuja arquitetura nos é revelada pelos raios X. Em um nível mais elevado da organização material, analisa-se a constituição das enormes moléculas de substância proteica e das enzimas que continuamente as desintegram e constroem. Estudam-se ainda os equilíbrios físico-químicos, que permitem aos líquidos orgânicos manter constante a sua composição e constituir o meio interno necessário à vida das células. Em suma, analisa-se o aspecto químico dos fenômenos fisiológicos. Consideram-se simultaneamente as células, sua organização em sociedades e as leis de suas relações com o meio interno; o conjunto formado pelos órgãos e humores e sua relação com o meio cósmico; e a influência das substâncias químicas no corpo e na consciência. Outros cientistas dedicam-se à análise de seres minúsculos, as bactérias e os vírus, cuja presença em nosso corpo causa doenças infecciosas; dos meios prodigiosos empregados pelos tecidos e humores para combatê-los; e das doenças degenerativas, como o câncer e as doenças cardíacas. Aborda-se, por fim, o complexo problema da individualidade e de suas bases químicas. Para o autor deste livro, bastou ouvir os cientistas especialistas nessas pesquisas e observar suas experiências a fim de compreender a matéria em seu esforço organizador, as propriedades dos seres vivos e a complexidade de nossos corpos e nossas consciências. Ele teve, além disso, a possibilidade de abordar os tópicos mais diversos, da fisiologia à metapsíquica, visto que, pela primeira vez, os métodos modernos que multiplicam o tempo foram colocados à disposição da ciência. Dir-se-ia que a inspiração sutil de Welch e o idealismo prático de Frederick T. Gates fizeram surgir na mente de Flexner uma nova concepção da biologia e dos métodos de pesquisa. Com uma mente científica pura, Flexner contribuirá com métodos organizacionais, que permitem economizar o tempo dos trabalhadores, facilitar sua cooperação voluntária e melhorar as técnicas experimentais. É graças a essas inovações que todos podem, caso queiram dar-se ao trabalho, adquirir uma infinidade de conhecimentos sobre temas cujo domínio teria exigido, em outra época, várias existências humanas.

O grande volume de dados que temos hoje sobre o homem é um obstáculo à sua utilização. Para ser útil, nosso conhecimento deve ser conciso e breve. Por essa razão o autor não tem a intenção de escrever um tratado sobre o conhecimento de nós mesmos, pois tal tratado, ainda que muito conciso, seria composto por centenas de volumes. Ele quis somente fazer uma síntese inteligível para todos. Para tal, buscou ser breve, tentou condensar em um pequeno espaço um grande número de noções fundamentais, sem, no entanto, ser elementar ou apresentar ao público uma forma atenuada ou pueril da realidade. Ele evitou fazer uma obra de vulgarização científica, dirigindo-se tanto ao cientista quanto ao leigo.

Certamente, reconhece as dificuldades inerentes à temeridade de seu projeto. Ele tentou encerrar o homem todo nas páginas de um pequeno livro. Naturalmente, não conseguiu. O autor bem sabe que não contentará os especialistas, que sabem muito mais sobre seus respectivos campos, e que estes o julgarão superficial. Também não satisfará o público não especializado, que encontrará neste livro muitos detalhes técnicos. No entanto, para adquirir uma melhor concepção do que somos, é necessário esquematizar os dados das ciências particulares, bem como descrever em termos gerais os mecanismos físicos, químicos e fisiológicos por trás da harmonia de nossos gestos e pensamentos. Devemos dizer que uma tentativa desajeitada, apenas parcialmente completa, é melhor do que tentativa alguma.

A necessidade prática de reduzir a um pequeno volume tudo o que se sabe sobre o ser humano teve um sério inconveniente: dar uma aparência dogmática a propostas que, na verdade, não passam de conclusões baseadas em observações e experiências. Muitas vezes foi preciso resumir em poucas palavras, ou em algumas linhas, obras estudadas durante anos por fisiologistas, higienistas, médicos, educadores, economistas, sociólogos. Quase todas as frases deste livro são a expressão do trabalho de um cientista, de suas pacientes pesquisas, às vezes, até mesmo de uma vida inteira dedicada ao estudo de um tema. Por causa das limitações que impôs a si mesmo, o autor resume muito brevemente volumes gigantescos de observações. Assim, descreveu os fatos como se fossem afirmações. A essa mesma causa devem-se algumas imprecisões aparentes. A maior parte dos fenômenos orgânicos e mentais foi tratada de maneira muito esquemática. Desse modo, coisas diferentes estão reunidas no mesmo grupo, como os diferentes planos de uma cordilheira que, vistos de longe, se confundem. Não se deve esquecer, portanto, que este livro expressa a realidade apenas de modo aproximativo. No rascunho de uma paisagem, não se procura os detalhes contidos em uma fotografia. A brevidade da apresentação de um tema muito vasto confere a essa apresentação defeitos inevitáveis.

    Antes de começar o seu trabalho, o autor sabia de sua dificuldade, de sua quase impossibilidade. Ele o fez simplesmente porque alguém tinha de fazê-lo. Porque o homem hoje é incapaz de acompanhar a civilização no caminho pelo qual esta enveredou. Porque ele se degenera. Fascinado pela beleza das ciências da matéria inerte, o homem não entendeu que seu corpo e sua consciência seguem leis mais obscuras, mas tão inexoráveis quanto às do mundo sideral, e que não pode desrespeitá-las sem perigo. Portanto, é imperativo que tome conhecimento das relações necessárias que o unem ao mundo cósmico e a seus semelhantes, bem como das relações de seus tecidos e sua mente. Na verdade, o homem supera tudo. Com sua degeneração, a beleza de nossa civilização e até mesmo a grandeza do universo desapareceriam. É por esse motivo que este livro foi escrito. Ele foi escrito não na paz do campo, e sim na confusão, no barulho e na fadiga de Nova Iorque. O autor foi levado a essa empreitada por amigos, filósofos, estudiosos, juristas, economistas e homens de grandes negócios com quem ele discutia há anos os graves problemas do nosso tempo. O impulso gerador deste livro veio de Frederic R. Coudert, cujo olhar contundente estende-se não somente aos horizontes da América, mas também aos da Europa. Certamente, a maioria das nações segue os caminhos abertos pela América do Norte. Todos os países que adotaram cegamente a mentalidade e os métodos da civilização industrial – a Rússia, a Inglaterra, a França e a Alemanha – correm os mesmos riscos que os Estados Unidos. A atenção da humanidade deve deslocar-se das máquinas e do mundo físico para o corpo e a mente do homem, para os processos fisiológicos e espirituais, sem os quais as máquinas e o universo de Newton e de Einstein não existiriam.

    A única pretensão deste livro é colocar ao alcance de todos um conjunto de dados científicos relativos ao homem do nosso tempo. Começamos a sentir a fraqueza de nossa civilização. Atualmente, muitos desejam fugir da escravidão dos dogmas da sociedade moderna. É para eles que este livro foi escrito – e também para os audaciosos, que enxergam a necessidade não apenas de mudanças políticas e sociais, mas também da transformação da civilização industrial e do advento de outra concepção de progresso humano. Este livro é para todos cuja missão diária é a educação das crianças, a formação ou a orientação do indivíduo: professores, higienistas, médicos, padres, professores, advogados, juízes, oficiais do exército, engenheiros, chefes de indústria etc. Também é para pessoas que simplesmente refletem sobre o mistério do nosso corpo, da nossa consciência e do universo. É, em suma, para todos os homens e todas as mulheres. Ele se apresenta a todos com a simplicidade de uma breve apresentação daquilo que a observação e a experiência revelam-nos sobre nós mesmos.

Alexis Carrel

Prefácio à última edição norte-americana[1]

Este livro teve o destino paradoxal de se tornar mais atual com o passar dos anos. Desde sua publicação, sua significação cresceu constantemente. Isso porque o valor das ideias, como o de qualquer coisa, é relativo: aumenta ou diminui conforme as condições de nossa mente. Ora, nosso estado psicológico transformou-se progressivamente sob a pressão dos acontecimentos que agitam a Europa, a Ásia e a América. Começamos a compreender o significado da crise. Sabemos que não se trata meramente do retorno cíclico das desordens econômicas, e que nem a prosperidade, nem a guerra resolverão os problemas da sociedade moderna. Como um rebanho antes da tempestade, a humanidade civilizada sente vagamente a presença do perigo, e sua inquietação a conduz às ideias em que espera encontrar a explicação de sua dor e o modo de combatê-la.

A origem deste livro foi a observação de um fato muito simples: o grande desenvolvimento da ciência da matéria inanimada e nossa ignorância sobre a vida. A mecânica, a química e a física progrediram muito mais rápido do que a fisiologia e a psicologia. O homem dominou o mundo material antes de conhecer a si mesmo. A sociedade moderna foi, portanto, construída conforme o acaso das descobertas científicas e o capricho das ideologias, sem qualquer consideração pelas leis do nosso corpo e da nossa alma. Fomos vítimas de uma desastrosa ilusão: a de que podemos viver conforme nossas fantasias e emancipar-nos das leis naturais. Esquecemos que a natureza nunca perdoa.

---

1. Este prefácio foi escrito pelo Dr. Carrel em Nova Iorque, em junho de 1939, para uma nova edição de seu livro publicada na América do Norte antes da guerra.

Para continuar existindo, a sociedade e o indivíduo devem respeitar as leis da vida. Da mesma forma, a construção de uma casa requer o conhecimento da lei da gravidade. "Para mandar na natureza, é preciso obedecê-la", escreveu Bacon. As necessidades dos seres humanos, as características de sua mente e de seus órgãos, suas relações com o meio, são reveladas a nós pela observação científica. A jurisdição da ciência abrange tudo que é observável, do espiritual ao intelectual e ao fisiológico. O homem em sua totalidade pode ser apreendido pelo método científico. No entanto, a ciência do homem difere de todas as outras ciências. Ela deve ser simultaneamente sintética e analítica, dado que o homem é, ao mesmo tempo, unidade e multiplicidade. Somente ela é capaz de engendrar uma tecnologia aplicável à construção da sociedade. É esse conhecimento positivo de nós mesmos que deve substituir os sistemas filosóficos e sociais na futura organização da vida individual e coletiva da humanidade. É ele que, pela primeira vez na história do mundo, dá a uma civilização instável o poder de renovar-se e continuar sua ascensão.

A necessidade dessa renovação fica mais clara a cada ano. Todos os dias, jornais, revistas e o rádio trazem notícias que demonstram a crescente oposição entre o progresso material e a desordem da sociedade. Os triunfos da ciência em alguns domínios impedem-nos de perceber sua impotência em outros. Isso porque a tecnologia, cujas recentes maravilhas e crescente sucesso são exemplificados pela expansão de Nova Iorque, cria o conforto, simplifica a existência, aumenta a velocidade das comunicações, coloca à nossa disposição materiais novos, fabrica produtos químicos que curam doenças perigosas como que por milagre. Mas talvez preferíssemos a segurança econômica, a saúde natural, o equilíbrio moral e mental e, principalmente, a paz à possibilidade de atravessar o oceano a qualquer hora, de absorver vitaminas sintéticas ou de usar vestimentas feitas com produtos artificiais, substituindo o algodão, a lã e a seda. Na verdade, as dádivas da tecnologia caíram como uma tempestade sobre uma sociedade ignorante demais sobre si mesma para empregá-las com sabedoria. Consequentemente, tornaram-se fatores de destruição. Será que não tornarão catastrófica essa guerra para a qual todos os povos da Europa se preparam? Será que não serão responsáveis pela morte de milhões de homens que são flor da civilização, pela destruição dos tesouros acumulados por séculos em solo europeu e pelo enfraquecimento definitivo das grandes raças brancas?

A vida moderna trouxe-nos outro perigo, mais sutil, porém ainda mais grave do que o da guerra: a extinção dos melhores elementos da raça. A natalidade diminui em todas as nações, exceto na Alemanha e na Rússia. A França já se despovoa, a Inglaterra e a Escandinávia se despovoarão em breve. Nos Estados Unidos, as camadas superiores da população se reproduzem bem mais lentamente do que as camadas inferiores. A Europa e os Estados Unidos sofrem, pois, um enfraquecimento qualitativo e quantitativo. As raças africanas e asiáticas, por sua vez, como os árabes, hindus e russos, crescem muito rapidamente. A civilização ocidental nunca esteve em tanto perigo quanto hoje. Mesmo que evite o suicídio pela guerra, caminha em direção à degeneração por causa da esterilidade dos grupos humanos mais fortes e inteligentes.

Jamais admiraremos suficientemente as conquistas da fisiologia e da medicina. Essas conquistas protegeram as nações civilizadas das grandes epidemias, tais como a peste, a cólera, o tifo e outras doenças infecciosas. Graças à higiene e ao crescente conhecimento sobre a nutrição, os habitantes das cidades superpopulosas são limpos, bem nutridos, saudáveis, e a duração média de sua vida aumentou. Ainda assim, a cada ano percebemos mais que a higiene e a medicina, mesmo com o apoio da pedagogia moderna, não conseguiram melhorar a qualidade intelectual e moral da população. Muitos permanecem, durante toda a vida, com uma idade psicológica de doze anos. Há quantidades incontáveis de débeis mentais e idiotas morais. Nos hospitais, o número de loucos ultrapassa o de todos os outros doentes reunidos. Enquanto isso, a criminalidade aumenta. As estatísticas de J. Edgard Hoover mostram que os Estados Unidos têm, atualmente, 4.760.000 criminosos. O tom de nossa civilização é dado ao mesmo tempo pela debilidade mental e pela criminalidade. Não devemos esquecer que um presidente da Bolsa de Valores de Nova Iorque foi condenado por roubo, que um importante juiz federal foi acusado de ter vendido seus veredictos e que um reitor universitário está na cadeia. Ao mesmo tempo, os indivíduos normais têm de sustentar o peso daqueles que são incapazes de se adaptar à vida. A maioria da população vive do trabalho da minoria, pois há, nos Estados Unidos, 30 ou 40 milhões de inadaptados e inadaptáveis. Apesar das somas gigantescas despendidas pelo governo, a crise econômica continua. É evidente que a inteligência humana não acompanhou a complexidade dos problemas a serem resolvidos. Atualmente, assim como no passado, a humanidade mostra-se incapaz de governar sua existência coletiva e sua existência individual.

Em suma, a sociedade moderna, criada pela ciência e pela tecnologia, comete o mesmo erro de todas as civilizações da antiguidade. Ela cria condições de vida que impossibilitam a vida do indivíduo e da raça, o que justifica o aforismo do deão William Ralph Inge: *Civilization is a disease which is almost invariably fatal.*[2] Mesmo que o real significado dos atuais acontecimentos na Europa e nos Estados Unidos ainda escape ao público, ele se torna cada vez mais claro para a minoria que tem tempo e o gosto por pensar. Toda a civilização ocidental está em perigo, e esse perigo ameaça simultaneamente a raça, as nações e os indivíduos. Cada um de nós será afetado pelas agitações causadas por uma guerra na Europa. Todos já sofrem com a desordem da vida e das instituições, com o enfraquecimento geral do senso moral, com a insegurança econômica, com os custos impostos pelos anômalos e criminosos. A crise vem da própria estrutura da civilização. Trata-se de uma crise do homem. Este não pode se adaptar ao mundo criado por seu cérebro e suas mãos, e sua única alternativa é refazer esse mundo respeitando as leis da vida. Ele deve adaptar seu meio à natureza de suas atividades, tanto orgânicas quanto mentais, e renovar seus hábitos individuais e sociais. Se não o fizer, a sociedade moderna logo terá o mesmo destino da Grécia e do Império Romano. E a base dessa renovação só pode vir do conhecimento de nosso corpo e nossa alma.

Jamais uma civilização duradoura será fundada em ideologias filosóficas e sociais. A própria ideologia democrática, a não ser que se reconstrua em uma base científica, não tem mais chances de sobreviver do que a ideologia marxista, pois nenhuma delas abrange o homem em sua realidade total. Na verdade, todas as doutrinas políticas e econômicas até hoje negligenciaram a ciência do homem. Entretanto, conhecemos bem o poder do método científico. A ciência soube conquistar o mundo material e nos dará, quando quisermos, a chave do mundo vivo e de nós mesmos.

O domínio da ciência compreende a totalidade do observável e do mensurável. Isso inclui todas as coisas que se encontram no *continuum* espaço-tempo: o homem, o oceano, as nuvens, os átomos, as estrelas. Uma vez que o homem manifesta atividades mentais, a ciência alcança, por meio dele,

---

2. A civilização é uma doença quase sempre fatal.

o mundo da mente – esse mundo que está além do espaço e do tempo. A observação e a experiência são os únicos meios de que dispomos para apreender a realidade com exatidão, pois engendram conceitos que, ainda que incompletos, serão eternamente verdadeiros. Esses são os chamados conceitos operacionais, definidos claramente por Bridgman. Eles procedem imediatamente da mensuração ou da observação exata das coisas e são aplicáveis tanto ao estudo do homem quanto ao dos objetos inanimados. Também é preciso estabelecê-los em maior número possível com a ajuda de todas as técnicas que somos capazes de desenvolver. À luz desses conceitos, o homem parece um ser ao mesmo tempo simples e complexo, como um foco de atividades simultaneamente materiais e espirituais ou como um indivíduo muito dependente do meio físico-químico e psicológico em que está imerso. Considerado assim, de modo concreto, ele difere profundamente do ser abstrato construído pelas ideologias políticas e sociais. A sociedade deve edificar-se sobre esse homem concreto, e não mais sobre abstrações. A única via aberta ao progresso humano é o desenvolvimento máximo de todas as nossas potencialidades fisiológicas, intelectuais e espirituais. Apenas essa apreensão da realidade total pode nos salvar. É preciso abandonar os sistemas filosóficos e depositar toda a nossa confiança nos conceitos científicos.

    O destino natural de todas as civilizações é degenerar-se e esvair-se em pó. Nossa civilização talvez escape à sorte comum a todos os povos do passado, pois tem à sua disposição os recursos ilimitados da ciência. No entanto, a ciência somente coloca em ação as forças da inteligência, e a inteligência nunca leva os homens à ação. Apenas o temor, o entusiasmo, o espírito de sacrifício, o ódio ou o amor podem dar vida às criações da mente. As juventudes da Alemanha e da Itália, por exemplo, são estimuladas pela fé que as leva a se sacrificarem por um ideal. Talvez as democracias também produzam homens entusiasmados em construir. Talvez, na Europa e na América, esses homens já existam, jovens, pobres, dispersos, desconhecidos. Mas o entusiasmo e a fé, se não estiverem unidos ao conhecimento da realidade total, ficam fadados à esterilidade. Os revolucionários russos poderiam ter criado uma civilização nova se tivessem cultivado uma noção realmente científica do homem em vez da visão incompleta de Karl Marx. A renovação de nossa civilização exige imperativamente, além de um grande impulso espiritual, o conhecimento do homem em sua totalidade.

O homem deve ser considerado tanto em seu conjunto quanto em seus aspectos particulares. Esses aspectos são o objeto das ciências especiais, como a fisiologia, a psicologia, a sociologia, a eugenia, a pedagogia e a medicina. Há especialistas para cada uma delas, mas ainda não temos especialistas no conhecimento do homem em si. As ciências especiais são incapazes de resolver até mesmo os mais simples problemas humanos. Um arquiteto, um professor ou um médico, por exemplo, apenas conhecem de modo incompleto os problemas da habitação, da educação e da saúde, visto que cada um desses problemas envolve todas as atividades humanas e ultrapassa os limites do conhecimento de cada especialista.

Necessitamos, neste momento, de homens que tenham, como Aristóteles, um conhecimento universal. Mas nem Aristóteles poderia deter todos os conhecimentos que temos atualmente. Precisamos, assim, de um Aristóteles composto, isto é, de um pequeno grupo de homens pertencentes a diferentes especialidades, capaz de fundir seus pensamentos individuais em um pensamento coletivo. Em todas as épocas, há mentes dotadas desse universalismo, que estendem seus tentáculos a todas as coisas. A técnica do pensamento coletivo exige muita inteligência e deve ser desprovida de interesses pessoais, ao que poucos indivíduos são aptos. Todavia, apenas isso permitirá resolver os problemas humanos. Atualmente, a humanidade deve dar a si mesma um cérebro imortal que possa guiá-la na trajetória pela qual titubeia. Nossas instituições de pesquisa científica não bastam, pois seus achados são sempre fragmentados. Para construir uma verdadeira ciência do homem e uma tecnologia da civilização, é preciso criar centros de síntese onde o pensamento coletivo forjará o conhecimento novo. Assim será possível dar ao indivíduo e à sociedade a base sólida dos conceitos operacionais, bem como o poder de sobreviver.

Em resumo, os acontecimentos desses últimos anos demonstram cada vez mais o perigo em que se encontra toda a civilização ocidental. Muitos, no entanto, ainda não compreendem o significado da crise econômica, da crise de natalidade, da degradação moral, nervosa e mental dos indivíduos. Essas pessoas também não entendem a imensa catástrofe que uma guerra europeia representaria para toda a humanidade, não percebem a urgência de uma renovação. Contudo, nas democracias, a iniciativa dessa renovação deve partir do povo. É por tudo isso que este livro está sendo apresentado novamente ao público. Embora tenha, em seus quatro anos de existência, atravessado as fronteiras dos países anglófonos e se difundido em todo o mundo civilizado, as ideias nele contidas não atingiram mais do que alguns milhões de pessoas. Para contribuir com a construção da cidade do futuro, ainda que de modo muito humilde, essas ideias devem se infiltrar na mente da população, como o mar se infiltra nas areias da praia. Porque, se não fizermos a renovação, ninguém fará. "Para crescer novamente, o homem é obrigado a se refazer, mas não pode se refazer sem dor, pois é ao mesmo tempo mármore e escultor. É de sua própria substância que ele deve, com grandes golpes, tirar lascas a fim de recuperar seu verdadeiro rosto."

Alexis Carrel

I – Da necessidade de conhecermos a nós mesmos

1 – A ciência dos seres vivos progrediu mais lentamente que a da matéria inanimada. – Nossa ignorância sobre nós mesmos.

Há uma desigualdade estranha entre as ciências da matéria inerte e a dos seres vivos. A astronomia, a mecânica e a física têm, em sua base, conceitos passíveis de ser expressos, de modo conciso e elegante, em linguagem matemática. Elas deram ao universo as linhas harmoniosas dos monumentos da Grécia antiga e envolvem-no na brilhante rede de cálculos e hipóteses. Elas buscam a realidade fora das formas habituais do pensamento, chegando a inexprimíveis abstrações feitas somente de equações e símbolos. Isso não ocorre com as ciências biológicas. Aqueles que estudam os fenômenos da vida estão perdidos em uma selva inextricável, no meio de uma floresta mágica cujas inúmeras árvores mudam constantemente de lugar e de forma.

Eles se sentem soterrados por uma montanha de fatos, que conseguem descrever, mas que não podem definir com fórmulas algébricas. Das coisas que se encontram no mundo material, sejam átomos ou estrelas, rochedos ou nuvens, aço ou água, pôde-se abstrair certas qualidades, como o peso e as dimensões espaciais. São essas abstrações, e os fatos concretos, que são a matéria do raciocínio científico. A observação dos objetos constitui apenas uma forma inferior da ciência, a forma descritiva, que estabelece a classificação dos fenômenos. No entanto, as relações constantes entre as quantidades variáveis, ou seja, as leis naturais, aparecem somente quando a ciência torna-se mais abstrata. Foi por serem abstratas e quantitativas que a física e a química tiveram um êxito tão grande e tão rápido. Embora não pretendam ensinar-nos sobre a natureza derradeira das coisas, elas nos permitem prever os fenômenos e reproduzi-los quando quisermos. Ao revelarem o mistério da constituição e das propriedades da matéria, deram-nos o domínio de quase tudo sobre a superfície da Terra, com exceção de nós mesmos.

A ciência dos seres vivos em geral, e do indivíduo humano em particular, não foi muito longe, estando ainda em estado descritivo. O homem é um todo indivisível de extrema complexidade, do qual é impossível ter uma concepção simples. Não há método capaz de compreender de uma única vez seu conjunto, suas partes e suas relações com o mundo exterior. Seu estudo exige técnicas variadas e utiliza diversas ciências. Cada ciência leva naturalmente a uma concepção diferente de seu objeto, abstraindo dele apenas aquilo que a natureza de sua técnica permite alcançar. A soma de todas essas abstrações é menos rica do que o fato concreto. Resta um resíduo importante demais para ser negligenciado. Porque a anatomia, a química, a fisiologia, a psicologia, a pedagogia, a história, a sociologia, a economia política e todos os seus ramos não esgotam o assunto. O homem conhecido pelos especialistas não é, portanto, o homem concreto, o homem real, mas tão somente um esquema, ele próprio composto por esquemas construídos pelas técnicas de cada ciência. Ele é simultaneamente o cadáver dissecado pelos anatomistas, a consciência observada pelos psicólogos e líderes da vida espiritual, a personalidade desvelada a todos nós pela introspecção. É a substância química que compõe os tecidos e humores do corpo, o prodigioso conjunto de células e líquidos nutritivos cujas leis de associação são estudadas pelos fisiologistas. É esse conjunto de órgãos e consciência que se estende no tempo e cujo desenvolvimento máximo os higienistas e educadores tentam alcançar. É o *homo œconomicus*, que deve consumir sem parar para que funcionem as máquinas de que é escravo, e é também o poeta, o herói e o santo. Ele é não somente o ser fabulosamente complexo analisado pelos cientistas por meio de técnicas especiais, mas também a soma das tendências, suposições e desejos da humanidade. As concepções que temos dele são impregnadas de metafísica. Elas são compostas por dados tão numerosos e tão imprecisos que é grande a tentação de escolher, entre eles, aqueles que mais nos agradam.

Além disso, nossa ideia do homem varia conforme nossos sentimentos e crenças. Um materialista e um espiritualista aceitam a mesma definição de um cristal de cloreto de sódio, mas não concordam quanto à definição do ser humano. Um fisiologista mecanicista e um fisiologista vitalista não consideram o organismo da mesma maneira. O ser vivo de Jacques Loeb difere profundamente do de Hans Driesch. Certamente, a humanidade fez um esforço gigantesco para conhecer-se a si mesma. Embora tenhamos o tesouro das observações acumuladas pelos cientistas, filósofos, poetas e místicos, não compreendemos senão aspectos e fragmentos do homem, os quais são, aliás, criados por nossos métodos. Somos todos uma mera procissão de fantasmas em meio aos quais caminha a realidade incognoscível.

De fato, nossa ignorância é muito grande. A maioria das questões levantadas por quem estuda os seres humanos permanece sem resposta. Áreas imensas de nosso mundo interior continuam desconhecidas. Como as moléculas das substâncias químicas arranjam-se para formar os órgãos complexos e transitórios das células? Como os genes contidos no núcleo do ovo fecundado determinam as características do indivíduo derivado desse ovo? Como as células se organizam em sociedades que formam os tecidos e órgãos? Dir-se-ia que, a exemplo das formigas e abelhas, elas sabem de antemão seu papel na vida da comunidade, mas ignoramos os mecanismos que lhes permitem construir um organismo ao mesmo tempo complexo e simples. Qual é a natureza da duração do ser humano, do tempo psicológico e do tempo fisiológico?

Sabemos que somos um composto de tecidos, órgãos, líquidos e consciência, mas as relações da consciência e das células cerebrais são ainda um mistério. Ignoramos até mesmo a fisiologia destas últimas. Em que medida o organismo pode ser voluntariamente alterado? Como o estado dos órgãos age sobre o espírito? De que maneira as características orgânicas e mentais que cada indivíduo recebe de seus pais são modificáveis pelo estilo de vida, pelas substâncias químicas dos alimentos, pelo clima e pelas disciplinas fisiológicas e morais?

Estamos longe de conhecer as relações existentes entre o desenvolvimento do esqueleto, dos músculos e dos órgãos, bem como das atividades mentais e espirituais, tampouco sabemos o que determina o equilíbrio do sistema nervoso e a resistência à fadiga e às doenças. Ignoramos também como se aumentam o senso moral, o julgamento e a audácia. Qual é a importância relativa das atividades intelectuais, morais, estéticas e místicas? Qual o significado do senso estético e religioso? Qual é a forma de energia responsável pelas comunicações idiopáticas? Há, com certeza, certos fatores fisiológicos e mentais que determinam a felicidade ou infelicidade de cada um, mas eles são desconhecidos. Somos incapazes de produzir artificialmente a aptidão à felicidade. Não sabemos ainda qual meio é o mais favorável ao desenvolvimento ideal do homem civilizado. Seria possível suprimir a luta, o labor e o sofrimento de nossa formação fisiológica e espiritual? Como impedir a degeneração dos indivíduos na civilização moderna? Poder-se-iam colocar muitas outras questões sobre os assuntos que mais nos interessam, e estas também continuariam sem resposta.

Está bastante evidente que o trabalho realizado por todas as ciências, cujo objeto é o homem, é ainda insuficiente, e que nosso conhecimento sobre nós mesmos continua muito incompleto.

2 – Essa ignorância deve-se ao modo de existência de nossos ancestrais, à complexidade do ser humano, à estrutura de nossa mente.

Nossa ignorância parece poder ser atribuída ao mesmo tempo ao modo de existência de nossos ancestrais, à complexidade de nossa natureza e à estrutura de nossa mente. Antes de tudo, era preciso viver, e essa necessidade exigia a conquista do mundo exterior. Era imperativo alimentar-se, proteger-se do frio, combater os animais selvagens e os outros homens. Por muito tempo, nossos pais não tiveram nem a oportunidade, nem a necessidade de estudar a si mesmos. Eles empregaram a inteligência na fabricação de armas e instrumentos, na descoberta do fogo, na domesticação dos bois e cavalos, na invenção da roda, no cultivo dos cereais etc. Muito tempo antes de se interessarem pela constituição de seu corpo e de sua mente, os homens contemplaram o sol, a lua e as estrelas, as marés, a sucessão das estações. A astronomia já estava bem avançada em uma época em que a fisiologia era totalmente desconhecida. Galileu reduziu a Terra, centro do mundo, ao nível de um humilde satélite do sol, quando ainda não se tinha noção alguma da estrutura e das funções do cérebro, do fígado ou da glândula tireoide. Dado que, nas condições da vida natural, o organismo funciona satisfatoriamente sem necessitar de atenção, a ciência desenvolveu-se na direção em que a curiosidade do homem a impelia, isto é, para o mundo exterior.

De tempos em tempos, em meio aos bilhões de indivíduos que viveram sucessivamente sobre a terra, nasceram alguns dotados de raras e maravilhosas capacidades, com uma intuição sobre as coisas desconhecidas, uma imaginação criadora de novos mundos e a capacidade de descobrir as relações ocultas entre os fenômenos. Esses homens exploraram o mundo material, que é de constituição simples e cedeu rapidamente ao ataque dos cientistas, revelando algumas de suas leis. O conhecimento dessas leis nos deu o poder de explorar a matéria em nosso benefício. As aplicações práticas das descobertas científicas são ao mesmo tempo lucrativas para quem as desenvolve e agradáveis para o público, cuja existência é facilitada e cujo conforto é aumentado. Naturalmente, todos se interessaram muito mais pelas invenções que simplificam o trabalho, aceleram a velocidade das comunicações e amenizam a dureza da vida do que pelas descobertas que jogam certa luz sobre os problemas tão difíceis da constituição de nosso corpo e consciência. A conquista do mundo material, ao qual se voltam constantemente a atenção e a vontade dos homens, leva ao esquecimento quase completo da existência do mundo orgânico e espiritual. O conhecimento do meio cósmico era indispensável, mas o de nossa própria natureza demonstrava uma utilidade muito menos imediata. Entretanto, a doença, a dor, a morte, as aspirações mais ou menos vagas a um poder oculto e dominador do universo visível, chamaram, em pequena escala, a atenção dos homens para o mundo interior de seu corpo e de sua mente. No início, a medicina ocupava-se somente do problema prático de reduzir o sofrimento dos doentes por meio de receitas empíricas. Apenas recentemente ela percebeu que, para prevenir ou curar as doenças, o melhor caminho é conhecer o corpo são e enfermo, isto é, construir as ciências que chamamos de anatomia, química biológica, fisiologia e patologia. Todavia, o mistério de nossa existência, o sofrimento moral e os fenômenos metapsíquicos pareciam mais importantes para nossos ancestrais do que a dor física e as doenças. O estudo da vida espiritual e da filosofia atraía homens mais eminentes do que o da medicina. As leis da mística foram compreendidas antes das da fisiologia, mas ambas somente surgiram quando a humanidade teve a possibilidade de desviar um pouco sua atenção da conquista do mundo exterior.

Houve outra razão para a lentidão do progresso do conhecimento de nós mesmos: a própria estrutura de nossa inteligência, que ama a contemplação das coisas simples. Temos uma espécie de repulsa ao estudo dos seres vivos e do homem, tarefa tão complexa. A inteligência, escreveu Bergson, é caracterizada por uma incompreensão natural da vida[3]. Temos prazer em encontrar no cosmos as formas geométricas que existem em nossa consciência. A exatidão das proporções dos monumentos e a precisão das máquinas são a expressão de uma característica fundamental de nossa mente. Foi o homem quem introduziu a geometria no mundo terrestre. Os processos da natureza nunca são tão precisos quanto os nossos. Buscamos instintivamente no universo a clareza e a exatidão de

---

3. BERGSON, Henri. *A evolução criadora*. p. 179.

nosso pensamento. Tentamos abstrair a complexidade dos fenômenos dos sistemas simples, cujas partes são únicas por relações passíveis de serem processadas matematicamente. Foi essa propriedade de nossa inteligência que causou os progressos surpreendentemente rápidos da física e da química. Um sucesso análogo marcou o estudo físico-químico dos seres vivos. As leis da química e da física são idênticas no mundo dos seres vivos e no da matéria inanimada, como já pensava Claude Bernard. É por essa razão que se descobriu, por exemplo, que as mesmas leis exprimem a constância da alcalinidade do sangue e da água do oceano, que a energia da contração do músculo é fornecida pela fermentação do açúcar etc. É tão fácil estudar o aspecto físico-químico dos seres vivos quanto o de outros objetos da superfície terrestre. Foi essa tarefa que a fisiologia geral cumpriu com êxito.

Quando se estudam os fenômenos fisiológicos propriamente ditos, isto é, aqueles que resultam da organização da matéria viva, encontram-se obstáculos mais sérios. O tamanho diminuto das coisas estudadas impossibilita a aplicação das técnicas ordinárias da física e da química. Que método utilizar para descobrir a constituição química do núcleo das células sexuais, dos cromossomos nele contidos e dos *genes* que compõem esses cromossomos? E, no entanto, o conhecimento dessas minúsculas massas de substância seria de interesse capital, pois elas contêm o futuro do indivíduo e da humanidade. A fragilidade de certos tecidos, como a substância nervosa, é tão grande que seu estudo em organismos vivos é quase impossível. Não temos técnica capaz de nos introduzir aos mistérios do cérebro e da harmoniosa associação de suas células. Nossa mente, que ama a sóbria beleza das fórmulas matemáticas, vê-se perdida em meio à mistura extraordinariamente complexa de células, humores e consciência que compõem o indivíduo. Ela tenta, então, aplicar ao indivíduo os conceitos pertencentes à física, à química e à mecânica ou às disciplinas filosóficas e religiosas. Mas ela falha em fazê-lo, pois não podemos ser reduzidos nem a um sistema físico-químico nem a um princípio espiritual. Certamente, a ciência do homem deve utilizar os conceitos de todas as outras ciências, mas é imperativo que desenvolva seus próprios conceitos, visto que é tão fundamental quanto a ciência das moléculas, dos átomos e dos elétrons.

Em suma, a lentidão do progresso do conhecimento sobre o ser humano em comparação à esplêndida ascensão da física, da astronomia, da química e da mecânica deve-se à falta de oportunidades, à complexidade do tema, à forma de nossa inteligência. Tais dificuldades são fundamentais demais para que tenhamos a esperança de atenuá-las. Temos de superá-las sempre por meio de um grande esforço. Nunca o conhecimento de nós mesmos alcançará a elegante simplicidade e a beleza da física. Os fatores que retardaram seu desenvolvimento são permanentes. Claramente, deve-se entender que a ciência do ser humano é, de todas as ciências, a que apresenta mais dificuldades.

3 – O modo como as ciências mecânicas, físicas e químicas transformaram o nosso meio.

O meio em que o corpo e a alma de nossos ancestrais foram modelados durante milênios foi substituído por outro. Recebemos sem emoção essa revolução pacífica, que, no entanto, representa um dos acontecimentos mais importantes da história da humanidade, pois toda modificação do meio afeta inevitavelmente, e de modo profundo, os seres vivos. Portanto, é indispensável compreender a extensão das transformações que a ciência impôs ao modo de vida ancestral e, consequentemente, a nós mesmos.

Desde o advento da indústria, grande parte da população confinou-se a espaços restritos. Os trabalhadores vivem em rebanhos, seja nos subúrbios das cidades grandes ou nas vilas para eles construídas. Eles trabalham em fábricas, em horários fixos, em uma função fácil, monótona e bem remunerada. Nas cidades moram igualmente trabalhadores de escritórios, funcionários de lojas, bancos e administrações públicas, médicos, advogados, professores e a multidão que, direta ou indiretamente, vive do comércio e da indústria. Fábricas e escritórios são grandes, bem iluminados, limpos. A temperatura nas cidades não é um problema, pois aparelhos de aquecimento e de refrigeração elevam-na durante o inverno e abaixam-na durante o verão. Os prédios altos das grandes cidades transformaram as ruas em trincheiras obscuras. Mas a luz do sol foi substituída no interior dos apartamentos por uma luz artificial rica em raios ultravioletas. Em vez do ar poluído pela fumaça da gasolina, os escritórios e fábricas recebem o ar filtrado na altura do telhado. Os habitantes da nova cidade são protegidos de qualquer intempérie. Eles não vivem mais, como outrora, perto de seu estúdio, sua loja ou seu escritório. Alguns, os mais ricos, moram nos gigantescos prédios das grandes avenidas. Os reis desse mundo possuem, no último andar de torres vertiginosas, lindas casas contornadas por árvores, grama e flores. Eles estão protegidos do barulho, da poeira e da agitação, como no cume de uma montanha, e estão ainda mais isolados do mundo comum dos seres humanos do que os senhores feudais por trás das muralhas e fossos de suas fortificações. Os outros, inclusive os mais modestos, habitam apartamentos cujo conforto supera o das moradias de Luís XIV ou Frederico, o Grande. Muitos têm casas longe da cidade. Toda noite, rápidos trens transportam multidões a subúrbios cujas grandes ruas abertas em meio à grama e às árvores são complementadas por lindas e confortáveis casas.

Os trabalhadores e os empregados mais humildes têm lares mais bem decorados do que a dos ricos de outrora. Os aquecedores automáticos que regulam a temperatura nas casas, os fornos elétricos, os eletrodomésticos utilizados para preparar alimentos e limpar os cômodos, os banheiros e as garagens para carros dão à casa de todos, tanto na cidade quanto no campo, um conforto que, até então, somente era visto nas casas de alguns poucos abastados.

Além do *habitat*, o modo de vida também se transformou. Essa transformação deve-se, sobretudo, à aceleração da velocidade das comunicações. É evidente que o uso de trens e barcos modernos, aviões, automóveis, telégrafos e telefones modificou as relações entre os homens e os países. As pessoas fazem muito mais coisas do que antigamente, participam de mais acontecimentos, entram em contato com um maior número de indivíduos. Os momentos inutilizados de sua existência são excepcionais. Os estreitos grupos da família, da paróquia, dissolveram-se. A vida em pequenos grupos foi substituída pela vida em multidões. A solidão é considerada uma punição ou um luxo raro. O cinema, os espetáculos esportivos, os clubes, as reuniões de todo tipo, as aglomerações das grandes fábricas, grandes lojas e grandes hotéis deram aos indivíduos o hábito de viver em um espaço comum. Graças ao telefone, ao rádio e aos discos de gramofone, a banalidade vulgar da multidão, com seus prazeres e sua psicologia, penetra constantemente no domicílio privado dos cidadãos, mesmo nos locais mais isolados e longínquos. A todo momento, cada um está em comunicação direta ou indireta com outros seres humanos, mantendo-se atualizado sobre os acontecimentos, grandes ou pequenos, em sua vila, cidade ou nos extremos do mundo. Os relógios de Westminster fazem-se ouvir nas casas mais esquecidas dos remotos campos franceses. O fazendeiro na comuna de Vermont escuta, se quiser, locutores falando de Berlim, Londres ou Paris.

As máquinas diminuíram o esforço e a fadiga, nas cidades e no campo, nas casas e usinas, nas fábricas, estradas, lavouras e fazendas. As escadas foram substituídas por elevadores. Não há mais necessidade de caminhar. Circula-se em automóveis, ônibus e bondes, mesmo quando a distância a ser percorrida é pequena. Os exercícios naturais, como a caminhada e a corrida em terrenos acidentados, a escalada de montanhas, o trabalho na terra com utensílios, o desbravamento da floresta com um machado, a exposição à chuva, ao sol, ao vento, ao frio e ao calor, deram lugar a exercícios regrados cujo risco é mínimo e as máquinas suprimem a dificuldade. Há, em todo lugar, quadras de tênis, campos de golfe, rinques de patinação artificiais, piscinas aquecidas e arenas onde atletas se enfrentam e lutam ao abrigo das intempéries. Assim, todos podem desenvolver os músculos evitando a fadiga e a continuidade do esforço antes exigidas por exercícios típicos de uma forma mais primitiva de vida.

A alimentação de nossos ancestrais, composta principalmente por farinhas grossas, carne e bebidas alcoólicas, foi substituída por uma comida muito mais delicada e variada. As carnes de gado e de ovelha não são mais a base da alimentação. Leite, creme, manteiga, cereais embranquecidos pela eliminação da casca do grão, frutas de regiões tropicais e temperadas, legumes frescos ou em conserva, saladas, açúcar em grande quantidade presente em tortas, balas e pudins são os elementos principais da alimentação moderna. Somente o álcool continua tendo o mesmo lugar de antes. A alimentação das crianças foi ainda mais profundamente modificada, tendo-se tornado muito mais abundante. O mesmo ocorreu com a alimentação dos adultos. A regularidade dos horários de trabalho nos escritórios e nas fábricas trouxe a regularidade das refeições. Graças à riqueza que, até os últimos anos, era geral, e à diminuição do espírito religioso e dos rituais de jejum, os seres humanos têm se alimentado com uma continuidade e um regramento nunca antes vistos.

Foi essa riqueza que permitiu, igualmente, a enorme difusão da educação. Em todo lugar foram construídas escolas e universidades, imediatamente invadidas por grandes massas de estudantes. A juventude compreendeu o papel da ciência no mundo moderno. "Knowledge is power"[4], escreveu Francis Bacon. Todas essas instituições dedicam-se ao desenvolvimento intelectual das crianças e dos jovens. Ao mesmo tempo, atentam a seu estado físico. Pode-se dizer que os estabelecimentos se interessam, sobretudo, pela inteligência e pelos músculos. A ciência deixou tão evidente a sua utilidade que ganhou prioridade nos estudos. Inúmeros jovens se submetem às suas disciplinas. Mas os institutos científicos, as universidades

---

4. Conhecimento é poder.

e as organizações industriais construíram tantos laboratórios que todos podem encontrar um emprego para seus conhecimentos específicos.

O estilo de vida dos homens modernos é marcado pela higiene, pela medicina e por princípios resultantes das descobertas de Louis Pasteur. A promulgação das doutrinas pasteurianas foi, para toda a humanidade, um acontecimento de grande importância. Por causa delas, as doenças infecciosas, que devastavam periodicamente os países civilizados, foram erradicadas. Demonstrou-se a necessidade da limpeza. Como resultado, houve grande diminuição da mortalidade infantil. A duração média da vida aumentou de forma surpreendente, chegando atualmente a 59 anos nos Estados Unidos e 65 anos na Nova Zelândia. As pessoas não vivem mais tempo, porém mais pessoas chegam à velhice. A higiene aumentou muito o número de seres humanos. Ao mesmo tempo, a medicina, por meio de uma melhor concepção da natureza das doenças e de uma aplicação judiciosa das técnicas cirúrgicas, estendeu sua salutar influência aos fracos, aos incompletos, aos predispostos a doenças microbianas, àqueles que, há muito tempo, não eram capazes de aguentar as condições de uma existência mais rude. A civilização ganhou muito em capital humano e, graças à medicina, todos têm uma maior segurança em relação à doença e à dor.

O meio intelectual e moral no qual estamos inseridos também foi modelado pela ciência. O mundo onde vive o espírito dos homens hoje em dia não lembra em nada o de nossos ancestrais. Diante dos triunfos da inteligência, que nos traz riqueza e conforto, os valores morais naturalmente declinaram. A razão varreu para longe as crenças religiosas. Importam apenas o conhecimento das leis naturais e o consequente poder sobre o mundo material e os seres vivos. Os bancos, as universidades, os laboratórios, as escolas de medicina, tornaram-se tão belos quanto os antigos templos, as catedrais góticas, os palácios dos Papas. Até as recentes catástrofes, ser dono de um banco ou de uma ferrovia era o ideal da juventude. No entanto, o reitor de uma grande universidade ainda é altamente valorizado pela sociedade, pois promove a ciência, geradora de riquezas, bem-estar e saúde. Mas a atmosfera que envolve o cérebro das massas muda rapidamente. Banqueiros e professores foram desvalorizados perante o público. Os homens atuais são suficientemente instruídos para ler diariamente os jornais e escutar, no rádio, os discursos dos políticos, comerciantes, charlatões e evangelizadores. Eles estão impregnados pela propaganda comercial, política ou social, cujas técnicas aperfeiçoam-se cada vez mais. Ao mesmo tempo, leem artigos, livros de vulgarização científica e filosófica. Graças às magníficas descobertas da física e da astrofísica, nosso universo alcançou uma grandeza surpreendente. Todos podem, se quiserem, ouvir sobre as teorias de Einstein ou ler os livros de Eddington e de Jeans, os artigos de Shapley e de Millikan. O homem moderno se interessa tanto pelos raios cósmicos quanto pelos artistas de cinema e jogadores de beisebol. Ele sabe que o espaço é curvo, que o mundo é composto por forças cegas e incognoscíveis, que somos partículas infinitamente pequenas na superfície de um grão de areia perdido na imensidão do cosmos, e que este é desprovido de vida e pensamento. Nosso universo tornou-se exclusivamente mecânico, e não poderia ser diferente, pois sua existência deve-se às técnicas da física e da astronomia. Como tudo que envolve atualmente os seres humanos, ele é a expressão do maravilhoso desenvolvimento das ciências da matéria inanimada.

4 – Os resultados para nós.

As profundas alterações impostas aos hábitos da humanidade pelas aplicações da ciência são recentes. De fato, estamos ainda em plena revolução, e é difícil saber com precisão quais são os efeitos, nos seres humanos civilizados, da substituição das condições naturais da vida por esse modo artificial de existência e dessa mudança tão grande em seu meio. Não há dúvida, porém, de que tal efeito se produziu, visto que todo ser vivo depende fortemente de seu meio e adapta-se às suas flutuações por uma evolução adequada. Deve-se, portanto, indagar de que forma os homens foram influenciados pelo estilo de vida, *habitat*, alimentação, educação e hábitos intelectuais e morais impostos pela civilização moderna. Para responder a essa questão tão séria, é preciso examinar, com meticulosa atenção, o que acontece atualmente com as populações que se beneficiaram das primeiras aplicações das descobertas científicas.

É evidente que os homens receberam com alegria a civilização moderna. Eles saíram rapidamente dos campos para ir às cidades e às fábricas, adotaram diligentemente o estilo de vida e o jeito de ser e pensar da nova era e abandonaram sem hesitar seus antigos hábitos, que exigiam um esforço maior. É menos cansativo trabalhar em uma fábrica ou escritório do que nos campos. Mesmo nas fazendas, a dureza da vida foi muito amenizada pelas máquinas. As casas modernas garantem uma vida uniforme e tranquila, e, com seu conforto e iluminação, propiciam aos moradores uma sensação de repouso e contentamento. Sua organização atenua muito o esforço exigido outrora pela vida doméstica. Além da diminuição do esforço e do aumento do bem-estar, os seres humanos aceitaram com gosto a possibilidade de nunca ficar sozinhos, de desfrutar as constantes distrações da cidade, de fazer parte de grandes grupos, de nunca pensar. Apreciaram igualmente ser dispensados, por uma educação puramente intelectual, da obrigação moral imposta pela disciplina puritana e pelas regras religiosas. A vida moderna realmente os libertou. Ela os incentiva a alcançar a riqueza a qualquer custo, desde que suas atitudes não os coloquem diante de um tribunal. Ela lhes abriu as portas de todos os países do mundo, livrou-lhes de toda superstição e permite a excitação frequente e a satisfação fácil de seus apetites sexuais. Ela elimina a obrigação, a disciplina, o esforço, tudo que era incômodo e penoso. As pessoas, sobretudo as das classes inferiores, estão materialmente mais satisfeitas do que nunca. Muitas, todavia, deixam pouco a pouco de apreciar as distrações e os prazeres banais da vida moderna. Às vezes, sua saúde impede que continuem indefinidamente com os excessos alimentares, alcoólicos e sexuais trazidos pela extinção de toda disciplina. Além disso, essas pessoas são assombradas pelo medo de perder seus empregos, economias, fortuna e meios de subsistência. Elas não são capazes de satisfazer a necessidade de segurança existente em cada um de nós, e, apesar das assistências sociais, continuam inquietas. Com frequência, aqueles que são capazes de refletir tornam-se infelizes.

Contudo, é certo que a saúde melhorou. Não somente a mortalidade está menor, como também todos estão mais belos, maiores e mais fortes. As crianças de hoje têm uma altura muito superior à de seus pais. A dieta e os exercícios físicos elevaram a estatura e aumentaram a força muscular. Com frequência, os melhores atletas vêm dos Estados Unidos. Observam-se, hoje em dia, nos times esportivos universitários, jovens indivíduos que são espécimes realmente magníficos de seres humanos. Nas presentes condições da educação norte-americana, o esqueleto e os músculos desenvolvem-se de maneira perfeita. Consegue-se reproduzir as formas mais admiráveis da beleza antiga. No entanto, a expectativa de vida dos homens que, mesmo habituados ao esporte, levam uma vida moderna, não é maior do que a de seus antepassados – e talvez seja até mais curta. Sua resistência à fadiga parece menor, ao passo que indivíduos acostumados a exercícios naturais e expostos às intempéries, a exemplo de seus pais, parecem capazes de esforços mais longos e árduos do que nossos atletas. Estes precisam, além disso, de muito sono, uma boa alimentação e hábitos regulares. Seu sistema nervoso é frágil. Eles não lidam bem com a vida nos escritórios, nas grandes cidades, com as preocupações dos negócios, nem mesmo com as dificuldades e sofrimentos ordinários da vida. Os triunfos da higiene e da educação moderna talvez não sejam tão vantajosos quanto pareciam inicialmente.

Também é preciso questionar se a grande redução da mortalidade durante a infância e a juventude não apresenta alguns inconvenientes. Com efeito, os fracos sobrevivem tanto quanto os fortes. A seleção natural não desempenha mais seu papel. Ninguém sabe qual será o futuro de uma raça tão bem protegida pelas ciências médicas. No entanto, estamos diante de um problema muito mais grave, que exige uma solução imediata:

ao mesmo tempo em que doenças como a diarreia infantil, a tuberculose, a difteria, a febre tifoide etc., são eliminadas, e em que a mortalidade diminui, o número de doenças mentais aumenta. Em certos Estados, o número de loucos internados em asilos ultrapassa o de todos os outros enfermos hospitalizados. Assim como a loucura, o desequilíbrio nervoso torna-se cada vez mais frequente, sendo um dos fatores mais ativos na infelicidade dos indivíduos e na destruição de famílias. Talvez essa deterioração mental seja mais perigosa para a civilização do que as doenças infecciosas, às quais a medicina e a higiene dedicam-se com exclusividade.

Apesar das imensas somas despendidas na educação de crianças e jovens, a elite intelectual não parece ter crescido. A média está, sem dúvida, mais instruída, mais policiada. O gosto pela leitura é maior, compram-se mais livros e revistas do que antes. O número de pessoas interessadas na ciência, na literatura e na arte aumentou. Porém, são as formas mais baixas da literatura e as imitações da ciência e da arte que, em geral, atraem o público. As excelentes condições higiênicas em que crescem as crianças e os cuidados dispensados a elas nas escolas não parecem ter elevado seu nível intelectual e moral. Pode-se mesmo indagar se não há, com frequência, uma espécie de antagonismo entre seu desenvolvimento físico e mental. Afinal, não sabemos se o aumento da estatura em determinada raça não é uma degeneração em vez de um progresso, como cremos atualmente. Sem dúvida, as crianças são muito mais felizes em escolas que suprimiram as obrigações, onde fazem somente o que lhes agrada e onde o esforço mental e a atenção voluntária não são exigidos – mas quais são os resultados de uma educação assim? Na civilização moderna, o indivíduo é caracterizado, sobretudo, por uma atividade intensa e mais voltada para o lado prático da vida, por muita ignorância, por certa astúcia e por um estado de fraqueza mental que o faz sofrer profundamente a influência do meio em que está inserido. Parece que, na ausência de um pilar moral, a própria inteligência cede. Talvez por essa razão essa faculdade, antigamente tão característica da França, tenha baixado de modo tão manifesto nesse país. Nos Estados Unidos, o nível intelectual continua inferior, apesar da multiplicação das escolas e das universidades.

Diríamos que a civilização moderna é incapaz de produzir uma elite simultaneamente imaginativa, inteligente e corajosa. Em quase todos os países há uma diminuição do calibre intelectual e moral dos responsáveis pela direção das negociações políticas, econômicas e sociais. As organizações financeiras, industriais e comerciais alcançaram dimensões gigantescas, sendo influenciadas não somente pelas condições do país onde nascem, mas também pelo estado dos países vizinhos e do mundo inteiro. Em cada nação produzem-se mudanças sociais com grande rapidez. Em quase todo lugar, questiona-se o valor do regime político. As grandes democracias deparam com problemas sérios que afetam sua própria existência e cuja solução é urgente. E nós percebemos que, apesar das imensas esperanças depositadas pela humanidade na civilização moderna, esta não foi capaz de desenvolver homens suficientemente inteligentes e audaciosos para conduzi-la pelo perigoso caminho que ela tomou. Os seres humanos não evoluíram no mesmo ritmo que as instituições surgidas de seus cérebros. É, sobretudo, a fraqueza intelectual e moral dos líderes, bem como sua ignorância, que ameaça a nossa civilização.

É preciso indagar, por fim, como o novo estilo de vida influenciará o futuro da raça. A resposta das mulheres às mudanças nos hábitos ancestrais trazidas pela civilização moderna foi imediata e decisiva. A natalidade diminuiu tão logo foi possível. Esse fenômeno tão importante foi mais precoce e mais grave nas camadas sociais e nações que desfrutaram antes de todos os progressos gerados, direta ou indiretamente, pela ciência. A esterilidade voluntária das mulheres não é algo novo na história dos povos, tendo ocorrido em certo período das civilizações passadas. Trata-se de um sintoma clássico, cuja significação já conhecemos.

É evidente, portanto, que as mudanças produzidas em nosso meio pelas aplicações da ciência tiveram efeitos marcantes sobre nós. Tais efeitos têm uma característica inesperada: eles são bem diferentes do que prevíamos e do que se podia legitimamente esperar das diversas melhorias no *habitat*, no estilo de vida, na alimentação, na educação e na atmosfera intelectual dos seres humanos. Mas como se obtém um resultado tão paradoxal?

5 – As transformações do meio são perigosas porque foram produzidas sem o conhecimento de nossa natureza.

Essa questão poderia ser respondida de forma simples. A civilização moderna encontra-se em má posição porque não é adequada para nós. Ela foi construída sem o conhecimento de nossa verdadeira natureza, ao capricho das descobertas científicas, dos apetites dos homens, de suas ilusões, teorias e desejos. Embora edificada por nós, não foi feita sob medida.

Com efeito, é evidente que a ciência não seguiu plano algum. Ela se desenvolveu por acaso, de acordo com o nascimento de alguns homens excepcionais, com a forma de sua mente e o foco de sua curiosidade, e não foi inspirada pelo desejo de melhorar o estado dos seres humanos. As descobertas ocorreram ao sabor das intuições dos cientistas e das circunstâncias mais ou menos fortuitas de suas carreiras. Se Galileu, Newton ou Lavoisier houvessem aplicado sua inteligência ao estudo do corpo e da consciência, talvez o mundo de hoje fosse diferente. Os homens da ciência ignoram aonde chegarão. Eles são guiados pelo acaso, por raciocínios sutis, por uma espécie de premonição. Cada um é um mundo à parte, governado por suas próprias leis. De tempos em tempos, coisas que são obscuras para os outros se tornam claras para eles. Em geral, as descobertas são feitas sem qualquer previsão das consequências, mas foram essas consequências que deram forma à nossa civilização.

Entre as riquezas das descobertas científicas, fizemos uma escolha, e esta não foi determinada pela consideração de um interesse maior da humanidade: ela simplesmente seguiu nossas tendências naturais. O sucesso das novas invenções deve-se à lei da maior comodidade e do menor esforço, ao prazer que sentimos com a rapidez, a mudança e o conforto, bem como à necessidade de fugirmos de nós mesmos. Mas ninguém se perguntou como os seres humanos responderiam à enorme aceleração do ritmo de vida produzida pelos transportes rápidos, pelo telégrafo, pelo telefone, pelas máquinas de escrever, de calcular, que fazem os morosos trabalhos domésticos de outrora, e pelas técnicas modernas das negociações. A adoção universal do avião, do automóvel, do cinema, do telefone, do rádio e, em breve, da TV, deve-se a uma tendência tão natural quanto àquela que, nos primórdios da humanidade, levou ao uso do álcool. O aquecimento a vapor das casas, a luz elétrica, os elevadores, a moral biológica, as manipulações químicas dos produtos alimentícios, foram aceitos unicamente porque essas inovações eram agradáveis e cômodas. Mas seu provável efeito sobre os seres humanos não foi levado em consideração.

Na organização do trabalho industrial, a influência das fábricas sobre o estado fisiológico e mental dos trabalhadores foi completamente negligenciada. A indústria moderna baseia-se na concepção da maior produção possível pelo menor custo, a fim de que um indivíduo ou um grupo de indivíduos ganhe o máximo de dinheiro. Ela foi desenvolvida sem pensar na verdadeira natureza dos seres humanos que conduzem as máquinas e sem se preocupar com os efeitos, sobre eles e seus descendentes, da vida artificial imposta pela fábrica. A construção das grandes cidades foi feita sem maiores considerações por nós. A forma e as dimensões dos edifícios modernos foram inspirados pela necessidade de obter o maior lucro possível por metro quadrado do terreno e de oferecer aos locatários escritórios e apartamentos que lhe agradem. Chega-se assim à construção das moradias verticais, que concentram em um espaço restrito massas muito maiores de indivíduos. Estes residem nelas com prazer, pois desfrutam o conforto e o luxo, mas não percebem que estão privados do necessário. A cidade moderna é composta por essas habitações monstruosas e por ruas obscuras, repletas de ar poluído pelas chaminés, poeira, fumaça da gasolina e os produtos de sua combustão, cortadas pelo ruído dos caminhões e bondes e ocupadas constantemente por um turbilhão de pessoas. É evidente que ela não foi construída para o bem de seus habitantes.

Nossa vida é consideravelmente influenciada pelos jornais. A publicidade atende unicamente aos interesses dos produtores, nunca dos consumidores. Por exemplo, o público foi levado a crer que o pão branco é superior ao integral. A farinha foi sendo peneirada até ser privada de seus componentes mais úteis. Mas ela é conservada melhor, o pão é feito mais facilmente e os moleiros e padeiros ganham mais dinheiro. Os consumidores comem, sem se dar conta, um produto inferior. Em todos os países onde o pão é a parte principal da alimentação, as populações degeneram. Gastam-se quantias enormes na publicidade comercial. Incontáveis produtos alimentícios e farmacêuticos inúteis, às vezes até mesmo prejudiciais, tornam-se uma necessidade para os homens civilizados. É assim que a ganância dos indivíduos suficientemente hábeis para ditar o gosto das massas populares desempenha um papel capital em nossa civilização.

Entretanto, as influências que agem sobre o nosso estilo de vida nem sempre têm essa origem. Muitas vezes, em vez de resultarem do interesse financeiro de pessoas ou grupos de pessoas, elas realmente têm por objetivo o bem maior. Mas seu efeito também pode ser prejudicial se as pessoas que as exercem, por mais honestas que sejam, têm uma concepção errônea ou incompleta do ser humano. Será que é preciso, por exemplo, por meio da alimentação e de exercícios adequados, aumentar tanto quanto possível o peso e a estatura das crianças, como faz a maioria dos médicos? As crianças grandes e pesadas são realmente superiores às crianças menores? O desenvolvimento da inteligência, da atividade, da audácia, da resistência às doenças, não está associado ao aumento do volume do indivíduo. Será que a educação nas escolas e nas universidades, que consiste, sobretudo, no cultivo da memória, é realmente destinada aos homens modernos, que devem ter equilíbrio mental, estabilidade nervosa, julgamento, coragem moral e resistência à fadiga? Por que os higienistas comportam-se como se o homem somente pudesse ser exposto às doenças infecciosas, quando, na verdade, ele é ameaçado de modo igualmente perigoso pelas doenças nervosas e mentais e pela fraqueza de espírito? Por mais que os médicos, educadores e higienistas trabalhem, sem interesses pessoais, em benefício dos seres humanos, eles não atingem seu objetivo, pois visam a esquemas que só abarcam uma parte da realidade. O mesmo ocorre com todos que confundem seus desejos, sonhos ou doutrinas com o ser humano concreto. Edificam uma civilização que, apesar de destinada ao homem, somente convém de fato a imagens incompletas ou monstruosas do homem. Os sistemas de governo, detalhadamente imaginados na mente dos teóricos, não passam de castelos de cartas. O homem a que se aplicam os princípios da Revolução Francesa é tão irreal quanto aquele que, nas visões de Marx ou de Lênin, construirá a sociedade futura. Não devemos esquecer que as leis das relações humanas ainda são desconhecidas. A sociologia e a economia política são apenas ciências conjeturais, pseudociências.

Portanto, parece que o meio em que, graças à ciência, conseguimos nos inserir não é adequado a nós, pois foi construído por acaso, sem conhecimento suficiente da natureza dos seres humanos e sem consideração por eles.

6 – Necessidade prática do conhecimento do homem.

Em suma, as ciências da matéria fizeram imensos progressos, enquanto as dos seres vivos estacionaram em um estágio rudimentar. O atraso da biologia pode ser atribuído às condições de existência de nossos ancestrais, à complexidade dos fenômenos da vida e à própria natureza de nossa mente, que se compraz com as construções mecânicas e as abstrações matemáticas. As aplicações das descobertas científicas transformaram nosso mundo material e mental. Essas transformações influenciam-nos profundamente. Seu efeito nefasto deve-se ao fato de terem sido feitas sem consideração por nós. Foi essa ignorância sobre nós mesmos que deu à mecânica, à física é à química o poder de modificar ao acaso as formas antigas da vida.

O homem deveria ser a medida de todas as coisas, mas é um estranho no mundo que criou. Ele não soube organizar esse mundo para si porque não tinha conhecimento positivo de sua própria natureza. O enorme avanço das ciências das coisas inanimadas em relação às dos seres vivos é, assim, um dos acontecimentos mais trágicos da história da humanidade. O meio construído por nossa inteligência e invenções não é adequado nem à nossa estatura nem à nossa forma. Ele não é feito para nós. Nele somos infelizes, decaímos moral e mentalmente. Os grupos e nações onde a civilização industrial atingiu o ápice são precisamente os que mais enfraquecem. São eles que voltam mais rapidamente à barbárie, que permanecem indefesos diante do meio adverso criado pela ciência. Na realidade, nossa civilização, assim como as que a precederam, criou condições que, por razões não totalmente conhecidas, impossibilitam a própria vida. O inquietamento e as infelicidades dos habitantes da nova cidade resultam não apenas de suas instituições políticas, econômicas e sociais, mas principalmente de sua própria degradação. Eles são as vítimas do atraso das ciências da vida em relação às da matéria.

Somente um conhecimento mais profundo de nós mesmos pode trazer uma cura para esse mal. Graças a ele, veremos por quais mecanismos a existência moderna afeta nossa consciência e nosso corpo. Aprenderemos como nos adaptar a esse meio, como nos defender dele, bem como pelo que substituí-lo caso uma revolução se torne indispensável. Ao nos mostrar o que realmente somos, nossos potenciais e o modo de adaptá-los, esse conhecimento nos trará a explicação de nosso enfraquecimento fisiológico, de nossas doenças morais e intelectuais. Somente ele pode nos revelar as leis inexoráveis que regem nossas atividades orgânicas e espirituais, fazer com que saibamos a diferença entre o permitido e o proibido, ensinar-nos que não somos livres para modificar nosso meio e nós mesmos de acordo com nossas fantasias. Na verdade, desde que as condições naturais da existência foram extintas pela civilização moderna, a ciência do homem se tornou a mais necessária das ciências.

II – A ciência do homem

1 – Necessidade de uma escolha em meio ao volume de dados heterogêneos que temos sobre nós mesmos. – O conceito operacional de Bridgman. – Sua aplicação no estudo dos seres vivos. – Conceitos biológicos. – A mistura de conceitos das diferentes ciências. – Eliminação dos sistemas filosóficos e científicos, ilusões e erros. – Papel das conjeturas.

A ignorância sobre nós mesmos é de natureza particular. Ela não vem da dificuldade de obter as informações necessárias, tampouco de sua imprecisão ou raridade. Pelo contrário, ela se deve à extrema abundância e confusão de noções que a humanidade acumulou a respeito de si mesma ao longo das eras. Além disso, deve-se à fragmentação de nós mesmos em partes quase infinitas pelas ciências que dividiram o estudo de nosso corpo e consciência. Esse conhecimento permaneceu em grande parte inutilizado e, na verdade, dificilmente é útil. Sua esterilidade se traduz na pobreza dos esquemas clássicos que fundamentam a medicina, a higiene, a pedagogia e a vida social, política e econômica. No entanto, no gigantesco aglomerado de definições, observações, doutrinas, desejos e sonhos, há uma realidade viva e rica que representa o esforço dos homens para conhecerem a si mesmos. Ao lado dos sistemas e conjeturas dos eruditos e filósofos, há os resultados positivos da experiência das gerações passadas, bem como uma infinidade de observações feitas com a mente e, por vezes, com as técnicas da ciência. Trata-se apenas de fazer uma escolha prudente em meio a essas coisas díspares.

Entre os inúmeros conceitos relacionados ao ser humano, alguns são construções lógicas de nossa mente que não se aplicam a nenhum ser observável no mundo; outros são a expressão pura e simples da experiência. Bridgman denominou estes últimos conceitos operacionais. Um conceito operacional é equivalente à operação ou à série de operações que se deve realizar para apreendê-lo. Com efeito, todo conhecimento positivo depende do emprego de determinada técnica. Quando se diz que um objeto tem um metro de comprimento, significa que ele tem o mesmo comprimento de uma barra de madeira ou de metal cujo comprimento é igual ao do metro padrão guardado no Bureau Internacional de Pesos e Medidas, em Paris. É bastante evidente que apenas conhecemos de verdade o que podemos observar. No caso citado, o conceito de comprimento é sinônimo da medida desse comprimento. Os conceitos ligados às coisas fora do campo da experiência são, de acordo com Bridgman, desprovidos de sentido. Da mesma forma, uma questão não tem significado se é impossível descobrir as operações que permitiriam chegar a uma resposta.

A precisão de um conceito qualquer depende da precisão das operações destinadas a adquiri-lo. Definir o homem como sendo composto por matéria e consciência é uma proposição sem sentido, pois as relações entre a matéria corporal e a consciência ainda não foram trazidas para o campo da experiência. Contudo, pode-se dar uma definição operacional do homem: considerá-lo um todo indivisível que manifesta atividades psíquico-químicas, fisiológicas e psicológicas. Na biologia, como na física, os conceitos sobre os quais se deve edificar a ciência, aqueles que serão sempre verdadeiros, ligam-se a certos procedimentos de observação. Por exemplo, nosso conceito atual das células do córtex cerebral, com seu corpo piramidal, prolongamentos dendríticos e axônio amielínico, é resultado das técnicas de Ramón e Cajal. Trata-se de um conceito operacional, que somente mudará com o futuro progresso das técnicas. Mas dizer que as células cerebrais são a sede dos processos mentais é uma afirmação sem valor porque não há meio de observar a presença de um processo mental no interior das células cerebrais. Apenas o emprego dos conceitos operacionais permite-nos construir sobre um terreno sólido. Dentre as inúmeras informações que temos sobre nós mesmos, devemos escolher os dados positivos que correspondem ao que existe não apenas em nossa mente, mas também na natureza.

Sabemos que entre os conceitos operacionais relacionados ao homem, alguns lhe são exclusivos, outros pertencem a todos os seres vivos e outros, enfim, pertencem à química, à física e à mecânica. Há tantos sistemas de conceitos quanto há estágios na organização da matéria viva. No plano das estruturas eletrônicas, atômicas e moleculares existentes tanto nos tecidos humanos quanto nas árvores ou nas nuvens, se devem empregar os conceitos de *continuum* espaço-tempo, energia, força, massa e entropia, bem como os de tensão osmótica, carga elétrica, íon, capilaridade, permeabilidade e difusão. No plano dos agregados materiais maiores que as moléculas, aparecem os conceitos de micela, dispersão, absorção, floculação. Quando as moléculas e suas combinações formam as células, e quando estas se unem em órgãos e organismos, acrescentam-se aos conceitos anteriores os de cromossomo, gene, hereditariedade, adaptação, tempo fisiológico, reflexo, instinto etc. Estes são os conceitos fisiológicos propriamente ditos. Eles coexistem com os conceitos físico-químicos, mas não podem ser reduzidos a estes. No nível mais avançado da organização há, além das moléculas, as células e os tecidos, um conjunto composto por órgãos, humores e consciência. Os conceitos físico-químicos e fisiológicos tornam-se insuficientes. Devem-se acrescentar os conceitos psicológicos, específicos do ser humano, assim como a inteligência, o senso moral, o senso estético e o social. Somos obrigados a substituir as leis da termodinâmica e da adaptação, por exemplo, pelos princípios do menor esforço para o maior prazer ou eficácia, da busca da liberdade e da igualdade etc.

Todo sistema de conceitos somente pode ser empregado de maneira legítima no domínio da ciência a que ele pertence. Os conceitos da física, da química, da fisiologia, da psicologia, são aplicáveis aos níveis sobrepostos da organização corporal. Mas não se pode confundir os conceitos próprios de um nível com os que são específicos a outro. Por exemplo, a segunda lei da termodinâmica, indispensável ao nível molecular, é inútil para o psicológico, cujo princípio é o do menor esforço para o maior prazer. Os conceitos de capilaridade e tensão osmótica não resolvem os problemas da consciência. A explicação de um fenômeno psicológico em termos de fisiologia celular ou de mecatrônica não passa de um jogo de palavras. Entretanto, os fisiologistas do século XIX, bem como seus sucessores, cometeram esse erro ao tentar reduzir o homem todo a conceitos físico-químicos. Tal generalização injustificada de certas noções exatas foi obra de cientistas demasiado especializados. É indispensável que cada sistema de conceitos tenha seu próprio lugar na hierarquia das ciências.

A confusão dos dados que temos sobre nós mesmos vem, sobretudo, da presença de resíduos de sistemas científicos, filosóficos e religiosos nos fatos positivos. A adesão de nossa mente a um sistema qualquer muda o aspecto e a significação dos fenômenos por nós observados. Desde sempre, a humanidade contemplou-se através de lentes coloridas por doutrinas, crenças e ilusões. São essas noções falsas ou inexatas que devem ser suprimidas. Como escreveu certa vez Claude Bernard, é preciso desprender-se dos sistemas filosóficos e científicos como se rompem os grilhões de uma escravidão intelectual. Essa libertação ainda não foi consumada. Biólogos e, principalmente, educadores, economistas e sociólogos, ao se deparar com problemas de extrema complexidade, muitas vezes cedem à tentação de criar hipóteses e, em seguida, transformá-las em doutrinas. Como resultado, os intelectuais atêm-se a fórmulas tão rígidas quanto um dogma religioso.

Observamos, em todas as ciências, resquícios inconvenientes de erros desse tipo. Um dos mais famigerados deu origem à grande querela entre vitalistas e mecanicistas, cuja futilidade ainda hoje nos surpreende. Os vitalistas pensavam que o organismo era uma máquina cujas partes se integravam graças a um fator não físico-químico. Segundo eles, os processos responsáveis pela unidade do ser vivo eram governados por um princípio independente, uma entelequia, uma ideia análoga à do engenheiro que constrói uma máquina. Esse agente autônomo não era uma forma de energia e não criava energia; o que fazia era somente controlar o organismo. Evidentemente, a entelequia não é um conceito operacional; é uma construção pura da mente. Em suma, os vitalistas consideravam o corpo uma máquina controlada por um engenheiro, a que chamavam entelequia, sem perceber que esse agente não era senão a própria inteligência. Já os mecanicistas acreditavam que todos os fenômenos fisiológicos e psicológicos poderiam ser explicados pelas leis da física, da química e da mecânica. Assim, construíam uma máquina da qual eram o engenheiro, cuja existência, como lembra Woodger, depois esqueciam. Tal conceito não é operacional. É óbvio que o mecanicismo e o vitalismo devem ser rejeitados tanto quanto qualquer outro sistema. Precisamos nos libertar simultaneamente do amontoado de ilusões, erros, observações malfeitas e falsos problemas estudados pelos medíocres da ciência, das pseudodescobertas dos charlatões, dos cientistas celebrados pela mídia cotidiana, dos trabalhos tristemente inúteis, dos longos estudos de coisas sem significado, bagunça inextricável que se ergue como uma montanha desde que a pesquisa científica tornou-se uma profissão igual às outras, como professor, pastor ou funcionário de banco.

Depois dessa eliminação, sobram os resultados do paciente esforço de todas as ciências dedicadas ao estudo do homem, o precioso conjunto de observações e experiências por elas acumuladas. Basta analisar a história da humanidade para encontrar a expressão mais ou menos clara de todas as suas atividades fundamentais. Além das observações positivas, dos fatos certos, há inúmeras coisas que não são positivas nem certas, mas que não devem ser ignoradas. É fato que apenas os conceitos operacionais permitem dar ao conhecimento do homem uma base sólida, mas apenas a imaginação criativa pode inspirar em nós as conjeturas e os sonhos que originarão o plano das construções futuras. Precisamos, portanto, continuar levantando questões que, do ponto de vista da crítica científica sensata, não têm sentido algum. Aliás, mesmo que tentássemos impedir nossa mente de buscar o impossível e o incognoscível, não conseguiríamos. A curiosidade é uma necessidade de nossa natureza, um impulso cego que não obedece a nenhuma regra. Nossa mente se infiltra nas coisas do mundo exterior e nas profundezas de nós mesmos de modo tão irracional e irresistível quanto um rato que explora, com ajuda de suas hábeis patinhas, os menores detalhes de seu ambiente. É essa curiosidade que nos obriga a descobrir o universo. Ela nos conduz irresistivelmente a caminhos desconhecidos, e as montanhas intransponíveis se desfazem diante dela como a fumaça dispersada pelo vento.

2 – É indispensável fazer um inventário completo. – Nenhum aspecto do homem deve ser privilegiado. – Evitar dar importância exagerada a uma parte em detrimento das outras. – Não se limitar ao que é simples. – Não excluir o que é inexplicável. – O método científico é aplicável à totalidade do ser humano.

É indispensável examinarmo-nos por completo. A pobreza dos esquemas clássicos resulta de nunca termos lançado um olhar suficientemente geral sobre nós mesmos, apesar da amplitude de nossos conhecimentos. Com efeito, não se trata de apreender o aspecto do homem em determinada época, sob certas condições de vida, e sim de apreendê-lo em todas as suas atividades, tanto as que se manifestam ordinariamente quanto as que podem permanecer virtuais. Tal informação somente pode ser obtida pela investigação criteriosa, no mundo presente e passado, das manifestações dos nossos poderes orgânicos e mentais, assim como por um exame ao mesmo tempo analítico e sintético de nossa constituição e de nossas relações físicas, químicas e psicológicas com o meio exterior. Precisamos seguir o sábio conselho dado por Descartes em *O discurso do método* àqueles que buscam a verdade: dividir nosso objeto em tantas partes quanto necessário para fazer um inventário completo de cada uma. Mas devemos lembrar também que tal divisão não passa de um artifício metodológico criado por nós e que o homem ainda é um todo indivisível.

Não há território privilegiado. Na imensidão de nosso mundo interior, tudo tem uma significação. Não podemos escolher apenas o que nos convém, conforme nossos sentimentos, fantasias e a forma científica e filosófica de nossa mente. A dificuldade ou obscuridade de um assunto não são razões suficientes para negligenciá-lo. Todos os métodos devem ser empregados, e o qualitativo é tão verdadeiro quanto o quantitativo. A realidade das relações que pode ser expressa em linguagem matemática não é maior que aquela que não pode. Darwin, Claude Bernard e Louis Pasteur, que não puderam descrever suas descobertas com o auxílio de fórmulas algébricas, foram cientistas tão importantes quanto Newton e Einstein. A realidade não é necessariamente clara e simples; nem mesmo é certo que ela seja sempre inteligível para nós. Além disso, ela se apresenta sob formas infinitamente variadas. Um estado de consciência, o úmero, uma ferida, são coisas igualmente verdadeiras. A relevância de um fenômeno não depende da facilidade com que nossas técnicas podem ser aplicadas a seu estudo. Ele deve ser julgado não em função do observador e de seus métodos, e sim do objeto, do ser humano. A dor da mãe que perdeu o filho, a angústia da alma mística mergulhada na noite escura, o sofrimento do enfermo consumido por um câncer são de uma realidade evidente, ainda que não sejam mensuráveis. Não temos o direito de negligenciar o estudo dos fenômenos de clarividência mais do que o da cronaxia dos nervos, sob pretexto de que a clarividência não se reproduz conforme a vontade e não pode ser medida, ao passo que a cronaxia é mensurável de modo exato por um método simples. Devemos utilizar, nesse inventário, todos os meios possíveis e contentarmo-nos em observar o que não podemos medir.

Com frequência, atribui-se uma importância exagerada a uma parte em detrimento de outra. Somos obrigados a considerar os diferentes aspectos do homem: físico-químico, anatômico, fisiológico, metapsíquico, intelectual, moral, artístico, religioso, econômico, social etc. Todo cientista, por culpa de uma deformação profissional bem conhecida, pensa conhecer o ser humano, quando, na verdade, apenas conhece uma parte minúscula dele. Visões fragmentadas são tomadas como a expressão do todo e variam aleatoriamente com a moda, que alterna entre valorizar o indivíduo ou a sociedade, os apetites fisiológicos ou as atividades espirituais, o poder dos músculos ou do cérebro, a beleza ou a utilidade. É por esse motivo que o homem se apresenta a nós como um ser de múltiplas faces. Escolhemos arbitrariamente as que nos convêm e esquecemos as restantes.

Outro erro consiste em excluir do inventário uma parte da realidade, o que ocorre por diversos motivos. Estudamos preferencialmente os sistemas facilmente isoláveis, acessíveis por métodos simples, e ignoramos os mais complexos. Amamos a precisão e a segurança das soluções definitivas. Há uma tendência quase irresistível de escolher os objetos de estudo por sua facilidade técnica e clareza em vez de por sua importância. É por essa razão que os fisiologistas modernos dedicam-se principalmente aos fenômenos físico-químicos dos animais vivos, negligenciando os processos fisiológicos e a psicologia. Da mesma forma, os médicos especializam-se em áreas cujas técnicas são simples e conhecidas, e não no estudo das doenças degenerativas, neuroses e psicoses, que exigiriam a intervenção da imaginação e a criação de novos métodos. Entretanto, todos sabem que a descoberta de algumas leis de organização da matéria viva seria mais importante que, por exemplo, a descoberta do ritmo dos cílios vibráteis das células da traqueia. Sem dúvida alguma, valeria mais a pena livrar a humanidade do câncer, da tuberculose, da arteriosclerose, da sífilis e dos incontáveis males causados pelas doenças nervosas e mentais do que se ocupar do estudo minucioso dos fenômenos físico-químicos de importância secundária produzidos ao longo do curso das doenças. São as dificuldades técnicas que nos levam, por vezes, a eliminar certos objetos do domínio da pesquisa científica e a lhes negar o direito de ser conhecidos por todos.

Ocasionalmente, fatos importantes são completamente suprimidos. Nossa mente tem uma tendência natural a rejeitar o que não se encaixa no quadro das crenças científicas ou filosóficas de nossa época. Os cientistas são, antes de tudo, humanos, impregnados dos preconceitos de seu meio e de seu tempo. Eles gostam de acreditar que o que não é explicável pelas teorias atuais não existe. Na época em que a fisiologia era igualada à físico-química, época de Jacques Loeb e Bayliss, o estudo dos fenômenos mentais era negligenciado. Não havia o mínimo interesse pela psicologia e pelas doenças mentais. Ainda hoje, a telepatia e os outros fenômenos metapsíquicos são tidos como ilusões pelos cientistas, que se interessam unicamente pelo aspecto físico, químico e físico-químico dos processos fisiológicos. Fatos evidentes são ignorados quando têm uma aparência heterodoxa. Por todos esses motivos, a lista das coisas capazes de nos levar a uma melhor concepção do ser humano permanece incompleta. É preciso voltar à observação simples de nós mesmos em todos os nossos aspectos, não ignorar nada e descrever meramente aquilo que vemos.

À primeira vista, o método científico não parece aplicável ao estudo da totalidade de nossas atividades. É evidente que nós, os observadores, não somos capazes de apreender todas as áreas abarcadas pela pessoa humana. Nossas técnicas não incluem o que não tem dimensão nem peso, restringindo-se às coisas situadas no espaço e no tempo. Elas são incapazes de medir a vaidade, o ódio, o amor, a elevação da alma religiosa a Deus, o sonho do cientista e do artista. Contudo, registram facilmente o aspecto fisiológico e os resultados materiais desses estados psicológicos.

A execução frequente das atividades mentais e espirituais se exprime por certos comportamentos, atos e atitudes para com nossos semelhantes. As funções morais, estéticas e místicas podem ser exploradas por nós de maneira indireta. Temos, ainda, à disposição, os relatos dos que viajaram por essas regiões mais conhecidas, mas a expressão verbal dessas experiências é, em geral, desconcertante. Para além do domínio intelectual, nada pode ser definido com clareza. No entanto, a impossibilidade de definir uma coisa não significa que ela não exista. Quando se navega entre a bruma, os rochedos invisíveis estão, ainda assim, presentes. De tempos em tempos, sua ameaçadora forma emerge de súbito, até ser encoberta novamente pela névoa. O mesmo ocorre com a realidade evanescente das visões dos artistas, principalmente dos grandes místicos. Essas coisas, inalcançáveis por nossas técnicas, deixam, ainda assim, uma impressão visível nos iniciados. É de modo indireto que a ciência conhece o mundo espiritual, onde, por definição, ela não pode penetrar. Portanto, o ser humano encontra-se inteiro sob a jurisdição das técnicas científicas.

3 – Deve-se desenvolver uma verdadeira ciência do homem. – Ela é mais necessária que as ciências mecânicas, físicas e químicas. – Seu caráter analítico e sintético.

Em suma, a crítica dos dados que temos sobre o homem nos fornece noções positivas e numerosas. Graças a essas noções, podemos fazer um inventário completo de nossas atividades, o que nos permitirá construir esquemas mais ricos que os esquemas clássicos. Mas o progresso assim obtido não será muito grande. Será preciso ir mais longe e edificar uma verdadeira ciência do homem, uma ciência que, com o auxílio de todas as técnicas conhecidas, explorará mais profundamente nosso mundo interior e perceberá, também, a necessidade de estudar cada parte em função do todo. Para desenvolver uma ciência assim, será necessário, por um tempo, desviar nossa atenção do progresso mecânico e, até mesmo, em certa medida, da higiene clássica, da medicina e do aspecto puramente material de nossa existência. Todos se interessam pelo que aumenta a riqueza e o conforto, mas ninguém percebe que é indispensável melhorar a qualidade estrutural, funcional e mental de cada um de nós. A saúde da inteligência e dos sentimentos afetivos, a disciplina moral e o desenvolvimento espiritual são tão necessários quanto a saúde orgânica e a prevenção das doenças infecciosas.

Não há vantagem alguma em aumentar a quantidade de invenções mecânicas. Talvez fosse necessário, inclusive, dar menos importância às descobertas da física, da astronomia e da química. É certo que a ciência pura nunca causa o mal diretamente, mas ela se torna perigosa quando, por sua fascinante beleza, limita nossa inteligência à matéria inanimada. Atualmente, a humanidade deve concentrar sua atenção sobre si mesma e sobre as causas de sua incapacidade moral e intelectual. De que adianta aumentar o conforto, o luxo, a beleza, a grandeza e a complexidade de nossa civilização se nossa fraqueza nos impede de controlá-los? É realmente inútil continuar elaborando um modo de existência que leva à desmoralização e ao desaparecimento dos elementos mais nobres das grandes raças. Valeria muito mais a pena dedicarmo-nos a nós mesmos do que construirmos telescópios maiores para explorar a estrutura de nebulosas, navios mais rápidos, automóveis mais confortáveis, rádios com maior alcance. Que real progresso será feito quando os aviões nos transportarem em algumas horas até a Europa ou a China? Precisamos aumentar constantemente a produção para que as pessoas consumam cada vez mais coisas inúteis? Não são as ciências mecânicas, físicas ou químicas que nos trarão a moralidade, a inteligência, a saúde, o equilíbrio nervoso, a segurança e a paz.

Nossa curiosidade deve tomar outro caminho, diferente do atual. Ela deve sair do físico e do fisiológico para se focar no mental e no espiritual. Até agora, as ciências que se ocupam dos seres humanos limitaram sua atividade a certos aspectos de seu objeto. Elas não conseguiram libertar-se da influência do dualismo cartesiano; pelo contrário, foram dominadas por esse mecanismo. Na fisiologia, na higiene, na medicina, bem como no estudo da pedagogia ou da economia política e social, os pesquisadores focaram-se, sobretudo, no aspecto orgânico, humoral e intelectual do homem. Eles não se detiveram em sua forma afetiva e moral, em sua vida interior, em seu caráter, em suas necessidades estéticas e religiosas, no substrato comum dos fenômenos orgânicos e psicológicos, nas relações profundas do indivíduo com seu meio mental e espiritual. Trata-se, pois, de uma mudança radical e indispensável de orientação. Essa mudança exige, simultaneamente, especialistas nas ciências que fragmentaram nosso corpo e mente e cientistas capazes de reunir em visões holísticas as descobertas dos especialistas. A nova ciência deve progredir, por um esforço duplo de análise e síntese, a uma concepção do homem ao mesmo tempo completa e simples o suficiente para servir de base à nossa ação.

4 – Para analisar o homem, várias técnicas são necessárias. – Foram as técnicas que criaram a divisão do homem em partes. – Os especialistas. – Seu perigo. – Fragmentação indefinida do objeto. – A necessidade de cientistas não especializados. – Como melhorar os resultados das pesquisas. – Redução do número de cientistas e estabelecimento de condições próprias para a criação intelectual.

O homem não pode ser separado em partes. Se isolássemos seus órgãos, ele deixaria de existir. Contudo, ainda que indivisível, ele apresenta aspectos diversos, que são a manifestação heterogênea de sua unidade para os nossos órgãos dos sentidos. Pode-se compará-lo a uma lâmpada elétrica, que se apresenta de modos diferentes a um termômetro, um voltâmetro e uma placa fotográfica. Não somos capazes de apreendê-la diretamente em sua simplicidade, fazendo isso por meio de nossos sentidos e aparelhos científicos. Nossos meios de investigação levam-nos a ver sua atividade como física, química, fisiológica ou psicológica. Em razão de sua própria riqueza, ela exige ser analisada por técnicas variadas. Ao se mostrar a nós por meio de tais técnicas, ela ganha naturalmente a aparência de multiplicidade.

A ciência do homem utiliza-se de todas as outras ciências, e essa é uma das causas de sua dificuldade. Para estudar, por exemplo, a influência de um fator psicológico sobre um indivíduo sensível, é preciso empregar procedimentos da medicina, da fisiologia, da física e da química. Suponhamos, com efeito, que um indivíduo receba uma má notícia. Esse acontecimento psicológico pode se traduzir ao mesmo tempo em um sofrimento moral, em problemas nervosos, em distúrbios da circulação sanguínea, em modificações físico-químicas do sangue etc. No homem, a experiência mais simples exige sempre o uso de métodos e conceitos de várias ciências. Se quisermos examinar o efeito de certo alimento, seja animal ou vegetal, em um grupo de indivíduos, é preciso primeiramente conhecer a composição química desse alimento. Depois, deve-se conhecer o estado fisiológico e psicológico dos indivíduos estudados, bem como suas características ancestrais. Por fim, ao longo da experiência, registram-se as modificações de peso, de altura, da forma do esqueleto, da força muscular, da suscetibilidade a doenças, das características físicas, químicas e anatômicas do sangue, do equilíbrio nervoso, da inteligência, da coragem, da fecundidade, da longevidade etc.

É bastante evidente que nenhum cientista pode, sozinho, dominar as técnicas necessárias ao estudo de um único problema humano. Da mesma forma, o progresso do conhecimento de nós mesmos depende de especialistas variados. Cada especialista dedica-se ao estudo de uma parte do corpo, da consciência ou de suas relações com o meio. Ele é anatomista, fisiologista, químico, psicólogo, médico, higienista, educador, sacerdote, sociólogo, economista. E cada especialidade se divide em partes cada vez menores. Há especialistas na fisiologia das glândulas, nas vitaminas, nas doenças do reto ou nas do nariz, na educação de crianças e na de adultos, na higiene das fábricas ou das prisões, na psicologia de todas as categorias de indivíduos, na economia doméstica, rural etc. Graças a essa divisão do trabalho, as ciências particulares se desenvolveram. A especialização dos cientistas é indispensável, e é impossível, para um especialista envolvido ativamente na busca de sua própria tarefa, conhecer o conjunto do ser humano. Essa situação torna-se necessária pela grande extensão de cada ciência, mas ela apresenta certo perigo. Por exemplo, Albert Calmette, que se especializou em bacteriologia, queria impedir a propagação da tuberculose na população francesa. Naturalmente, ele prescrevia a vacina que havia inventado. Se, em vez de ser um especialista, ele tivesse tido um conhecimento mais geral da higiene e da medicina, teria aconselhado medidas interessantes de moradia, alimentação, modo de trabalho e hábitos de vida das pessoas. Algo análogo ocorreu nos Estados Unidos, na organização das escolas primárias. John Dewey, um filósofo, lançou-se a melhorar a educação das crianças, mas seus métodos eram direcionados somente à ideia de criança que sua deformação profissional lhe apresentava. Como uma educação assim poderia convir à criança de verdade?

A especialização extrema dos médicos é ainda mais prejudicial. O ser humano doente foi dividido em pequenas regiões. Cada região tem seu especialista. Quando este se dedica, desde o início da carreira, a uma minúscula parte do corpo, permanece ignorante em relação ao resto de tal forma que não é capaz de conhecer bem essa parte. Algo parecido ocorre com os educadores, sacerdotes, economistas e sociólogos que se esqueceram de se iniciar em um conhecimento geral do homem antes de se limitar a seu campo em particular. A própria eminência de um especialista o torna mais perigoso. Muitas vezes, cientistas que se distinguem de modo extraordinário por grandes descobertas ou invenções úteis passam a crer que seu conhecimento sobre um assunto estende-se a todos os outros. Thomas Edison, por exemplo, não hesitava em tornar públicas suas visões sobre a filosofia e a religião. E o público recebia com respeito sua palavra, imaginando que ele tinha, nesses assuntos novos, a mesma autoridade que tinha no antigo. É assim que grandes homens, ao ensinarem as coisas que ignoram, retardam, em um de seus domínios, o progresso humano para o qual contribuíram em outro. A mídia apresenta com frequência as elucubrações sociológicas, econômicas e científicas de empresários, banqueiros, advogados, professores, médicos etc., cuja mente demasiado especializada é incapaz de compreender, em toda a sua extensão, os grandes problemas atuais. Obviamente, os especialistas são necessários, imprescindíveis ao progresso da ciência; mas a aplicação do resultado de seus esforços ao homem exige a síntese prévia dos dados dispersos da análise.

Tal síntese não pode ser obtida pela simples reunião dos especialistas em torno de uma mesa. Ela exige o esforço não de um grupo, mas de um homem. Nunca uma obra de arte foi feita por um comitê de artistas, nem uma grande descoberta por um comitê de acadêmicos. As sínteses de que precisamos para o progresso do conhecimento sobre nós mesmos devem ser elaboradas por um único cérebro. Atualmente, os dados acumulados pelos especialistas continuam inutilizáveis porque ninguém coordena as noções adquiridas nem considera o ser humano em seu conjunto. Temos muitos trabalhadores nas ciências, mas poucos cientistas verdadeiros. Essa situação singular não resulta da ausência de indivíduos capazes de um grande esforço intelectual. Realmente, as grandes sínteses exigem muito poder mental e uma resistência física extrema. As mentes vastas e fortes são mais raras do que as mentes precisas e estreitas. É fácil tornar-se um bom químico, um bom físico, um bom fisiologista ou um bom psicólogo, mas apenas os homens excepcionais são capazes de adquirir um conhecimento útil a várias ciências ao mesmo tempo. Apesar de raros, esses homens existem.

Dentre aqueles que foram obrigados, por nossas instituições científicas e universitárias, a se especializar em demasia, alguns seriam capazes de compreender um grande tema tanto em seu conjunto quanto em suas partes. Até agora, sempre favorecemos os trabalhadores das ciências que se limitam a um campo restrito e dedicam-se ao estudo prolongado de um detalhe muitas vezes insignificante. Um trabalho original sem importância é considerado mais valioso do que o conhecimento aprofundado de toda uma ciência. Os reitores das universidades e seus conselheiros não entendem que as mentes sintéticas são tão indispensáveis quanto as analíticas. Se a superioridade desse tipo intelectual fosse reconhecida, e se facilitássemos seu desenvolvimento, os especialistas deixariam de ser perigosos, pois a significação das partes na construção do todo poderia ser avaliada de modo justo.

Uma ciência tem mais necessidade de mentes superiores em seu início do que em seu apogeu. Por exemplo, é preciso maior imaginação, discernimento e inteligência para se tornar um grande médico do que para se tornar um grande químico. Nesse momento, o conhecimento do homem somente pode progredir se atrair para si uma poderosa elite intelectual. Devemos exigir altas capacidades mentais dos jovens que desejam dedicar-se à biologia. Parece que a especialização em demasia, o aumento do número dos trabalhadores das ciências e sua segregação em sociedades limitadas ao estudo de um pequeno tema levaram a um retrocesso da inteligência. É certo que a qualidade de um grupo humano diminui quando seu volume ultrapassa certos limites. A Suprema Corte dos Estados Unidos compõe-se de nove homens realmente eminentes por sua habilidade profissional e por seu caráter. Mas se ela fosse composta por novecentos juristas em vez de nove, o público perderia imediatamente, e com razão, o respeito pela Corte.

O melhor jeito de aumentar a inteligência dos especialistas seria diminuir seu número. Bastaria um pequeno grupo de pessoas para desenvolver os conhecimentos de que precisamos, se tais pessoas fossem dotadas de imaginação e dispusessem de meios poderosos de trabalho. A cada ano esbanjamos grandes quantias de dinheiro em pesquisas científicas, pois àqueles a quem estas são confiadas, não têm as qualidades indispensáveis aos conquistadores dos novos mundos – e também porque os raros homens que as têm são colocados em condições de vida que impossibilitam a criação intelectual. Nem os laboratórios nem os aparelhos nem a excelência da organização do trabalho científico fornecem, por si só, o meio necessário ao cientista. A vida moderna opõe-se à vida da mente.

Os homens da ciência estão cercados por uma multidão cujos apetites são puramente materiais e cujos hábitos são inteiramente diferentes dos seus. Esgotam inutilmente suas forças e perdem grande parte do tempo buscando condições indispensáveis ao trabalho do pensamento. Nenhum deles é suficientemente rico para conseguir o isolamento e o silêncio que se podia obter gratuitamente outrora, até mesmo nas grandes cidades. Ainda não se tentou criar, em meio à agitação da cidade moderna, ilhas de solidão, onde a meditação seja possível. Entretanto, tal inovação se faz urgente. As grandes construções sintéticas estão além do alcance daqueles cujo espírito se dispersa todos os dias na confusão dos modos atuais de vida. O desenvolvimento da ciência do homem, mais do que o de outras ciências, depende de um imenso esforço intelectual. Ele reclama uma revisão não apenas de nossa concepção de especialista, mas também das condições nas quais se faz a pesquisa científica.

5 – Observação e experiência na ciência do homem. – A dificuldade das experiências comparativas. – A lentidão dos resultados. – Utilização de animais. – Experiências feitas em animais de inteligência superior. – Organização das experiências de longo prazo.

Os seres humanos não servem para a observação e experiência. Não se encontram facilmente indivíduos idênticos, cujos resultados possam ser comparados. Suponhamos, por exemplo, que se queira comparar dois métodos de educação. Escolher-se-á para esse estudo grupos de crianças os mais parecidos possíveis. Todavia, se essas crianças, ainda que tenham a mesma idade e a mesma estatura, pertencerem a meios sociais diferentes, se não se alimentarem da mesma forma e não viverem na mesma atmosfera psicológica, os resultados não poderão ser comparados. Da mesma forma, o estudo dos efeitos de dois estilos de vida sobre as crianças de uma mesma família tem pouco valor, pois, uma vez que a raça humana não é pura, produtos dos mesmos pais muitas vezes diferem profundamente entre si. Pelo contrário, o único jeito de obter resultados conclusivos sobre comportamentos em diferentes condições é estudando gêmeos provenientes do mesmo óvulo. Somos obrigados, de forma geral, a contentarmo-nos com resultados aproximativos. Esse é um dos motivos pelos quais a ciência do homem progrediu tão lentamente.

Nas pesquisas relacionadas à física, à química e à fisiologia, buscamos sempre isolar sistemas relativamente simples cujas condições conhecemos com exatidão. Mas, quando se trata de estudar o homem em seu conjunto e em suas relações com o meio, isso é impossível. Além disso, o observador deve ser dotado de grande sagacidade para não se perder na complexidade dos fenômenos. As dificuldades tornam-se quase insuperáveis nos estudos retrospectivos, pesquisas que exigem uma mente muito versada. Sem dúvida, deve-se recorrer o mínimo possível à ciência conjetural que é a História, mas houve, no passado, certos eventos que revelam a existência de potencialidades extraordinárias no ser humano. Seria importante conhecer sua gênese. Por exemplo, quais os fatores que determinaram, na época de Péricles, o surgimento simultâneo de tantos gênios? Um fenômeno parecido se produziu na Renascença. A que atribuir a imensa expansão não apenas da inteligência, da imaginação científica e da intuição estética, mas também do vigor físico, da audácia e do espírito aventureiro dos homens dessa época? Por que eram dotados de tal poder fisiológico e mental? Percebe-se como seria útil conhecer os detalhes do estilo de vida, alimentação, educação, meio intelectual, moral, estético e religioso das épocas que precederam imediatamente o surgimento das plêiades de grandes homens.

Outra dificuldade das experiências com seres humanos é o fato de o observador e o observado viverem no mesmo ritmo. Os efeitos de um modo de alimentação, de uma disciplina intelectual ou moral resultante de uma mudança política ou social são tardios. É somente depois de trinta ou quarenta anos que se pode apreciar o valor de um método educativo. A influência de um fato sobre as atividades fisiológicas e mentais de um grupo humano somente se manifesta após uma geração. Os êxitos atribuídos à sua própria invenção pelos criadores de novos sistemas de alimentação, cultura física, higiene, educação, moral e economia social são sempre publicados cedo demais. Apenas agora é que podemos analisar com sucesso os resultados do Método Montessori ou dos métodos de educação de John Dewey. Teremos de esperar vinte e cinco anos para saber a significação dos testes de inteligência aplicados nas escolas pelos psicólogos nos últimos anos. É apenas acompanhando um grande número de indivíduos – por meio das vicissitudes de sua vida até sua morte – que conheceremos, e ainda assim de modo grosseiramente aproximativo, o efeito exercido neles por certos fatores.

O andar da humanidade parece-nos muito lento porque nós, os observadores, fazemos parte da população. Sozinhos, não podemos fazer mais do que algumas observações. Nossa vida é muito curta. Muitas experiências deveriam ser estendidas por pelo menos um século. Seria preciso criar instituições para que as observações e experiências não fossem interrompidas pela morte do cientista que as iniciou. Tais organizações são ainda desconhecidas no campo científico, mas já existem em outras disciplinas. Na Abadia de Solesmes, na França, três gerações sucessivas de monges beneditinos, ao longo de cerca de 55 anos, empenharam-se em reconstituir o canto gregoriano. Um método análogo seria aplicável ao estudo dos problemas da biologia humana. Deve-se compensar a curta duração da vida dos cientistas com instituições, de certa forma imortais, que permitam a continuação de uma experiência por tanto tempo quanto necessário. Na verdade, podem-se adquirir certos conhecimentos urgentes com o auxílio de animais cuja vida é curta, como os ratos e camundongos, principais cobaias nesses casos. Colônias compostas por dezenas de milhares desses animais serviram ao estudo dos alimentos, de sua influência na velocidade do crescimento, na estatura, nas doenças, na longevidade. Infelizmente, os ratos e camundongos somente compartilham vagas semelhanças com o homem. É perigoso, por exemplo, aplicar às crianças as conclusões de pesquisas feitas com esses animais, cuja constituição em muito difere da delas. Além disso, não se pode estudar da mesma maneira as alterações psicológicas que acompanham as mudanças anatômicas e funcionais sofridas pelo esqueleto, tecidos e humores sob a influência da alimentação, do estilo de vida etc. Animais mais inteligentes, como macacos e cachorros, nos permitiriam analisar os fatores da formação mental.

Os macacos, no entanto, apesar de seu desenvolvimento cerebral, não são boas cobaias. Com efeito, não se sabe a origem dos indivíduos utilizados. Não podemos levantá-los facilmente, nem em grande número. Eles são difíceis de manejar. Por outro lado, é fácil encontrar cachorros muito inteligentes, cujas características ancestrais são conhecidas com exatidão. Esses animais se reproduzem rapidamente e se tornam adultos em um ano. A duração total de sua vida, porém, não passa, em geral, de 15 anos. Neles, é possível fazer observações psicológicas bastante detalhadas, sobretudo em cães pastores, que são sensíveis, inteligentes, alertas e atentos. Com animais desse tipo, de raça pura, e em número suficiente, seria possível elucidar o complexo problema da influência do meio sobre o indivíduo. Por exemplo, devemos buscar como obter o desenvolvimento ideal dos indivíduos pertencentes a dada raça, qual é sua estatura normal, que aspecto se lhes deve dar. Temos de descobrir como o modo de vida e a alimentação moderna agem sobre a resistência nervosa das crianças, sobre sua inteligência, atividade e audácia. Uma grande experiência conduzida por 20 anos em centenas de cães pastores nos ensinaria sobre esses assuntos tão importantes. Ela nos indicaria, mais rapidamente do que uma experiência em seres humanos, o que mudar no estilo de vida e na alimentação. Ela substituiria vantajosamente as experiências fragmentárias e demasiado curtas com que se contentam atualmente os especialistas em nutrição, ainda que não pudesse substituir por inteiro as observações feitas em homens. Para o desenvolvimento de um conhecimento definitivo, seria preciso instituir, em grupos humanos, experiências capazes de se prolongar por muitas gerações de cientistas.

6 – Reconstituição do ser humano. – Cada fragmento deve ser considerado em suas relações com o todo. – As características de uma síntese utilizável.

Para adquirir um melhor conhecimento de nós mesmos, não basta escolher, dentre o amontoado de dados que já temos, aqueles que são positivos e utilizá-los para fazer um inventário completo das atividades humanas. Também não basta determinar essas noções por meio de novas observações e experiências e edificar uma verdadeira ciência do homem. É preciso, sobretudo, construir uma síntese utilizável com esses documentos.

Com efeito, o objetivo desse conhecimento não é somente satisfazer nossa curiosidade, mas nos reconstruir e modificar nosso meio de modo favorável. Esse objetivo é, em uma palavra, prático. De nada adiantaria, portanto, acumular uma grande quantidade de dados novos se esses dados permanecessem dispersos no cérebro e nos livros dos especialistas. Ter um dicionário não faz com que seu proprietário tenha cultura literária ou filosófica. Nossas ideias devem ser reunidas em um todo vivo na inteligência e na memória de alguns indivíduos. Assim, os esforços que a humanidade fez e fará para se conhecer melhor tornar-se-ão fecundos. A ciência de nós mesmos será a obra do futuro. No momento, devemos nos contentar com uma iniciação, simultaneamente analítica e sintética a essas características do ser humano que a crítica científica nos fez reconhecer como reais. Nas páginas seguintes, o homem será apresentado tão singelamente quanto se apresenta ao observador e suas técnicas. Nós o veremos sob a forma de fragmentos talhados por essas técnicas. Na medida do possível, esses fragmentos serão reintegrados ao conjunto. Certamente, um conhecimento assim é muito insuficiente, mas é seguro, sem elementos metafísicos. Ele também é empírico, pois a escolha e a ordem das observações não são guiadas por nenhum princípio. Não buscamos provar ou desaprovar qualquer teoria. Os diferentes aspectos do homem são observados de maneira tão simples quanto se observam, ao longo da escalada de uma montanha, os rochedos, as torrentes, as pradarias e os pinheiros, ou até mesmo, para além da sombra dos vales, a luz dos cimos. Em ambos os casos, as observações são feitas conforme o caminho. Ainda assim, elas são científicas, pois constituem um corpo mais ou menos sistematizado de conhecimentos. Podem não ter a precisão dos conhecimentos astronômicos ou físicos, mas são tão exatas quanto permitem as técnicas empregadas e a natureza do objeto a que se aplicam tais técnicas. Sabe-se, por exemplo, que os homens têm memória e senso estético. Também se sabe que o pâncreas secreta insulina, que certas doenças mentais provêm de lesões no cérebro, que alguns indivíduos manifestam fenômenos de clarividência. Podem-se medir a memória e a atividade da insulina, mas não a emoção estética e o senso moral. As relações das doenças mentais e do cérebro, as características da clarividência, ainda não são passíveis de um estudo exato – mas todos esses dados, ainda que aproximativos, são corretos.

Pode-se dizer que esse conhecimento é banal e incompleto. Banal porque o corpo e a consciência, a duração, adaptação e individualidade são bastante conhecidos pela anatomia, fisiologia, psicologia, metafísica, higiene, medicina, educação, religião e sociologia; incompleto porque, em meio aos inúmeros fatos, somos obrigados a fazer uma escolha, que é necessariamente arbitrária. Ela se limita ao que nos parece importante e ignora o resto, pois a síntese deve ser curta e compreensível à primeira vista. A inteligência humana só pode absorver uma pequena quantidade de detalhes. Assim, parece que, para ser utilizável, nosso conhecimento deve ser incompleto. Além disso, é a seleção dos detalhes, e não a quantidade, que confere a um retrato a semelhança com seu objeto. O caráter de um indivíduo pode ser expresso mais fortemente por um desenho do que por uma fotografia. Não desenharemos mais do que esboços grosseiros de nós mesmos, como aquelas figuras anatômicas desenhadas com giz na lousa. Apesar da supressão intencional de detalhes, tais esboços serão exatos. Eles serão inspirados por dados positivos, e não por teorias e esperanças. Ignorarão o vitalismo e o mecanicismo, o realismo e o nominalismo, o corpo e a alma, a mente e a matéria, mas terão tudo que é observável, inclusive os fatos inexplicáveis ignorados pelas concepções clássicas. Com efeito, não ignoraremos os fenômenos que se recusam a se encaixar nos quadros de nosso pensamento habitual, pois eles nos conduzirão, talvez, a regiões ainda desconhecidas de nós mesmos. Compreenderemos, em nosso inventário, todas as atividades manifestadas e manifestáveis pelo indivíduo humano.

Iniciaremo-nos, então, em um conhecimento de nós mesmos que é unicamente descritivo, mas ainda assim muito próximo do concreto. Esse conhecimento não tem senão modestas pretensões. Ele será, por um lado, empírico, aproximativo, banal e incompleto, mas, por outro, positivo e inteligível para todos.

III – O CORPO E AS ATIVIDADES FISIOLÓGICAS

1 – O homem. – Seus dois aspectos. – O substrato corporal e as atividades humanas.

Temos consciência de existir, de ter uma atividade própria, uma personalidade. Sentimo-nos diferentes de todos os outros indivíduos. Cremos que nos determinamos livremente. Somos felizes ou infelizes. Essas intuições constituem, para cada um de nós, a realidade derradeira.

Nosso estado de consciência se corrói no tempo como um rio ao longo de um vale. Assim como o rio, somos ao mesmo tempo mudança e permanência. Muito mais que os outros animais, somos independentes de nosso meio, do qual fomos libertados por nossa inteligência. O homem é, antes de tudo, inventor de armas, ferramentas e máquinas. É com ajuda dessas invenções que ele pôde manifestar suas características próprias, aquelas que o distinguem de todos os outros seres vivos. Ele as expressou de modo objetivo por meio de estátuas, templos, teatros, catedrais, hospitais, universidades, laboratórios e fábricas. Ele marcou, assim, a superfície da terra com suas atividades fundamentais, isto é, com seu senso estético, religioso e moral, sua inteligência e curiosidade científica.

Esse foco de poderosas atividades pode ser observado do interior ou do exterior. Visto do interior, mostra ao observador único, ou seja, nós mesmos, nossos pensamentos, tendências, desejos, alegrias, dores. Visto do exterior, apresenta-se como o corpo humano, primeiramente o nosso, depois o de nossos semelhantes. Há, portanto, dois aspectos totalmente diferentes, e é por essa razão que se considera o ser humano como composto de duas partes: corpo e alma. Mas nunca se observou alma sem corpo, nem corpo sem alma. Vemos a superfície exterior de nosso corpo, sentimos o bem-estar obscuro de seu funcionamento normal, mas não temos consciência de nenhum de seus órgãos. O corpo obedece a mecanismos completamente ocultos para nós, expostos apenas aos que conhecem as técnicas da anatomia e da fisiologia. Ele revela, assim, por trás da simplicidade, uma complexidade estupenda – e jamais permite que contemplemos simultaneamente seu aspecto exterior e público e seu aspecto interior e privado. Mesmo que entremos no inextricável labirinto do cérebro e das funções nervosas, não encontramos a consciência em lugar algum. O corpo e a alma são criação de nossos métodos de observação, que os moldaram em um todo indivisível.

Esse todo é composto ao mesmo tempo por tecidos, líquidos orgânicos e consciência. Ele se estende simultaneamente no espaço e no tempo. Preenche as três dimensões do espaço e a do tempo com sua massa heterogênea, mas não está inteiramente contido nessas quatro dimensões, pois a consciência encontra-se ao mesmo tempo dentro da matéria cerebral e fora do *continuum* físico.

O ser humano é demasiado complexo para que o compreendamos em seu conjunto. Somente podemos estudá-lo após fragmentá-lo por meio de nossos métodos de observação. Portanto, descrevê-lo como composto por um substrato corporal e por diferentes atividades – e considerar separadamente os aspectos temporais, adaptativos e individuais dessas atividades – é uma necessidade metodológica. Ao mesmo tempo, deve-se evitar cometer os erros clássicos, descrevê-lo como um corpo, ou uma consciência, ou uma associação de ambos, e crer na existência real dos fragmentos criados por nosso pensamento.

2 – Dimensões e forma do corpo.

Na escala das grandezas, o corpo humano está no meio-termo entre o átomo e a estrela. Conforme os objetos pelo qual o comparamos, ele parece grande ou pequeno. Seu comprimento equivale ao de duzentas mil células dos tecidos, ou de dois milhões de micróbios comuns, ou de dois bilhões de moléculas de albumina colocadas lado a lado. Em relação a um átomo de hidrogênio, ele é de uma grandeza impossível de imaginar. Contudo, comparado a uma montanha ou à Terra ele fica minúsculo. Para chegar à altura do Monte Everest, seria necessário empilhar mais de quatro mil pessoas. O meridiano terrestre equivale a aproximadamente 20 milhões de corpos humanos dispostos um após o outro. Sabe-se que a luz percorre, em um segundo, cerca de 150 milhões de vezes o comprimento de nosso corpo, e que as distâncias interestelares são medidas em anos-luz. Também nossa estatura, em relação a esse sistema de referências, torna-se inconcebivelmente pequena. É por esse motivo que os astrônomos Eddington e Jeans, em suas obras de vulgarização, conseguem sempre impressionar seus leitores ao mostrar-lhes a perfeita insignificância do homem no universo. Na verdade, nossa grandeza ou nossa pequeneza espaciais não têm importância alguma, pois o que é específico a nós não tem dimensões físicas. O lugar que ocupamos no mundo certamente não depende de nosso volume.

Nossa altura parece ser apropriada às características das células dos tecidos e à natureza das trocas químicas, do metabolismo do organismo. Como o influxo nervoso se propaga por tudo com a mesma velocidade, indivíduos muito maiores que nós teriam uma percepção mais lenta das coisas exteriores, e suas reações motoras seriam mais tardias. Ao mesmo tempo, suas trocas químicas seriam profundamente alteradas. Sabe-se que a atividade metabólica de um animal é diretamente proporcional à relação superfície/volume de seu corpo, e que a relação superfície/volume de um objeto aumenta quando o volume diminui. É por esse motivo que o metabolismo dos animais grandes é menor que o dos pequenos. O do cavalo, por exemplo, é menos ativo que o do camundongo. Um grande aumento em nossa altura diminuiria a intensidade de nossas trocas químicas e nos privaria, sem dúvida, de parte da rapidez de nossas percepções e de nossa agilidade. Mas tal acidente não ocorrerá, pois a estatura dos seres humanos varia pouco. As dimensões de nosso corpo são determinadas tanto por nossa hereditariedade quanto pelas condições de nosso desenvolvimento. Há raças grandes e raças pequenas, como os suecos e os japoneses. Em determinada raça, encontram-se indivíduos de alturas muito diferentes. Essas diferenças no volume do esqueleto vêm do estado das glândulas endócrinas e da correlação de suas atividades no espaço e no tempo. Elas têm, portanto, uma significação profunda. Com uma alimentação e um estilo de vida apropriados, é possível aumentar ou diminuir a estatura dos indivíduos que compõem uma nação e, ao mesmo tempo, modificar a qualidade de seus tecidos e, provavelmente, de sua mente. Não se deve, portanto, modificar cegamente as dimensões do corpo para ter mais beleza e força muscular, pois simples modificações em nosso volume podem acarretar mudanças profundas em nossas atividades fisiológicas e mentais. Em geral, os indivíduos mais sensíveis, alertas e resistentes não são grandes, e o mesmo vale para os homens geniais. Mussolini tinha uma estatura média, e Napoleão era pequeno.

O que melhor conhecemos a respeito de nossos semelhantes são sua forma, seus movimentos e o aspecto de sua figura. A forma exprime a qualidade, o vigor do corpo e da consciência. Em uma mesma raça, ela muda conforme o estilo de vida dos indivíduos. O homem da Renascença, que passava a vida lutando, que desbravava constantemente as intempéries e os perigos, que se entusiasmava com as descobertas de Galileu e com as obras-primas de Leonardo da Vinci e Michelangelo, tinha uma figura muito diferente da do homem moderno, cuja existência limita-se ao escritório e a um carro fechado, que assiste a filmes estúpidos, escuta seu rádio, joga golfe e cartas. Cada época deixa sua marca no ser humano. Vemos surgir, sobretudo nos latinos, um tipo novo, produzido pelo carro e pelo cinema. Esse tipo é caracterizado por um aspecto adiposo, tecidos moles, pele pálida, barriga volumosa, pernas finas, andar desajeitado e um rosto tolo e brutal. Outro tipo aparece simultaneamente: o tipo atlético, com ombros largos, medidas esguias e crânio de pássaro. Em suma, nossa forma representa nossos hábitos fisiológicos e até mesmo nossos pensamentos ordinários. Suas características vêm, sobretudo, dos músculos que se alongam sob a pele, que contornam os ossos, e cujo volume depende do exercício a que são submetidos. A beleza do corpo é feita do desenvolvimento harmonioso de todos os músculos e de todas as partes do esqueleto. Ela atinge seu ápice nos atletas gregos, principalmente os da época de Péricles, cuja imagem nos foi deixada por Fídias e seus alunos. A forma da figura, ou seja, da boca, das bochechas, das pálpebras e de todos os outros traços faciais é determinada pelo estado habitual dos músculos planos, que se movem na gordura sob a pele – e o estado desses músculos resulta do estado de nossos pensamentos. Certamente, cada um pode dar à sua figura a expressão que deseja, mas essa máscara não é guardada permanentemente. Sem sabermos, nossa figura modela-se pouco a pouco, conforme os diversos estados de nossa consciência. Com o avanço da idade, ela se transforma em uma imagem cada vez mais exata dos sentimentos, apetites e aspirações de todo o ser. A beleza de um homem jovem resulta da harmonia natural dos traços de seu rosto; a do homem velho, tão rara, manifesta o estado de sua alma.

O rosto exprime coisas ainda mais profundas do que as atividades da consciência. Pode-se ler nele não somente os vícios, as virtudes, a inteligência, a estupidez, os sentimentos, os hábitos mais secretos de um indivíduo, mas também a constituição de seu corpo e suas tendências às doenças orgânicas e mentais. Com efeito, o aspecto do esqueleto, dos músculos, da gordura, da pele e dos pelos depende da nutrição dos tecidos, que, por sua vez, é regulada pela composição do meio interior, ou seja, pelos modos de atividade dos sistemas glandulares e digestivos. O aspecto do corpo diz muito, portanto, sobre o estado dos órgãos. A figura é um resumo de todo o corpo. Ela reflete o estado funcional das glândulas endócrinas, do estômago, do intestino e do sistema nervoso e indica quais são as tendências mórbidas dos indivíduos. De fato, aqueles que pertencem aos diferentes tipos morfológicos, cerebrais, digestivos, musculares ou respiratórios não são expostos às mesmas doenças orgânicas e mentais. Há uma grande diferença de constituição entre os homens altos e delgados e os baixos e corpulentos. O tipo alto, astênico ou atlético, é predisposto à tuberculose e à demência precoce; o tipo corpulento, à insanidade circular, ao diabetes, ao reumatismo, à gota. No diagnóstico e prognóstico das doenças, os médicos antigos atribuíam, com razão, uma grande importância ao temperamento, idiossincrasias e diáteses. Para quem sabe observar, cada um traz na face a descrição de seu corpo e de sua alma.

3 – Sua superfície exterior e interior.

A pele, que cobre a superfície exterior do corpo, é impermeável à água e ao ar. Ela não permite a entrada de micróbios e tem o poder de destruí-los com ajuda das substâncias que secreta. Mas os seres que chamamos vírus, tão minúsculos e perigosos, são capazes de atravessá-la. Sua face externa fica exposta à luz, ao vento, à umidade, à aridez, ao calor e ao frio; sua face interna está em contato com um mundo aquático, quente e desprovido de luz, onde as células dos tecidos e dos órgãos vivem como animais marinhos. Apesar de sua fina espessura, ela protege efetivamente o meio interior das incessantes variações do meio cósmico. Ela é úmida, flexível, elástica e resistente, pois é composta de várias camadas de células que se reproduzem sem cessar. As células morrem e permanecem unidas umas às outras como as telhas de um telhado, que são continuamente impactadas pelo vento e substituídas por outras. No entanto, a pele permanece úmida e flexível porque pequenas glândulas secretam água e gordura até sua superfície. Em locais como o nariz, a boca, o ânus, a uretra e a vagina, ela continua sob a forma de mucosas, membranas que cobrem a superfície interna do corpo. Mas esses orifícios, com exceção do nariz, são fechados por anéis musculares. A pele é, portanto, a fronteira, quase perfeitamente defendida, de um mundo fechado.

É por ela que o corpo interage com todas as coisas de seu meio. De fato, ela serve de abrigo a uma imensa quantidade de pequenos órgãos receptores que registram, cada um conforme sua própria natureza, as modificações do mundo exterior. Os corpúsculos do tato, espalhados por toda a superfície cutânea, são sensíveis à pressão, à dor, ao calor e ao frio. Aqueles situados na mucosa da língua sentem certas qualidades dos alimentos, bem como a temperatura. As vibrações do ar agem sobre os complexos aparelhos da orelha interna por meio da membrana do tímpano e dos ossos da orelha média. As redes do nervo olfatório, que se distribui na mucosa nasal, são sensíveis aos odores. Por fim, uma parte do cérebro, composta pelo nervo óptico e pela retina, estende-se até a pele, onde recebe as ondulações eletromagnéticas do vermelho ao violeta. A pele sofre, nesse ponto, uma estranha modificação: fica transparente, formando a córnea e o cristalino, e une-se a outros tecidos para compor o extraordinário sistema óptico a que chamamos olho.

De todos esses órgãos saem fibras nervosas que chegam à medula e ao cérebro. Por meio desses nervos, o sistema nervoso central espalha-se como uma membrana por toda a superfície do corpo, onde entra em contato com o mundo exterior. Nossa percepção do universo depende da constituição dos órgãos dos sentidos e de seu grau de sensibilidade. Se, por exemplo, a retina registrasse os raios infravermelhos longos, a natureza se apresentaria a nós com outro aspecto. Por conta dessas mudanças de temperatura, a cor da água, das rochas e das árvores variaria conforme as estações. Os dias claros de verão, em que os menores detalhes da paisagem destacam-se com sombras duras, seriam obscurecidos por uma névoa avermelhada. Os raios caloríficos, se fossem visíveis, esconderiam todos os objetos. Durante o frio do inverno, o ar clarearia, e as coisas ganhariam contornos definidos. Mas o aspecto dos homens ficaria bem diferente. Seu perfil seria impreciso. Uma nuvem vermelha, escapando das narinas e da boca, encobriria sua figura. Após uma atividade física vigorosa, o volume do corpo aumentaria, pois o calor emanado dele o envolveria como uma grande aura. Da mesma forma, o mundo exterior se modificaria, ainda que de outras maneiras, se a retina fosse sensível aos raios ultravioletas, se a pele fosse sensível aos raios luminosos ou se a sensibilidade dos órgãos dos sentidos aumentasse marcadamente.

Ignoramos as coisas que não agem sobre as terminações nervosas da superfície de nosso corpo. É por esse motivo que não percebemos os raios cósmicos, apesar de nos atravessarem de um lado a outro. É como se o cérebro percebesse somente o que passa pelos sentidos, isto é, que afeta a camada nervosa que nos recobre. Entretanto, o agente desconhecido das comunicações telepáticas talvez seja exceção a essa regra. Nos casos de clarividência, o indivíduo parece captar diretamente a realidade exterior sem utilizar as vias nervosas habituais – mas tais fenômenos são raros. Os sentidos são a porta de entrada para o mundo físico. A qualidade do indivíduo depende em parte daquela de sua superfície, visto que o cérebro é formado com base nas constantes mensagens recebidas do meio exterior. Além disso, devemos evitar modificar à toa o estado de nosso invólucro por meio de nossos hábitos de vida. Por exemplo, não sabemos exatamente qual é o efeito da exposição da superfície de nosso corpo ao sol. Antes de esses efeitos serem conhecidos, o nudismo e o bronzeamento exagerado da pele por meio da luz natural ou dos raios ultravioletas não devem ser aceitos cegamente pelas raças brancas. A pele e seus anexos desempenham, a nosso ver, o papel de um atento guardião. É através deles que algumas coisas do mundo físico e psicológico entram em nosso corpo ou são excluídas deles, que são uma porta aberta, embora vigiada, de nosso sistema nervoso central. Devemos considerá-los um aspecto muito importante.

Nossa fronteira interna começa na boca e no nariz e termina no ânus. É por essas aberturas que o mundo exterior entra nos aparelhos digestivo e respiratório. Enquanto a pele é impermeável à água e ao ar, as membranas mucosas do pulmão e do intestino deixam passar essas substâncias. Por meio delas, estamos em continuidade química com o nosso meio. Nossa superfície interior é muito maior do que a da pele. A área coberta pelas células planas dos alvéolos pulmonares é imensa: aproximadamente a de um retângulo de 50 metros de comprimento e 10 metros de largura. Essas células se deixam atravessar pelo oxigênio do ar e pelo ácido carbônico do sangue venoso. Elas são facilmente afetadas pelos venenos e pelas bactérias e, particularmente, pelos pneumococos. O ar atmosférico, antes de chegar a elas, atravessa o nariz, a faringe, a laringe, a traqueia e os brônquios, que o umidificam e limpam a poeira e as bactérias que o ar carrega. Mas essa proteção natural tornou-se insuficiente desde que o ar das cidades passou a ser poluído pelo pó de carvão, pela fumaça da gasolina e pelas bactérias liberadas pela multidão de seres humanos. As mucosas respiratórias são muito mais frágeis que a pele, e é por causa dessa fragilidade que populações inteiras poderão, em futuras guerras, ser exterminadas por gases tóxicos.

Da boca ao ânus, o corpo é atravessado por um fluxo de matéria alimentar. As membranas digestivas estabelecem as relações químicas entre o mundo exterior e o meio orgânico. Suas funções são mais complicadas do que a das membranas respiratórias, pois infligem transformações profundas nas substâncias em sua superfície. Para elas, não basta desempenhar o papel de um filtro; elas também devem agir como uma verdadeira usina química. Os fermentos secretados colaboram com os do pâncreas para transformar os alimentos em substâncias absorvíveis pelas células do intestino. Essa superfície é extraordinariamente vasta, secretando e absorvendo grandes quantias de líquidos. Ela também deixa passar as substâncias alimentares após estas serem digeridas, mas se opõe à infiltração de bactérias que pululam no tubo digestivo. Em geral, esses perigosos inimigos são contidos por essa fina membrana e pelos leucócitos que a defendem, mas sempre constituem uma ameaça. Os vírus gostam da faringe; os estreptococos e os bacilos da difteria e das amígdalas. Os bacilos da febre tifoide e da disenteria multiplicam-se facilmente no intestino. A resistência do organismo às doenças infecciosas, a força, o equilíbrio, a afetividade e até mesmo a atitude intelectual dependem em grande parte da boa qualidade das membranas respiratórias e digestivas.

Nosso corpo constitui, portanto, um mundo fechado, delimitado de um lado pela pele e, de outro, pelas mucosas dos aparelhos digestivos e respiratórios. Quando essa superfície é destruída em algum desses pontos, a existência do indivíduo é ameaçada. Uma ferida, mesmo superficial, pode levar à morte se for muito extensa. Esse envoltório, que isola tão perfeitamente nosso meio interior do meio cósmico, permite, ainda assim, as mais extensas comunicações físicas e químicas entre esses dois mundos. Ela realiza a façanha de ser uma fronteira simultaneamente fechada e aberta, pois não existe para os agentes psicológicos. E podemos ser feridos, ou até mortos, por inimigos que, ignorando totalmente nossos limites anatômicos, invadem nossa consciência como aviões que bombardeiam uma cidade, ignorando as fortificações que a protegem.

4 – Sua constituição interna. – As células e suas associações. – Sua estrutura. – As diferentes raças celulares.

O interior de nosso corpo não é nada parecido com o que nos ensina a anatomia clássica, que nos fornece um esquema puramente estrutural e totalmente irreal do ser humano. Não basta abrir um cadáver para saber como o organismo se constitui, embora possamos observar assim sua estrutura, o esqueleto e os músculos, que são a armação dos órgãos. Na caixa formada pela coluna vertebral, costelas e esterno estão suspensos o coração e os pulmões. O fígado, o baço, os rins, o estômago, o intestino e as gônadas se ligam por meio de pregas peritoneais à face interna da grande cavidade cujo assoalho é constituído pela bacia, sendo as laterais compostas pelos músculos do abdome e a parte superior formada pelo diafragma. Os órgãos mais frágeis, isto é, o cérebro e a medula, estão fechados em caixas ósseas e protegidos da rigidez de seus envoltórios por um sistema de membranas e por uma camada de líquido.

No cadáver, é impossível compreender a constituição do ser vivo, pois se contemplam os tecidos destituídos de suas funções e de seu meio natural, o sangue e os humores. Na verdade, um órgão separado de seu meio não existe mais. No ser vivo, o sangue circulante está presente em todo lugar. Ele circula nas artérias, corre nas veias azuladas, preenche os vasos capilares e banha todos os tecidos com linfa transparente. Para entender esse mundo interior tal como ele é, são necessárias técnicas mais delicadas do que as da anatomia e da histologia. É preciso estudar os órgãos em animais e pessoas vivas, como se observa em operações cirúrgicas, e não apenas em cadáveres preparados para a dissecação. Devemos conhecer sua estrutura simultaneamente em cortes microscópicos de tecidos mortos e modificados por preservativos e corantes, em tecidos vivos e operantes e em filmes cinerradiográficos que registram seus movimentos. Não devemos criar separações artificiais entre as células e seu meio e entre a forma e a função.

No interior do organismo, as células comportam-se como pequenos bichos aquáticos mergulhados em um meio escuro e morno. Esse meio é análogo à água do mar, mas menos salgado e de composição muito mais rica e variada. Os glóbulos brancos do sangue e as células que recobrem os vasos sanguíneos e linfáticos lembram peixes que nadam livremente na imensidão das águas ou que repousam nas areias do fundo. Mas as células que formam os tecidos não flutuam no líquido. Elas não são comparáveis a peixes, e sim a anfíbios que vivem em pântanos ou areias úmidas. Todas dependem absolutamente das condições do meio em que estão mergulhadas. Elas modificam e são modificadas constantemente por esse meio, do qual são, de fato, inseparáveis – tanto quanto seu corpo é de seu núcleo. Sua estrutura e suas funções são determinadas pelo estado físico, físico-químico e químico do líquido que as envolve. Esse líquido é a linfa intersticial, que, simultaneamente, produz e é produzida pelo sangue. Célula e meio, estrutura e função, são uma única coisa. Ainda assim, necessidades metodológicas obrigam-nos a dividir em partes esse conjunto funcionalmente indivisível e a descrever, de um lado, as células e os tecidos e, de outro, o meio intraorgânico, o sangue e os humores.

As células formam sociedades as quais chamamos de tecidos e órgãos, mas a semelhança dessas sociedades com as comunidades de insetos e as comunidades humanas é bem superficial. A individualidade das células é muito menor do que a dos homens e até mesmo a dos insetos. Em ambas as sociedades, as regras que parecem unir os indivíduos são a expressão de suas propriedades inerentes. É mais fácil conhecer as características dos seres humanos do que as das sociedades humanas. O contrário ocorre com as sociedades celulares. Os anatomistas e fisiologistas sabem há muito tempo quais são as características gerais dos tecidos e dos órgãos, mas apenas recentemente conseguiram analisar as propriedades das células, ou seja, dos indivíduos que constituem as sociedades orgânicas. Graças aos métodos que permitem cultivar os tecidos em tubos de ensaio, foi possível obter um conhecimento mais aprofundado. As células revelaram poderes impressionantes, propriedades surpreendentes que, virtuais nas condições normais da vida, podem se materializar sob a influência de certos estados físico-químicos do meio. São essas características funcionais, e não somente suas características anatômicas, que lhes permitem construir o organismo vivo.

Apesar de minúsculas, as células são organismos muito complicados, que em nada lembram a abstração favorita dos químicos: uma gota de gelatina envolta em uma membrana semipermeável. Tampouco existe, em seu núcleo ou corpo, a substância a que os biólogos chamam de protoplasma – um conceito sem sentido objetivo. Seria como chamar de antropoplasma tudo o que se encontra no interior de nosso corpo. Atualmente, é possível projetar em uma tela filmes cinerradiográficos de células tão aumentadas que superam o tamanho de um homem. Nessas condições, todos os seus órgãos tornam-se visíveis. No meio da célula, vemos flutuar uma espécie de balão ovoide, aparentemente elástico e preenchido com uma geleia completamente transparente. Esse núcleo contém dois nucléolos que mudam lentamente de forma. Em torno dele há uma grande agitação, produzida, sobretudo, por uma aglomeração de vesículas, correspondente ao que os anatomistas chamam de aparelho de Golgi ou de Renaut. Grânulos quase invisíveis movem-se constantemente e em grande quantidade nessa região, chegando também aos membros móveis e transitórios da célula. Mas os órgãos mais notórios são as mitocôndrias, longos filamentos que lembram serpentes ou, em certas células, pequenas bactérias. Vesículas, granulações e filamentos agitam-se vigorosa e continuamente no líquido intracelular.

 Se a complexidade aparente das células vivas já é tão grande, sua complexidade real é ainda maior. O núcleo, que, com exceção dos nucléolos, parece completamente vazio, contém substâncias de natureza extraordinária. A simplicidade atribuída pelos químicos às nucleoproteínas que o constituem é uma ilusão. Isso porque o núcleo contém os genes, esses seres sobre os quais não sabemos nada, a não ser que são as tendências hereditárias das células e que deles os homens derivam. Os genes são invisíveis, mas sabemos que habitam os cromossomos, bastões que aparecem no núcleo claro da célula quando ela vai se dividir. Nesse momento, os cromossomos desenham de maneira confusa as figuras clássicas da divisão indireta. Depois, seus dois grupos afastam-se um do outro. Vemos, então, nos filmes, o corpo celular encolher-se violentamente, agitar seu conteúdo em todos os sentidos e dividir-se em duas partes, as células-filhas. Essas células se separam, arrastando atrás de si filamentos elásticos que terminam por se romper. É assim que se individualizam dois elementos novos do organismo.

 Assim como os animais, as células pertencem a diversas raças, determinadas tanto por caracteres estruturais quanto por caracteres funcionais. Células provenientes de regiões espaciais diferentes – por exemplo, da glândula tireoide, do baço ou da pele – apresentam, naturalmente, tipos diferentes. No entanto, se coletarmos células de uma mesma região espacial em momentos sucessivos, observamos que elas constituem, inexplicavelmente, raças diferentes. O organismo é tão heterogêneo no tempo quanto no espaço. Os tipos celulares dividem-se grosseiramente em duas classes: as células fixas, que se unem para formar os órgãos; e as células móveis, que viajam por todo o corpo. Em torno delas, acumulam-se substâncias variadas, cartilagens, ossos, tecidos fibrosos e fibras elásticas, que dão ao esqueleto, aos músculos, aos vasos sanguíneos e aos órgãos a solidez e a elasticidade necessárias. Elas se metamorfoseiam também em elementos contráteis; formam os músculos do coração, do aparelho digestivo e do aparelho locomotor. Embora nos pareçam imóveis e ainda sejam chamadas pelo antigo nome, "células fixas", elas têm movimento, como nos mostrou a cinerradiografia. Mas seus movimentos são lentos. Elas deslizam em seu meio, como o óleo na água, e trazem consigo seu núcleo, que flutua na massa líquida de seu corpo. As células móveis incluem os diferentes tipos de leucócitos do sangue e dos tecidos. Sua velocidade é rápida. Os leucócitos com múltiplos núcleos lembram amebas. Os linfócitos rastejam mais lentamente, como pequenas minhocas. Os maiores, os monócitos, são verdadeiros polvos que, além de seus múltiplos braços, são envoltos em uma membrana ondulante. Eles envolvem as células e os micróbios com as pregas dessa membrana e deles se nutrem com voracidade.

Quando se colocam esses diferentes tipos de células em frascos, suas características ficam tão aparentes quanto as das diferentes raças de micróbios. Cada tipo tem propriedades inerentes, que se conservam mesmo que a célula esteja separada do corpo há muitos anos. As raças celulares se caracterizam por seu modo de locomoção, pela maneira como se associam umas às outras, pelo aspecto de suas colônias, pela taxa de crescimento, substâncias que secretam, alimentos que consomem e por sua forma. Cada sociedade celular, isto é, cada órgão, deve suas leis próprias a essas propriedades elementares. As células não seriam capazes de construir o organismo se só tivessem as características conhecidas pelos anatomistas. Graças a suas propriedades habituais e a um imenso número de propriedades potenciais que podem se manifestar como respostas a mudanças físico-químicas no meio, elas enfrentam situações novas que se apresentam ao longo da vida normal e das doenças. Elas se associam em massas densas cuja disposição é regulada pelas necessidades estruturais e funcionais do conjunto.

O corpo humano é uma unidade compacta e móvel, e sua harmonia é garantida tanto pelo sangue quanto pelos nervos de que são providos todos os grupos celulares. A existência dos tecidos não é concebível sem um meio líquido. São as relações necessárias das células com seus vasos nutridores que determinam a forma dos órgãos. Essa forma depende também da presença das vias de eliminação das secreções glandulares. Todo o dispositivo interior do corpo depende das necessidades nutritivas dos elementos anatômicos. A arquitetura de cada órgão é ditada pela necessidade, inclusive das células, de estarem imersas em um meio sempre rico em matérias alimentares, nunca sobrecarregado pelos dejetos da nutrição.

5 – O sangue e o meio interior.

O meio interior faz parte dos tecidos; não se pode separá-los. Sem ele, os elementos anatômicos deixariam de existir. Todas as manifestações da vida dos órgãos e dos centros nervosos – nossos pensamentos e afetos, a crueldade, a feiura e a beleza do universo, bem como sua própria existência – dependem do estado físico-químico desse meio. Ele é composto pelo sangue que circula nas artérias e veias e pelo líquido que chega até interior dos tecidos e dos órgãos, sendo filtrado pela parede dos vasos capilares. Há um meio geral, o sangue, e os meios regionais constituídos pela linfa intersticial. Pode-se comparar cada órgão a um lago repleto de plantas aquáticas alimentado por um pequeno córrego. A água quase parada, como a linfa que banha as células, enche-se de detritos de plantas e substâncias químicas liberadas por elas. Seu grau de estagnação e de poluição depende da velocidade e do volume do córrego. O mesmo ocorre com a linfa intersticial, cuja composição é regulada pelo fluxo da artéria nutridora do órgão. Em última análise, é o sangue que, direta ou indiretamente, constitui o meio onde vivem todas as células do corpo.

O sangue é um tecido como todos os outros. Ele é composto de cerca de 30 trilhões de glóbulos vermelhos e 50 bilhões de glóbulos brancos, mas essas células não são, como as dos outros tecidos, imobilizadas por uma estrutura. Elas estão suspensas em um líquido viscoso, o plasma. O sangue é um tecido móvel, que infiltra todas as partes do corpo. Ele dá a cada célula a nutrição de que ela precisa. Ao mesmo tempo, serve como esgoto coletor dos dejetos da vida dos tecidos. Mas ele também contém substâncias químicas e células capazes de operar reconstruções orgânicas nas regiões do corpo onde elas se fazem necessárias. Nesse ato estranho, ele se comporta como uma torrente que, com ajuda da lama e dos troncos de árvores por ela transportados, repara as casas construídas em sua margem.

O plasma sanguíneo não é, na realidade, aquilo que os químicos nos ensinam. Embora corresponda, de fato, às abstrações a que eles o reduziram, é incomparavelmente mais rico. Sem dúvida alguma, é a solução de bases, ácidos, sais e proteínas cujas leis do equilíbrio físico-químico foram descobertas por Van Slyke e Henderson. É graças a essa composição particular que ele pode manter sua alcalinidade iônica estável, sempre perto da neutralidade, apesar dos ácidos constantemente liberados pelos tecidos.

O plasma oferece, assim, a todas as células do organismo, um meio estável: nem tão ácido, nem tão alcalino. No entanto, ele também é feito de proteínas, polipeptídeos, aminoácidos, açúcares, gorduras, fermentos, metais em quantidades infinitesimais, produtos da secreção de todas as glândulas e tecidos. Por enquanto, pouco conhecemos sobre a natureza da maioria dessas substâncias. Temos apenas uma vaga ideia da imensa complexidade de suas funções. Cada tipo celular encontra no plasma sanguíneo os alimentos de que necessita, as substâncias que aceleram ou desaceleram sua atividade. É assim que algumas gorduras ligadas às proteínas do soro sanguíneo conseguem retardar ou até mesmo frear completamente a proliferação celular. No soro também há substâncias que impedem a multiplicação das bactérias. Tais substâncias nascem nos tecidos quando estes têm de se defender de uma invasão de micróbios. Há, ainda, por fim, uma proteína chamada fibrinogênio, formador da fibrina, que, com grande tenacidade, adere espontaneamente às paredes dos vasos, estancando as hemorragias.

As células a que chamamos de sangue, ou seja, os glóbulos vermelhos e brancos, desempenham um papel fundamental na constituição do meio interior. O plasma somente pode dissolver uma pequena quantia de oxigênio do ar e seria incapaz de fornecê-lo à imensa população de células do corpo se esse oxigênio não se fixasse nos glóbulos vermelhos. Estes não são células vivas, mas sim pequenos sacos de hemoglobina. Em sua passagem pelo pulmão, captam o oxigênio que, alguns instantes depois, será entregue às ávidas células dos órgãos. Ao mesmo tempo, estas liberarão ácido carbônico e outros dejetos no sangue. Os glóbulos brancos, por sua vez, são células vivas. Às vezes flutuam no plasma dos vasos, às vezes escapam pelos interstícios dos capilares e chegam à superfície das células das mucosas, do intestino e de todos os órgãos. Por causa desses elementos microscópicos, o sangue desempenha seu papel de tecido móvel, de agente reparador, de meio ao mesmo tempo sólido e líquido, capaz de ir aonde sua presença é necessária. Ele acumula rapidamente, em torno dos micróbios invasores de uma região do organismo, grandes aglomerados de leucócitos que combatem a infecção. Em caso de ferimento da pele ou dos órgãos, ele também transporta glóbulos brancos, que são um material virtual de reconstrução. Esses leucócitos têm o poder de se transformar em células fixas. Permitem nascer em torno de si fibras conjuntivas e reparam, por meio de uma cicatriz sólida, o tecido lesionado.

Os líquidos e as células que saem dos vasos capilares sanguíneos constituem o meio local dos tecidos e órgãos. Esse meio é quase impossível de ser estudado. Quando se injetam no organismo, como o fez Roux, substâncias cuja cor muda conforme a acidez iônica dos tecidos, observa-se que os órgãos assumem cores diferentes. Isso possibilita perceber a diversidade dos meios locais. Na verdade, essa diversidade é bem mais profunda do que parece, mas não somos capazes de decifrar todas as suas características. No vasto mundo do organismo humano, há países muito variados. Embora esses países sejam irrigados pelos braços do mesmo rio, a qualidade da água de seus lagos e lagoas depende da constituição do solo e da natureza da vegetação. Cada órgão e cada tecido cria seu próprio meio com o plasma sanguíneo. E é o ajuste recíproco das células e desse meio que determina a saúde ou a doença, a força ou a fraqueza, a felicidade ou a infelicidade de cada um de nós.

6 – A nutrição dos tecidos. – As trocas químicas.

Há trocas químicas contínuas entre os líquidos que constituem o meio interior e o mundo dos tecidos e órgãos. A atividade nutritiva é um modo de ser das células, assim como a forma e a estrutura. Se sua nutrição cessar, os órgãos entram em equilíbrio com seu meio e morrem. Nutrição é sinônimo de existência. Os tecidos vivos são ávidos por oxigênio e arrancam-no do plasma sanguíneo. Em termos físico-químicos, isso significa que eles têm um poder redutor elevado, que um sistema complicado de substâncias químicas e enzimas lhes permite empregar o oxigênio atmosférico em reações produtoras de energia. Graças ao oxigênio, ao hidrogênio e ao carbono que recebem de açúcares e gorduras, as células vivas têm a energia mecânica necessária aos movimentos e à manutenção de sua estrutura, da energia elétrica que se manifesta em todas as mudanças de estado orgânico e do calor indispensável às reações químicas e aos processos fisiológicos. Elas também encontram, no plasma sanguíneo, nitrogênio, enxofre e fósforo, necessários à construção de novas células e ao crescimento e reparação dos órgãos. Com a ajuda das enzimas, elas quebram em fragmentos cada vez menores proteínas, açúcares e gorduras e utilizam a energia liberada por essas reações. Ao mesmo tempo, edificam, por meio de reações que absorvem a energia, corpos mais complicados, com maior potencial energético, que elas incorporam à sua própria substância.

A intensidade das trocas químicas, do metabolismo dos grupos celulares e de todo o ser vivo é a expressão da intensidade da vida orgânica. Mede-se o metabolismo pela quantidade de oxigênio absorvido e de ácido carbônico liberado em estado de repouso completo. Quando os músculos se contraem e produzem um trabalho mecânico, a atividade das trocas aumenta muito. O metabolismo é mais intenso na criança do que no adulto, nos pequenos animais do que nos grandes. Essa é uma das razões pelas quais não se deve aumentar a estatura humana para além de certo limite. Não encontramos a expressão de todas as nossas funções no metabolismo. O cérebro, o fígado e as glândulas têm grande atividade química, mas é o trabalho muscular que aumenta de modo mais marcado a intensidade das trocas. O curioso é que o trabalho intelectual não produz elevação alguma do metabolismo. É como se não exigisse gasto energético ou como se bastasse uma quantidade de energia muito pequena para ser medida pelas técnicas atuais. Certamente, é estranho que o pensamento que transforma a superfície da terra, destrói e constrói as nações e descobre novos universos na imensidão inconcebível do espaço possa ser elaborado em nós sem consumir uma quantidade significativa de energia. As criações mais poderosas da inteligência aumentam muito menos o metabolismo do que o bíceps que se contrai para erguer o peso de um livro. A ambição de César, a meditação de Newton, a inspiração de Beethoven, a contemplação ardente de Pasteur – nada acelerou a nutrição de seus tecidos, como teriam feito facilmente alguns micróbios ou um fraco exagero da secreção de sua glândula tireoide.

É muito difícil reduzir o ritmo da nutrição. O organismo mantém a atividade normal das trocas químicas mesmo nas condições mais adversas. Um intenso frio exterior não diminui nosso metabolismo. O corpo apenas se resfria diante da proximidade da morte. Durante o inverno, o urso, a marmota e o rato baixam sua temperatura e entram em um ritmo de vida mais lento. Nos Rotiferas, microscópicos animais aquáticos, a dessecação inibe completamente a nutrição. No entanto, se ao fim de algumas semanas de vida latente, esses animais forem umidificados, eles ressuscitam, e o ritmo de suas trocas químicas volta ao normal. Ainda não descobrimos o segredo para produzir tal suspensão da nutrição em homens e animais domésticos. Nos países frios, seria de grande vantagem colocar vacas e ovelhas em estado de vida latente durante os longos invernos. Talvez pudéssemos prolongar a vida humana, curar certas doenças, utilizar melhor os indivíduos excepcionalmente dotados, se pudéssemos fazê-los hibernar de tempos em tempos. Contudo, salvo o bárbaro e insatisfatório método de retirar a glândula tireoide, não somos capazes de baixar as taxas das trocas químicas do organismo humano. A vida latente é, por enquanto, impossível.

7 – A circulação do sangue. – Pulmões e rins.

Ao longo dos processos nutritivos, os tecidos e órgãos eliminam dejetos, que tendem a se acumular no meio local e a deixá-lo inabitável para as células. Os fenômenos da nutrição exigem, portanto, aparelhos capazes de garantir a rápida circulação do meio interior, a substituição das matérias alimentares utilizadas pelos tecidos e a eliminação das substâncias tóxicas. O volume dos líquidos circulantes, se comparado ao dos órgãos, é muito pequeno. A quantidade de sangue de um homem não ultrapassa um décimo de seu peso. Por outro lado, os tecidos vivos consomem muito oxigênio e glicose. Eles também liberam, em seu meio, quantidades consideráveis de ácido carbônico, ácido lático etc. Um fragmento de tecido vivo cultivado em um frasco deve receber um volume de líquido equivalente a duas mil vezes seu próprio volume para que não seja envenenado em poucos dias pelos dejetos de sua nutrição. Além disso, deve ter à sua disposição uma atmosfera gasosa no mínimo dez vezes maior que seu meio líquido. Consequentemente, um corpo humano reduzido a uma polpa exigiria cerca de duzentos mil litros de líquido nutritivo. Graças à maravilhosa perfeição dos aparelhos que fazem circular o sangue, fornecem-lhe substâncias alimentares e libertam-lhe de seus dejetos, nossos tecidos podem viver com sete ou oito litros de líquido em vez de duzentos mil.

A velocidade da circulação é muito grande para que a composição do sangue não seja modificada pelos produtos da nutrição. É apenas depois de um exercício vigoroso que a acidez do plasma aumenta. Cada órgão regula, por meio dos nervos dilatadores e constritores de seus vasos, o volume e a velocidade do sangue circulante. Quando a circulação diminui ou cessa, o meio interior torna-se ácido. Conforme a natureza de suas células, os órgãos resistem mais ou menos a essa intoxicação. Pode-se retirar o rim de um cachorro, deixá-lo em uma mesa por uma hora e reimplantá-lo no animal. Esse rim aguenta sem dificuldades a privação temporária de sangue e funciona indefinidamente de modo normal. Da mesma forma, a interrupção da circulação em um membro durante três ou quatro horas não tem consequências adversas. Já o cérebro é muito mais sensível à falta de oxigênio. Se houver anemia completa por cerca de vinte minutos, a morte é inevitável. Uma parada da circulação por dez minutos basta para produzir disfunções muito graves, irreparáveis. É impossível ressuscitar um indivíduo cujo cérebro foi completamente desprovido de oxigênio durante esse período. Para que nossos órgãos funcionem normalmente, é indispensável que o sangue esteja sob determinada pressão. Nossa conduta e a qualidade de nossos pensamentos dependem do nível da tensão arterial. É pelas condições físicas e químicas do meio interior que o coração e os vasos sanguíneos influenciam as atividades humanas.

O sangue preserva sua composição porque atravessa continuamente os aparelhos onde se purifica e recupera as substâncias nutritivas utilizadas pelos tecidos. Quando o sangue venoso volta dos músculos e órgãos, chega repleto de ácido carbônico e de todos os dejetos da nutrição. As contrações do coração o conduzem então por meio da imensa rede de capilares dos pulmões, onde os glóbulos vermelhos entram em contato com o oxigênio atmosférico. Seguindo simples leis físico-químicas, o oxigênio penetra no sangue, onde se fixa na hemoglobina dos glóbulos vermelhos. Ao mesmo tempo, o ácido carbônico escapa até os brônquios, de onde é expulso para a atmosfera exterior pelos movimentos respiratórios. Quanto mais rápida é a respiração, mais ativas são as trocas químicas entre o ar e o sangue. No entanto, durante a travessia pulmonar, o sangue somente se separa do ácido carbônico, o que significa que ainda contém ácidos não voláteis e todos os outros dejetos do metabolismo. Sua purificação ocorre na passagem pelos rins, que separam do sangue os produtos a serem eliminados e regulam a quantidade dos sais indispensáveis à manutenção da tensão osmótica do plasma. O trabalho dos rins e dos pulmões é de uma eficácia extraordinária. Graças a esse trabalho, o volume do meio necessário à vida dos tecidos é tão reduzido e o corpo humano pode ser tão denso e ágil.

8 – As relações químicas do corpo com o mundo exterior.

As substâncias que o sangue leva aos tecidos vêm de três fontes: do ar atmosférico, por meio do pulmão; da superfície intestinal e das glândulas endócrinas. Com exceção do oxigênio, todas as substâncias utilizadas pelo organismo são fornecidas, direta ou indiretamente, pelo intestino. Os alimentos são processados sucessivamente pela saliva, pelo suco gástrico, pelas secreções do pâncreas, do fígado e da mucosa intestinal. As enzimas digestivas quebram as moléculas de proteína, carboidratos e gordura em fragmentos menores, capazes de atravessar a barreira mucosa. Eles são então absorvidos pelos vasos sanguíneos e linfáticos dessa mucosa e penetram no meio interior. Apenas a glicose e algumas gorduras entram no corpo sem ser previamente modificadas. É por essa razão que a consistência dos aglomerados adiposos varia conforme a natureza das gorduras animais ou vegetais contidas nos alimentos. Podemos, por exemplo, tornar dura ou mole a gordura de um cachorro alimentando-o com gorduras de alto ponto de fusão ou com um óleo líquido em temperatura corporal. No caso das matérias proteicas, os fermentos as reduzem a seus aminoácidos constitutivos, fazendo com que percam sua individualidade. Depois da digestão intestinal, os aminoácidos e os grupos de aminoácidos das proteínas do gado, da ovelha ou do grão de farinha perdem sua especificidade original. Eles atravessam a mucosa intestinal e formam novas proteínas no corpo, específicas para o ser humano. A parede do intestino protege o meio interior quase completamente contra a invasão de moléculas próprias aos tecidos de outros seres, plantas ou animais. Dessa forma, a sensibilidade ou a resistência do organismo a inúmeras substâncias estranhas pode se produzir de modo silencioso e imperceptível. A barreira que separa o intestino do mundo exterior nem sempre é impenetrável.

Ainda que a mucosa intestinal selecione cuidadosamente as matérias alimentares utilizáveis, ela se deixa atravessar por substâncias de maior ou menor qualidade. Além disso, às vezes, não pode digerir ou absorver os elementos de que precisamos. Assim, mesmo que esses elementos estejam presentes em nossa alimentação, nossos tecidos permanecem privados deles. As substâncias químicas do meio exterior manifestam-se em cada um de nós de maneira diferente, conforme as capacidades individuais da mucosa intestinal. São elas que formam nossos tecidos e humores. Somos literalmente feitos de barro, pois nosso corpo e suas qualidades fisiológicas e mentais são influenciadas pela constituição geológica do país em que vivemos, pela natureza dos animais e das plantas de que nos nutrimos habitualmente. Nossa estrutura e o caráter de nossa atividade dependem também da classe de alimentos que escolhemos. A alimentação dos senhores sempre foi diferente da dos escravos. Aqueles que conquistam, comandam e combatem alimentam-se principalmente de carnes e bebidas fermentadas, ao passo que os pacíficos, os fracos, os passivos, contentam-se com leite, legumes, frutas e cereais. Nossas aptidões e nosso destino dependem em grande parte da natureza das substâncias químicas que servem para a síntese de nossos tecidos. É possível dar artificialmente certas características aos seres humanos, assim como aos animais, submetendo-os, desde tenra idade, a uma alimentação apropriada.

Além do oxigênio atmosférico e dos produtos da digestão intestinal, o sangue contém uma terceira classe de substâncias nutritivas: as secreções das glândulas endócrinas. O organismo tem o poder singular de se construir, de fabricar, com ajuda do sangue, substâncias que ele utiliza para nutrir alguns tecidos e estimular algumas funções. Esse tipo de criação de si mesmo por si mesmo é análogo ao desenvolvimento da vontade pela força de vontade. Glândulas como a tireoide, a suprarrenal e o pâncreas sintetizam corpos novos, a tiroxina, a adrenalina e a insulina, utilizando as substâncias contidas no plasma sanguíneo. Elas são verdadeiras transformadoras químicas e criam produtos indispensáveis à nutrição das células e dos órgãos, às nossas atividades fisiológicas e mentais. Esse fenômeno é quase tão estranho quanto seria a fabricação, por peças de um motor a gasolina, do óleo a ser empregado por outras partes da máquina, das substâncias ativadoras da combustão e até mesmo do pensamento do mecânico. É evidente que os tecidos não podem se nutrir unicamente das substâncias que atravessam a mucosa intestinal. Essas substâncias devem ser manejadas pelas glândulas, que, por sua vez, tornam possível a existência do conjunto do organismo.

O corpo vivo é antes de tudo um processo nutritivo. Ele consiste em um movimento incessante de substâncias químicas, comparável à chama de uma vela ou aos jatos d'água que se elevam no meio dos jardins de Versalhes. Essas formas, simultaneamente permanentes e temporárias, dependem de uma corrente de gás ou líquido. Como nós, elas se modificam conforme as mudanças na qualidade e quantidade das substâncias que as animam. Somos atravessados por um grande fluxo de matéria que vem do mundo exterior e a ele retorna. Contudo, durante sua passagem, essa matéria cede aos tecidos a energia de que precisam, bem como os elementos químicos que formam as estruturas transitórias e frágeis de nossos órgãos e humores. O substrato corporal de todas as atividades humanas vem do mundo inanimado, ao qual, cedo ou tarde, ele retorna. Ele é feito dos mesmos elementos que os seres não vivos. Portanto, não devemos nos surpreender, como ainda o fazem alguns fisiologistas modernos, ao encontrarmos em nós mesmos as leis da física e da química tais quais existem no mundo exterior. Seria inacreditável se não as encontrássemos.

9 – As funções sexuais e a reprodução.

As glândulas sexuais não servem somente para o ato que, na vida primitiva, perpetuava a espécie: elas também intensificam nossas atividades fisiológicas, mentais e espirituais. Entre os eunucos, nunca houve grandes filósofos, grandes pensadores ou mesmo grandes criminosos. Os testículos e os ovários têm uma função muito extensa. Em primeiro lugar, dão origem às células femininas ou masculinas cuja união produz um novo ser humano. Ao mesmo tempo, secretam substâncias que vão para o sangue e imprimem nos tecidos, nos órgãos e na consciência as características femininas ou masculinas. Eles também dão a todas as nossas funções características de intensidade. O testículo engendra a audácia, a violência, a brutalidade, as características que distinguem o touro de combate do boi que puxa a carroça ao longo dos sulcos. O ovário exerce uma ação parecida sobre o organismo da mulher, mas somente se mantém ativo durante parte da vida, atrofiando-se na menopausa. A menor duração da vida do ovário dá à mulher que envelhece uma inferioridade manifesta em relação ao homem. O testículo, ao contrário, permanece ativo até a extrema velhice. As diferenças entre o homem e a mulher não se devem meramente à forma particular dos órgãos genitais, à presença do útero, à gestação ou ao modo de educação. Elas vêm de uma causa muito profunda, da impregnação de todo o organismo por substâncias químicas, produtos das glândulas sexuais. Foi a ignorância desses fatos fundamentais que levou os promotores do feminismo à ideia de que ambos os sexos podem ter a mesma educação, as mesmas ocupações, os mesmos poderes, as mesmas responsabilidades. Na verdade, a mulher é profundamente diferente do homem. Todas as células de seu corpo trazem a marca de seu sexo. O mesmo vale para os sistemas orgânicos e, sobretudo, para o sistema nervoso. As leis fisiológicas são tão inexoráveis quanto as leis do mundo sideral. É impossível substituí-las pelos desejos humanos. Somos obrigados a aceitá-las tais como são. As mulheres devem desenvolver suas aptidões respeitando sua própria natureza, sem buscar imitar os homens. Seu papel no progresso da civilização é mais elevado do que o dos homens, e elas não devem abandoná-lo.

A importância dos sexos na propagação da raça é desigual. As células do testículo formam constantemente, durante toda a vida, animálculos dotados de movimentos muito ativos, os espermatozoides. Estes se movem no muco que recobre a vagina e o útero e encontram, na superfície do endométrio, o óvulo, produto de uma lenta maturação das células germinativas do ovário. Em uma mulher jovem, o ovário contém cerca de 300 mil óvulos, dos quais apenas 400, aproximadamente, chegarão à maturidade. Durante a menstruação, após o rompimento do cisto que contém o óvulo, este é empurrado até o útero por uma membrana forrada de cílios vibráteis presente na trompa. Já nesse ponto, seu núcleo sofreu uma modificação importante: ele expulsou metade de seu material, isto é, metade de cada cromossomo. Um espermatozoide então penetra no óvulo, e seus cromossomos, que também foram reduzidos à metade, unem-se aos do óvulo. Nasce um novo ser, inicialmente composto por uma célula fixada na mucosa uterina. Essa célula divide-se em duas partes e dá início ao desenvolvimento do embrião.

O pai e a mãe contribuem igualmente para a formação do núcleo da célula que criará todas as células do novo organismo. Mas a mãe dá ao óvulo, além da metade da matéria nuclear, todo o protoplasma que envolve seu núcleo, desempenhando um papel mais importante do que o pai na formação do embrião. Sabe-se que as características dos pais são transmitidas pelo núcleo, mas as leis da hereditariedade hoje conhecidas e as atuais teorias dos geneticistas ainda não esclarecem tudo. Quando se pensa na função do pai e da mãe na reprodução, é preciso lembrar-se das experiências de Bataillon e de Loeb. A partir de um óvulo fecundado, pode-se, com a técnica apropriada, e sem intervenção do elemento masculino, obter-se uma rã. Um agente físico ou químico pode substituir o espermatozoide. No entanto, o elemento feminino é essencial.

A contribuição do homem para a reprodução é breve, ao passo que a da mulher dura nove meses. Durante esse período, o feto nutre-se das substâncias do sangue materno após sua filtragem pelas membranas da placenta. Enquanto a criança obtém de sua mãe os elementos químicos com que forma seus tecidos, a mulher recebe certas substâncias secretadas pelos tecidos de seu filho. Essas substâncias podem ser benéficas ou perigosas. Com efeito, o feto compõe-se das substâncias nucleares tanto do pai quanto da mãe. É um ser de origem parcialmente estranha instalado no corpo da mulher. Durante toda a gestação, a mãe fica submetida a essa influência; às vezes, é como se estivesse intoxicada pelo feto, que modifica constantemente seu estado fisiológico e psicológico. Pode-se dizer que as fêmeas, ao menos no caso dos mamíferos, não atingem seu pleno desenvolvimento antes de uma ou duas gestações. As mulheres sem filhos são menos equilibradas, mais nervosas que as outras. Em suma, a presença do feto, cujos tecidos diferem dos seus por sua juventude e, principalmente, porque são, em parte, os de seu marido, têm um impacto profundo na mulher. Costuma-se subestimar a importância da função reprodutora para a mulher, mas ela é indispensável ao seu desenvolvimento ideal. Por esse motivo é absurdo desviar as mulheres do caminho da maternidade. Não se deve dar às jovens meninas a mesma formação intelectual, o mesmo estilo de vida, os mesmos ideais que se dá aos meninos. Os educadores devem levar em conta as diferenças orgânicas e mentais entre o macho e a fêmea, bem como seus papéis naturais. Há diferenças irrevogáveis entre os sexos, e é imperativo considerá-las na construção do mundo civilizado.

10 – As relações físicas entre o corpo e o mundo exterior. Sistema nervoso voluntário. – Sistema esquelético e muscular.

Graças ao sistema nervoso, o ser humano registra os estímulos do meio externo e a eles responde de modo apropriado por meio de seus órgãos e músculos. Ele luta por sua existência tanto com a consciência quanto com o corpo. Nesse incessante combate, coração, pulmões, fígado e glândulas endócrinas são tão indispensáveis quanto músculos, punhos, ferramentas, máquinas e armas. Aliás, o ser humano tem dois sistemas nervosos: o sistema central, ou cérebro-espinhal, consciente e voluntário, que comanda os músculos; e o sistema simpático, autônomo e inconsciente, que comanda os órgãos. O segundo sistema depende do primeiro. Esse duplo aparelho dá à complexidade de nosso corpo a simplicidade indispensável à sua ação sobre o mundo exterior.

O sistema central compreende o cérebro, o cerebelo, o bulbo e a medula. Ele dá origem diretamente aos nervos dos músculos e, indiretamente, aos dos órgãos. É composto por uma massa mole, esbranquiçada, extremamente frágil, que preenche o crânio e a coluna vertebral. Ele recebe os nervos sensíveis, que saem da superfície do corpo e dos órgãos dos sentidos, e, por meio deles, relaciona-se incessantemente com o mundo cósmico. Ao mesmo tempo, comunica-se com todos os músculos do corpo pelos nervos motores e com todos os órgãos pelas ramificações controladas pelo sistema do grande simpático. Assim, inúmeros nervos percorrem todas as partes do organismo. Suas microscópicas ramificações infiltram-se entre as células da pele, envolvem os prolongamentos das glândulas, saem de seus canais excretores e se fazem presentes nas túnicas das artérias e veias, nos revestimentos contráteis do estômago e do intestino, na superfície das fibras musculares etc. Sua fina rede estende-se por todo o corpo. Todas se originam das células do sistema nervoso central, da dupla corrente dos gânglios simpáticos e dos pequenos aglomerados ganglionares disseminados nos órgãos.

Essas são as células mais nobres, os elementos mais delicados do corpo. Com o auxílio das técnicas de Ramón y Cajal, podemos observá-las com admirável clareza. O corpo delas é volumoso e, nas espécies do córtex cerebral, lembra uma pirâmide, além de ter órgãos complicados cujas funções ainda desconhecemos. Elas se prolongam em filamentos graciosos, chamados dendritos e axônios. Alguns axônios percorrem ininterruptamente a distância que separa a superfície cerebral da parte inferior da medula. Os axônios, os dendritos e a célula de onde vêm formam um elemento distinto, o neurônio. As fibras de uma célula nunca se unem às de outra célula; elas terminam em ramificações com microscópicos botões sinápticos, cuja incessante agitação observamos nos filmes cinerradiográficos. Esses botões articulam-se por intermédio de uma membrana, a membrana sináptica, com terminações semelhantes às de outra célula. Em todos os neurônios, o influxo nervoso propaga-se sempre no mesmo sentido em relação ao corpo celular. Sua direção é centrípeta nos dendritos e centrífuga nos axônios. Ele passa de um neurônio a outro atravessando a membrana sináptica e penetra da mesma forma na fibra muscular sobre a qual se aplicam os bulbos terminais das fibrilas. Contudo, há uma condição estranha para sua passagem: a duração do estímulo, ou seja, a cronaxia, deve ser idêntica nos neurônios contíguos ou no neurônio e na fibra muscular. A propagação do influxo nervoso não é possível entre dois neurônios que contam diferentemente a passagem do tempo. Da mesma forma, um músculo e seu nervo devem ser isócronos. Se um veneno – tal como o curare ou a estricnina – modificar a cronaxia de um nervo, o influxo deixa de passar desse nervo ao músculo. Produz-se então uma paralisia, ainda que o músculo esteja normal. Essas relações temporais entre nervo e músculo são tão indispensáveis quanto suas relações espaciais para a integridade da função. Desconhecemos o que ocorre nos nervos durante a dor ou os movimentos voluntários; sabemos apenas que uma variação do potencial elétrico perpassa o nervo durante sua atividade. Assim, Adrian pôde evidenciar, nas fibrilas isoladas, o progresso das ondas negativas cuja chegada ao cérebro se traduz em uma sensação de dor.

Os neurônios articulam-se entre si em um sistema de relé, como os relés eletromecânicos. Eles se dividem em dois grupos: um compreende os neurônios receptores e motores, que recebem as impressões do mundo externo ou dos órgãos e comandam os músculos; e outro compreende os neurônios de associação, cujo número descomunal confere aos centros nervosos do homem sua riqueza e complexidade. Nossa inteligência é tão incapaz de apreender a imensidão do cérebro quanto a do espaço sideral. Os centros nervosos contêm mais de doze bilhões de células, unidas umas às outras por fibras, cada uma com múltiplas ramificações. Graças a essas fibras, as células conectam-se por dezenas de trilhões de sinapses. E esse extraordinário conjunto, apesar de sua inimaginável complexidade, funciona essencialmente como uma coisa única. A nós, observadores habituados à simplicidade das máquinas e dos instrumentos de precisão, esse fenômeno parece incompreensível e maravilhoso.

Uma das principais funções dos centros nervosos é responder apropriadamente aos estímulos do meio exterior, ou, em outras palavras, produzir movimentos reflexos. Imaginemos uma rã decapitada e suspensa, pernas pendentes. Beliscamos um de seus dedos, e a perna flexiona-se. Esse fenômeno deve-se à presença de um arco reflexo, isto é, de dois neurônios, um sensível e outro motor, articulados entre si na medula espinhal. Em geral, o arco reflexo conta com a presença dos neurônios de associação que se interpõem entre o neurônio sensível e o motor. São esses sistemas neuronais que produzem os atos reflexos, como a respiração, a deglutição, a posição ortostática, a locomoção e a maioria dos movimentos de nossa vida cotidiana. Esses movimentos são automáticos, mas alguns podem ser modificados conscientemente. Por exemplo, basta atentar aos movimentos respiratórios para mudar seu ritmo. O coração, o estômago e o intestino, no entanto, fogem à nossa vontade. Mesmo assim, se pensarmos muito neles, seu automatismo fica comprometido. Embora os movimentos responsáveis por nossa posição e locomoção também sejam comandados pela medula, sua coordenação depende do cerebelo. Assim como a medula e o bulbo, o cerebelo não intervém nos processos mentais.

O córtex cerebral é um mosaico de órgãos nervosos distintos e associados a diferentes partes do corpo. Por exemplo, a região lateral do cérebro, conhecida também como região de Rolando, determina os movimentos de preensão e locomoção e os da linguagem articulada. Atrás dessa região, encontram-se os centros da visão. Lesões, tumores e hemorragias nessas diferentes áreas se traduzem em problemas nas funções correspondentes. Quando há lesões nas fibras que unem esses centros aos centros inferiores da medula, ocorrem distúrbios semelhantes. É no córtex cerebral que se produzem os reflexos que Pavlov denominou reflexos condicionados. Um cachorro secreta saliva quando um alimento é colocado em sua boca, o que é um reflexo inato. No entanto, se ele também secreta saliva quando vê a pessoa que normalmente o alimenta, trata-se de um reflexo condicionado ou adquirido. Por causa dessa propriedade do sistema nervoso, os homens e animais podem ser educados. Se o córtex cerebral for retirado, a aprendizagem de novos reflexos torna-se impossível. Todo esse conhecimento é ainda rudimentar. Nada nos permite compreender as relações entre a consciência e os processos nervosos, entre o mental e o cerebral. Não sabemos como os acontecimentos nas células piramidais são influenciados por acontecimentos anteriores ou futuros, como os estímulos se transformam em inibições e vice-versa. Sabemos menos ainda como surgem os fenômenos imprevisíveis ou como nasce o pensamento.

O cérebro e a medula formam, com os nervos e os músculos, um sistema indivisível. Do ponto de vista funcional, os músculos não são mais do que um prolongamento do cérebro. Por causa deles e de sua sustentação óssea, a inteligência humana deixou sua marca no mundo. A forma de nosso esqueleto é uma condição essencial de nosso poder. Os membros são alavancas articuladas, compostas por três segmentos. O membro superior é sustentado por uma placa móvel, a omoplata, ao passo que a cintura óssea com que o membro inferior se articula, isto é, a cintura pélvica, é bastante rígida e fixa. Ao longo do esqueleto distribuem-se os músculos motores. Na extremidade do braço, esses músculos terminam em tendões, que movem os dedos e a mão. Esta, aliás, é uma obra-prima, que age e sente ao mesmo tempo – quase como se enxergasse. A disposição anatômica de sua pele e do sistema táctil, de seus músculos e ossos, permitiu que ela fabricasse armas e ferramentas. Nunca teríamos dominado o mundo material sem ajuda dos dedos, essas cinco pequenas alavancas compostas por três segmentos articulados, sustentadas pelo metacarpo e pelo conjunto de ossos do carpo. A mão adapta-se igualmente aos trabalhos brutos e delicados. Ela manejou com igual habilidade a faca de pedra do caçador primitivo, a marreta do ferreiro, o machado do desbravador de florestas, o arado do lavrador, a espada do cavaleiro, os botões de comando do piloto, os pincéis do artista, a pluma do jornalista, os fios do tecelão de seda. Ela pode matar ou abençoar, roubar ou doar, semear o grão na terra ou jogar granadas nas trincheiras. A flexibilidade, força e adaptabilidade dos membros inferiores, cujas oscilações pendulares determinam a caminhada ou a corrida, nunca foram igualadas pelas máquinas, que utilizam somente o princípio da roda. As três alavancas que se articulam a partir da bacia dobram-se com maravilhosa flexibilidade em todas as posições, todos os esforços, todos os movimentos. Elas nos sustentam tanto no piso polido de um salão de dança quanto na imensidão de gelo de uma banquisa, tanto nas calçadas da Park Avenue quanto na encosta das Montanhas Rochosas. Com elas conseguimos andar, correr, cair, escalar, nadar e enfrentar terrenos sob qualquer condição.

Há ainda outro sistema orgânico, composto pela matéria cerebral, pelos nervos, músculos e pela cartilagem, que, assim como a mão, contribui para a superioridade do homem em relação a todos os seres vivos. Ele é constituído pela língua e laringe, bem como por seu sistema nervoso, e permite-nos expressar pensamentos e comunicarmo-nos por meio de sons. Sem a linguagem articulada, a civilização não existiria. A utilização da palavra, assim como a da mão, auxiliou muito no desenvolvimento do cérebro. As partes cerebrais responsáveis pela mão, língua e laringe ocupam grande área no córtex. Esses centros nervosos controlam os movimentos de preensão, escrita e fala, e ao mesmo tempo são estimulados por eles – isto é, determinam e são determinados. Ao que tudo indica, a inteligência é facilitada pelas contrações rítmicas dos músculos: alguns exercícios físicos parecem estimular o pensamento. Talvez por isso Aristóteles e seus alunos tivessem o hábito de caminhar enquanto discutiam os grandes problemas da filosofia e da ciência. Nenhuma parte dos centros nervosos parece funcionar isoladamente. Órgãos, músculos, medula e cérebro completam-se. Quando os músculos se contraem, dependem não apenas de grandes regiões do cérebro e da medula, mas também de inúmeros órgãos. Eles recebem comandos do sistema nervoso central, mas sua energia vem dos pulmões, do coração, das glândulas e do meio interior. Para obedecerem ao cérebro precisam de ajuda do corpo inteiro.

11 – Sistema nervoso visceral. – A vida inconsciente dos órgãos.

O sistema nervoso autônomo permite que os órgãos internos colaborem para as nossas relações com o mundo exterior. Órgãos como o estômago, o fígado e o coração não se submetem aos nossos desejos. É impossível aumentar ou diminuir, conforme nossa vontade, o calibre de nossas artérias, o ritmo das pulsações cardíacas ou as contrações do intestino. A independência dessas funções deve-se à presença de arcos reflexos nos próprios órgãos. Esses sistemas locais são feitos de pequenos aglomerados de células nervosas distribuídas nos tecidos, sob a pele, ao redor dos vasos sanguíneos etc. Há vários centros reflexos que conferem automatismo aos órgãos internos. Por exemplo, um intestino delgado removido do corpo e alimentado por uma circulação artificial apresenta movimentos normais. Um rim transplantado logo recomeça seu trabalho. A maioria dos órgãos tem certa independência e pode funcionar até mesmo isolada do corpo. As inúmeras fibras nervosas que os constituem vêm da dupla cadeia de gânglios simpáticos próximos à coluna vertebral, bem como de outros gânglios situados em torno dos vasos do abdome. Esses centros ganglionares controlam todos os órgãos e regulam suas funções. Além disso, por suas relações com a medula, o bulbo e o cérebro, coordenam as ações dos órgãos internos e dos músculos nas atividades que exigem esforço do corpo inteiro.

Os gânglios simpáticos estão unidos ao sistema central em três regiões diferentes por ramos que os ligam às regiões craniana, dorsal e pélvica do sistema central ou voluntário. Os nervos autônomos da região craniana e da região pélvica são chamados de parassimpáticos, e os da região dorsal de nervos simpáticos. As funções dos parassimpáticos e dos simpáticos são opostas. Os órgãos internos são, assim, simultaneamente dependentes e independentes do sistema nervoso central. É possível retirar de uma só vez, do corpo de um gato ou cachorro, os pulmões, o coração, o estômago, o fígado, o pâncreas, o intestino, o baço, os rins e a bexiga com todos os nervos e vasos sanguíneos sem que o coração pare de bater ou que o sangue pare de circular. Se esse conjunto de órgãos internos for colocado em água quente e se os pulmões receberem oxigênio, ele continuará vivo. O coração continuará batendo, o estômago e o intestino continuarão se contraindo e digerindo alimentos. Ao se retirar a dupla cadeia simpática de um animal vivo, como o fez Cannon, o sistema de órgãos internos fica completamente isolado do sistema nervoso central. No entanto, embora os animais operados dessa forma vivam com saúde em suas gaiolas, não estariam aptos a uma existência livre. Na luta pela vida, não poderiam mais ativar o coração, o pulmão e as glândulas de forma a auxiliar na utilização dos músculos, garras e dentes.

Os nervos simpáticos atuam na pulsação do coração, nas contrações dos músculos das artérias e do intestino e na secreção das células glandulares. O influxo nervoso se propaga, como no caso dos nervos motores, dos gânglios centrais aos órgãos. Cada órgão tem uma dupla inervação: uma vem do sistema simpático, outra do parassimpático. O parassimpático reduz a velocidade do coração, e o simpático acelera. Da mesma forma, o primeiro dilata a pupila, e o segundo a faz contrair. Os movimentos do intestino são retardados pelo sistema simpático e acelerados pelo parassimpático. De acordo com a predominância de um ou de outro, os seres humanos têm temperamentos diferentes. São esses nervos que regulam a circulação de cada órgão. O grande simpático produz a constrição das artérias, a palidez da face durante as emoções e algumas doenças. Sua secção resulta em vermelhidão da pele e contração da pupila. Algumas glândulas, como a hipófise e as suprarrenais, são feitas tanto de células glandulares quanto nervosas e entram em atividade sob influência do sistema simpático. As substâncias químicas secretadas por elas têm o mesmo efeito do próprio nervo sobre os vasos. Elas aumentam seu poder. Assim como o grande simpático, a adrenalina promove a contração dos vasos. Em suma, o sistema nervoso autônomo, por meio de suas fibras simpáticas e parassimpáticas, tem sob domínio o imenso mundo dos órgãos internos. É ele que unifica suas ações. Mais adiante, explicaremos por que ele é o substrato mais importante das funções que nos permitem sobreviver, isto é, das funções adaptativas.

O sistema autônomo depende, como vimos, do sistema nervoso voluntário, que é o coordenador supremo de todas as atividades orgânicas. Ele é representado por um centro na base no cérebro, centro este que determina a manifestação das emoções. As lesões e tumores nessa região são seguidas por distúrbios das funções afetivas. Com efeito, é por intermédio das glândulas que nossas emoções podem ser expressas. A vergonha, o medo e a cólera produzem modificação da circulação cutânea, palidez ou rubor da face, contração ou dilatação das pupilas, protrusão ocular, descarga de adrenalina na circulação, cessação das secreções gástricas etc. Isso explica por que nossos estados de consciência têm um efeito tão marcado sobre as funções dos órgãos internos. Sabe-se que muitas doenças do estômago ou do coração começam com problemas nervosos.

Nos indivíduos saudáveis, os órgãos permanecem ignorados, ainda que tenham nervos sensíveis. Eles enviam constantemente mensagens aos centros nervosos e, em particular, ao centro da consciência visceral. Quando nossa atenção está focada em coisas exteriores na luta cotidiana pela vida, as impressões, que vêm dos órgãos, não cruzam a soleira da consciência. No entanto, sem que percebamos, elas dão certa cor a nossos pensamentos, emoções, ações, a toda a nossa vida. Podemos ter, irracionalmente, a impressão de uma infelicidade iminente, ou também de alegria, de uma felicidade desconhecida. O estado de nossos sistemas orgânicos age obscuramente sobre a consciência. É assim que, por vezes, um órgão nos avisa sobre o perigo. Quando um homem, saudável ou enfermo, tem uma sensação de morte iminente, essa notícia provavelmente lhe chega do centro de consciência visceral. E a consciência visceral raramente para. Certamente, nos habitantes das novas cidades, as funções simpáticas estão tão desequilibradas quanto as da consciência. É como se o sistema autônomo fosse menos capaz de proteger o coração, o estômago, o intestino e as glândulas contra as emoções da existência. Nos perigos e na brutalidade da vida primitiva, ele bastava, mas não resiste aos choques incessantes da vida moderna.

12 – Complexidade e simplicidade do corpo. – Os limites anatômicos e os limites fisiológicos dos órgãos. – Homogeneidade fisiológica e heterogeneidade anatômica.

O corpo parece-nos algo extremamente complexo, uma gigantesca associação de diversas raças celulares, cada uma composta por milhões de indivíduos. Esses indivíduos vivem imersos em humores feitos de substâncias químicas fabricadas por eles mesmos, de onde retiram seus alimentos. De uma extremidade a outra do corpo, propagam os produtos de suas secreções. Além disso, são unidos entre si pelo sistema nervoso. Nossos métodos de análise colocam-nos diante de uma fantástica complexidade, e, mesmo assim, essas imensas multidões comportam-se como um ser essencialmente uno. Nossas ações são simples. Por exemplo, estimar de modo exato um peso mínimo, escolher sem contar e sem errar certo número de pequenos objetos. Contudo, para a nossa inteligência, esses gestos parecem ser compostos por uma infinidade de elementos. Eles exigem o trabalho harmônico da sensibilidade muscular, dos músculos da pele, da retina, do olho, de inúmeras células musculares e nervosas. A simplicidade é, provavelmente, real, e a complexidade, artificial. Nada é mais simples e mais homogêneo do que a água do oceano. No entanto, se pudéssemos vê-la aumentada em apenas um milhão de vezes por meio de um dispositivo de aumento, ela perderia sua simplicidade, pois se transformaria em uma população extremamente heterogênea de moléculas de diferentes dimensões e formas, movendo-se em velocidades variadas em um inextricável caos. Assim, os objetos de nosso mundo tornam-se simples ou complexos dependendo das técnicas empregadas para estudá-los. De fato, a simplicidade funcional tem sempre uma base complexa. Trata-se de um dado imediato da observação, que devemos aceitar como tal.

Nossos tecidos são de uma grande heterogeneidade estrutural, compostos por elementos muito diferentes entre si. O fígado, o baço, o coração, os rins, cada um tem uma individualidade e limites definidos. Para os anatomistas e cirurgiões, nossa heterogeneidade orgânica é indiscutível. Ao que tudo indica, porém, ela é mais aparente do que real. As funções são muito menos delimitadas que os órgãos. O esqueleto, por exemplo, não é simplesmente o arcabouço do corpo: ele também faz parte do sistema circulatório, respiratório e digestivo, pois fabrica, através da medula, leucócitos e glóbulos vermelhos. O fígado secreta a bile, destrói as toxinas e os micróbios, armazena glicogênio, regula o metabolismo do açúcar no organismo todo e produz a heparina. O mesmo ocorre com o pâncreas, as glândulas suprarrenais, o baço etc.: cada órgão tem múltiplas funções, participando de quase todos os acontecimentos no corpo. Todavia, sua individualidade anatômica tem fronteiras mais estritas do que sua individualidade fisiológica.

Uma sociedade celular, por meio das substâncias que fabrica, infiltra-se em todas as outras sociedades. Além disso, esse vasto conjunto está submetido à dominação de um único centro cerebral. Silenciosamente, esse centro envia ordens a todas as regiões do mundo orgânico. Ele transforma o coração, os vasos, os pulmões, o aparelho digestivo e todas as glândulas endócrinas em um todo no qual se confundem os indivíduos morfológicos.

Na realidade, a heterogeneidade do organismo é produzida pela fantasia do observador. Por que identificar um órgão por seus elementos histológicos em vez das substâncias químicas por ele secretadas? O anatomista vê os rins como duas glândulas distintas. Do ponto de vista fisiológico, no entanto, eles são uma coisa só. Se um é retirado, o outro se hipertrofia. Um órgão não se limita à sua superfície, estendendo-se tanto quanto as substâncias que secreta. Com efeito, seu estado estrutural e funcional depende da rapidez com que essas substâncias são utilizadas pelos outros órgãos. Cada glândula prolonga-se por todo o corpo por meio de suas secreções internas. Suponhamos que as substâncias liberadas pelos testículos no sangue fossem azuis. Todo o corpo do homem seria azul, e os testículos seriam de um azul mais intenso. Mas sua cor específica alcançaria todos os tecidos e órgãos, até mesmo as cartilagens das extremidades ósseas. O corpo pareceria, assim, ser formado por um imenso testículo. Na verdade, cada glândula tem uma extensão espacial e temporal igual à de todo o organismo. Um órgão é constituído tanto por seu meio interior quanto por seus elementos anatômicos. Ele é composto simultaneamente por células específicas e por um meio específico, que, por sua vez, estende-se bem além da fronteira anatômica. Quando se reduz o conceito de uma glândula ao de sua estrutura fibrosa, células, vasos e nervos, não se pode compreender a existência do organismo vivo. Em suma, o corpo é feito de uma heterogeneidade anatômica e de uma homogeneidade fisiológica. Ele age como se fosse simples, mas revela uma estrutura complexa. Essa antítese é fabricada por nossa mente, que imagina o homem como se fosse construído como uma máquina.

13 – Modo de organização do corpo. – A analogia mecânica. – As antíteses. – A necessidade de se contentar com os dados imediatos da observação. – As regiões desconhecidas.

Ao contrário do que imaginamos, a organização de nosso corpo não lembra os mecanismos de uma máquina. Esta é composta por várias peças, originalmente separadas, que, uma vez unidas, formam algo simples. Assim como o ser vivo, a máquina é feita para uma determinada função e também é, ao mesmo tempo, simples e complexa. Mas ela é complexa em primeiro lugar e simples em segundo, já o ser humano é simples em primeiro lugar e complexo em segundo. Ele é composto inicialmente por uma única célula, que se divide em duas outras, que também se dividem, e assim por diante. Ao longo desse processo de complexificação estrutural, o embrião mantém a simplicidade funcional do ovo. É como se as células, mesmo tendo se tornado parte de um gigantesco aglomerado, conservassem a lembrança de sua unidade original. Elas sabem de antemão as funções a elas atribuídas no conjunto do organismo. Se cultivarmos células epiteliais por muitos meses fora do animal de onde vêm, ainda se organizarão em mosaico, como que para cobrir uma superfície. Leucócitos vivos em frascos fagocitam micróbios e glóbulos vermelhos mesmo que não tenham de proteger o corpo das incursões desses estranhos. O conhecimento inato de seu papel no conjunto é uma característica dos elementos do corpo.

Células isoladas têm o peculiar poder de reproduzir, sem objetivo nem direção, as estruturas que caracterizam os órgãos. Se alguns glóbulos vermelhos de uma gota de sangue colocada em plasma líquido, levados pela gravidade, fluem como um pequeno córrego, logo se formam rios em torno desse córrego. Em seguida, esses rios são cobertos por filamentos de fibrina, e o córrego vira um tubo pelo qual passam os glóbulos vermelhos, como um vaso sanguíneo. Depois, leucócitos vêm repousar na superfície desse tubo, envolvendo-no com seus prolongamentos e dando-lhe um aspecto de vaso capilar munido de células contráteis. Assim, glóbulos sanguíneos formam um segmento do sistema circulatório, ainda que não haja coração, circulação ou tecidos para irrigar. As células lembram abelhas que constroem seus alvéolos geométricos, fabricam seu mel e nutrem seus embriões como se soubessem matemática, química e biologia e agissem segundo o interesse de toda a comunidade. Essa tendência à formação de órgãos por seus elementos constitutivos é, como as aptidões sociais dos insetos, um dado imediato da observação. Ela é inexplicável por nossos conceitos atuais, mas ajuda-nos a compreender como se organiza o corpo vivo.

Um órgão se constrói com procedimentos que parecem muito estranhos à nossa mente. Ele não precisa do suporte das células, ao contrário de uma casa, que precisa do suporte dos materiais. Não se trata de uma construção celular. Sem dúvida, ele é composto por células, assim como uma casa é feita de tijolos. No entanto, vem das células, como uma casa que nascesse de um tijolo. Esse tijolo fabricaria outros tijolos utilizando a água do córrego, os minerais nele contidos e o ar atmosférico. Depois, esses tijolos se juntariam em muros, sem esperar o plano do arquiteto e a chegada dos construtores. Eles se transformariam também em vidros para as janelas, ardósia para o telhado, carvão para o aquecimento e água para a cozinha. Em resumo, um órgão desenvolve-se por meio de mecanismos mágicos, como os das fadas dos contos narrados outrora às crianças. O órgão é produzido por células que parecem conhecer a estrutura futura e que sintetizam, através do meio interior, o plano de construção, os materiais e os construtores.

Os métodos do organismo são, portanto, completamente diferentes daqueles que utilizamos na construção de nossas máquinas e casas. Não observamos neles a simplicidade dos nossos. Os procedimentos empregados por nosso corpo são inteiramente originais. Não vemos, nesse mundo interorgânico, as formas de nossa inteligência, que é moldada na simplicidade do mundo cósmico, e não na complexidade dos mecanismos internos dos animais. Até o momento, é impossível compreendermos o modo de organização de nosso corpo e suas atividades nutritivas e nervosas. As leis da mecânica, da física e da química aplicam-se completamente ao universo material, mas apenas parcialmente ao ser humano. É preciso abandonar definitivamente as ilusões dos mecanicistas do século XIX, os dogmas de Jacques Loeb, as pueris concepções físico-químicas do homem com que se comprazem tantos fisiologistas e médicos. Também se devem rejeitar as fantasias filosóficas e humanísticas dos físicos e astrônomos. Seguindo muitos outros, Jeans crê e ensina que o Deus criador do universo sideral é matemático. Se isso é verdade, o mundo material, os seres vivos e o homem não foram criados pelo mesmo Deus. Quão inocentes são nossas especulações! Na verdade, não temos mais do que um conhecimento rudimentar sobre a constituição de nosso corpo. Devemos nos contentar, por enquanto, com a observação positiva de nossas atividades orgânicas e mentais e avançar no desconhecido sem qualquer outro guia.

14 – Fragilidade e resistência do corpo. – O silêncio do corpo saudável. – Os estados intermediários entre a doença e a saúde.

Nosso corpo é muito resistente. Ele se adapta a todos os climas: do seco ao úmido, do frio polar ao calor tropical. Ele aguenta igualmente a privação de alimentos, as intempéries, a fadiga, as preocupações, os trabalhos excessivos. O homem é o mais resistente dos animais, e a raça branca, que construiu nossa civilização, é a mais resistente de todas as raças. Entretanto, nossos órgãos são frágeis: eles se rompem com o menor choque e se desintegram quando a circulação para. O cérebro cede sob uma leve pressão do dedo. Essa oposição entre a fragilidade e a resistência do organismo é, como a maioria das antíteses observadas na biologia, uma ilusão de nossa mente. Ela resulta da comparação inconsciente que sempre fazemos entre o nosso corpo e uma máquina. A resistência de uma máquina depende do metal com que é construída e da perfeição de sua montagem, mas a de um ser vivo tem causas diferentes. Essa resistência vem, sobretudo, da elasticidade dos tecidos, de sua tenacidade, de sua capacidade de se reproduzir em vez de se desgastar e do estranho poder do organismo de enfrentar uma situação nova por meio de mudanças adaptativas. A resistência à doença, à fadiga, às preocupações, a capacidade de esforço e o equilíbrio nervoso dão a medida da superioridade dos homens. Tais qualidades caracterizam os fundadores de nossa civilização. As grandes raças brancas devem seu sucesso à perfeição de seu sistema nervoso, que, apesar de muito sensível e excitável, é passível de disciplina. Foram as qualidades excepcionais de seus tecidos e de sua consciência que deram aos povos da Europa ocidental e às suas colônias nos Estados Unidos a predominância sobre todos os outros.

Ignoramos a natureza dessa resistência orgânica, dessa superioridade nervosa e mental. Será que elas são causadas pela própria estrutura das células, pelas substâncias que sintetizam, pelo modo como os órgãos são integrados em um todo pelos humores e nervos? Não sabemos. Essas qualidades são hereditárias, existem em nós há muitos séculos, mas podem desaparecer, mesmo nas maiores e mais ricas nações. A história das civilizações passadas aponta a possibilidade dessa catástrofe, mas não explica claramente sua gênese. É certo que a resistência do corpo e da consciência deve ser conservada a todo custo. A força mental e nervosa é infinitamente mais importante do que a força muscular. O descendente não degenerado de uma grande raça tem uma resistência natural à fadiga e ao medo. Ele não sonha com sua saúde ou segurança, ignora os médicos, não crê que a idade de ouro chegará quando os químicos fisiologistas tiverem obtido um extrato puro de todas as vitaminas e produtos das secreções das glândulas e se considera uma pessoa destinada a agir, pensar, amar, lutar, conquistar. Sua ação sobre o mundo exterior é tão essencialmente simples quanto o salto da fera quando se joga sobre sua presa. Ele não percebe sua complexidade estrutural mais do que o animal.

O corpo saudável vive silenciosamente. Não o ouvimos, não o sentimos funcionar. Os ritmos de nossa existência se traduzem pelas impressões cenestésicas que, como o suave ruído de um motor de dezesseis cilindros, ocupam o fundo de nossa mente quando estamos em silêncio e em estado de retiro. A harmonia das funções orgânicas traz a sensação de paz. Quando a presença de um órgão é percebida pela consciência, o funcionamento desse órgão começa a falhar, pois a dor é um sinal de alerta. Muitas pessoas, ainda que não estejam doentes, não têm boa saúde. Alguns de seus tecidos têm má qualidade, as secreções de alguma glândula ou alguma mucosa não são suficientemente abundantes, a excitabilidade de seu sistema nervoso é exagerada, a correlação de suas funções orgânicas no espaço ou no tempo é falha, a resistência de seus tecidos a infecções não é suficiente. Esses estados de inferioridade corporal pesam bastante sobre seu destino e lhes fazem infelizes. Quem descobrir os meios de produzir o desenvolvimento harmônico dos tecidos e órgãos será o instaurador de um grande progresso, pois, ainda mais que Pasteur, aumentará nos homens a aptidão à felicidade.

Há muitas causas para o enfraquecimento do corpo. Sabe-se que uma alimentação muito pobre ou muito rica, o alcoolismo, a sífilis, as uniões consanguíneas, a prosperidade e os lazeres diminuem a qualidade dos tecidos e órgãos. A ignorância e a pobreza têm os mesmos efeitos da riqueza. Os homens civilizados deterioram-se nos climas tropicais, e seu desenvolvimento se dá, sobretudo, nos climas temperados ou frios. Eles têm necessidade de um estilo de vida que imponha a todos um esforço constante, uma disciplina fisiológica e moral e certas privações. Tais condições de existência lhes tornam resistentes à fadiga e ao estresse, protegendo-os de diversas doenças, especialmente das doenças nervosas. Elas os impulsionam irresistivelmente à conquista do mundo exterior.

15 – As doenças infecciosas e degenerativas.

A doença consiste em uma disfunção funcional e estrutural. A variedade de seus aspectos é tão grande quanto a de nossas atividades orgânicas. Há doenças do estômago, do coração, do sistema nervoso, etc., mas o corpo doente mantém a mesma unidade do corpo normal: ele é doente por inteiro. Nenhuma doença fica confinada a um único órgão. É a velha concepção anatômica do ser vivo que leva os médicos a transformar cada doença em uma especialidade. Apenas os que conhecem o homem tanto em suas partes quando em seu conjunto, em seu triplo aspecto anatômico, fisiológico e mental, podem compreendê-lo quando está enfermo.

Há duas grandes classes de doenças: as infecciosas ou microbianas e as degenerativas. As primeiras vêm do ingresso de vírus ou bactérias no corpo. Vírus são seres minúsculos e invisíveis, apenas um pouco maiores que uma molécula de albumina. São capazes de viver no interior das células e apreciam especialmente os elementos do sistema nervoso, da pele e das glândulas. Eles os matam ou alteram suas funções, acarretando, por exemplo, a paralisia infantil, a gripe, a encefalite letárgica etc., bem como a raiva, a febre amarela e, possivelmente, o câncer.

Às vezes, esses microrganismos transformam células inofensivas, como os leucócitos de uma galinha, por exemplo, em inimigos vorazes que invadem os órgãos e matam em alguns dias o animal. Esses seres temíveis são desconhecidos para nós, nunca os enxergamos. Eles se manifestam por seus efeitos nos tecidos. As células ficam sem defesa diante deles, resistindo à sua passagem tanto quanto as folhas de uma árvore resistem à fumaça. As bactérias, comparadas aos vírus, são verdadeiros gigantes. Elas ingressam com facilidade em nosso corpo através da mucosa intestinal, nasal, ocular ou oral, ou ainda pela superfície de uma prega. Instalam-se não no interior das células, mas em torno delas. Invadem as barreiras que separam os órgãos, multiplicam-se sob a pele, entre os músculos, na cavidade abdominal, nas membranas que envolvem o cérebro e a medula. Também podem invadir o sangue e secretar, no meio interior, milhares de substâncias tóxicas. Elas causam desordem em todas as funções orgânicas.

As doenças degenerativas são, muitas vezes, consequência das doenças microbianas, como ocorre com certas doenças do coração e na doença de

Bright. Além disso, são frequentemente causadas pela presença no organismo de substâncias tóxicas advindas dos próprios tecidos. Quando a glândula tireoide fabrica essas substâncias, surgem os sintomas da gota exoftálmica. Algumas doenças também podem ser causadas pela produção de secreções indispensáveis à nutrição. É assim que a insuficiência das glândulas endócrinas, da tireoide, do pâncreas, do fígado e da mucosa gástrica leva a doenças como: mixedema, diabetes, anemia perniciosa etc. Outras doenças são provocadas pela falta de vitaminas, sais minerais e metais necessários à construção e manutenção dos tecidos. Quando os órgãos não recebem os materiais de que precisam do meio exterior, perdem sua resistência aos micróbios, desenvolvem-se mal, fabricam toxinas etc. Há, por fim, doenças que desafiam, até hoje, cientistas e institutos de pesquisa médica. Dentre elas está o câncer e uma série de doenças nervosas e mentais.

Sabe-se que o progresso da higiene durante os últimos vinte e cinco anos foi maravilhoso, que a frequência das doenças infecciosas diminuiu de modo surpreendente. A duração média da vida era de apenas 49 anos em 1900 e aumentou em mais de 11 anos desde essa época. Apesar da grande vitória da medicina, o problema das doenças continua gigante. O ser humano moderno é delicado: um milhão e cem mil pessoas devem dedicar todo o seu tempo a cuidar de outras 120 milhões pessoas. Nessa população dos Estados Unidos há, anualmente, quase 100 milhões de casos de doenças, graves ou não. Nos hospitais, 700.000 leitos permanecem ocupados todos os dias do ano. Os doentes, hospitalizados ou não, utilizam os serviços de 142.000 médicos, 65.000 dentistas, 150.000 farmacêuticos e 280.000 enfermeiros ou alunos de enfermagem. Além disso, ocupam 7.000 hospitais, 8.000 clínicas e 60.000 farmácias. Eles dispensam anualmente 715 milhões de dólares na compra de remédios. O conjunto de cuidados médicos em todas as suas formas custa-lhes três bilhões e 500 mil dólares por ano. Fica evidente que as doenças ainda são um pesado fardo econômico. Seu peso na vida de cada um é incalculável. A medicina está longe de ter diminuído – ao menos tanto quanto acreditamos – a soma dos sofrimentos humanos. Apesar de morrermos menos de doenças infecciosas, morremos mais de doenças degenerativas, que são mais longas e dolorosas. Os anos de existência que ganhamos graças à supressão da difteria, varíola, febre tifoide etc., são compensados pelos sofrimentos prolongados que precedem a morte por doenças crônicas. O câncer é, todos sabem, particularmente cruel. Além disso, o homem civilizado está, como outrora, exposto à sífilis e aos tumores do cérebro, à sua esclerose, à encefalomalácia, às hemorragias de seus vasos e à degeneração intelectual, moral e fisiológica produzida por essas doenças. Ele está igualmente sujeito às disfunções orgânicas ou funcionais resultantes das novas condições de existência, da agitação incessante, do excesso de alimentos e da insuficiência de exercícios físicos. O desequilíbrio do sistema visceral leva a doenças do estômago e do intestino. As doenças do coração tornaram-se mais frequentes, assim como o diabetes. Quanto às doenças do sistema nervoso central, são incontáveis. No curso de sua existência, todo indivíduo sofre com algum efeito da neurastenia, da depressão nervosa, causada pela fadiga, barulho, inquietações e excesso de trabalho. Ainda que a higiene moderna tenha prolongado bastante a duração média da vida, está longe de ter erradicado as doenças, tendo se limitado a mudar sua natureza.

Essa mudança não é proveniente apenas da redução das doenças infecciosas, mas também das modificações na constituição dos tecidos e humores influenciadas pelos novos modos de existência. O organismo tornou-se mais suscetível às doenças degenerativas. Ele é afetado pelos choques nervosos e mentais a que está constantemente submetido, pelas substâncias tóxicas fabricadas por nossos órgãos nas disfunções funcionais ou advindas da alimentação e do ar, pela carência das funções fisiológicas e mentais essenciais. O corpo não recebe mais dos alimentos comuns as mesmas substâncias nutritivas de antigamente. Por causa de sua produção em massa e das técnicas de comercialização, a farinha, os ovos, o leite, as frutas etc., foram modificados, ainda que conservem sua aparência familiar. Os fertilizantes químicos, por aumentarem a abundância das colheitas e empobrecerem o solo, retirando certos elementos que não são substituídos, alteraram a constituição dos grãos dos cereais. Forçamos as galinhas a produzir ovos em massa por meio de uma alimentação artificial. Será que a qualidade desses ovos não é diferente? O mesmo vale para o leite das vacas, confinadas o ano todo em estábulos e alimentadas com produtos manufaturados. Ademais, os higienistas não deram atenção suficiente à gênese das doenças. Seus estudos sobre a influência do estilo de vida e da alimentação no estado fisiológico, intelectual e moral dos homens modernos são superficiais, incompletos e de curtíssima duração. Eles contribuíram, assim, para o enfraquecimento de nosso corpo e nossa mente, deixando-nos expostos aos ataques das doenças degenerativas. Compreenderemos melhor a história dessas doenças da civilização depois de estudarmos as funções mentais. Na doença e na saúde, corpo e consciência, ainda que distintos, são inseparáveis.

IV – As atividades mentais

1 – O conceito operacional de consciência. – A alma e o corpo. – Questões sem sentido. – A introspecção e o estudo do comportamento.

Ao mesmo tempo em que manifesta atividades fisiológicas, o corpo manifesta atividades mentais. Enquanto as funções orgânicas são expressas pelo trabalho mecânico, do calor, da energia elétrica e das transformações químicas, mensuráveis pelas técnicas da física e da química, as manifestações da consciência dependem de procedimentos diferentes daqueles empregados na introspecção e no estudo do comportamento humano. O conceito de consciência equivale à análise feita por nós do que ocorre conosco, bem como a certas atividades claramente visíveis em nossos semelhantes. É cômodo dividir essas atividades em intelectuais, morais, estéticas, religiosas e sociais. Em suma, o corpo e a alma são visões do mesmo objeto cultivadas a partir de diferentes métodos, abstrações de um único ser feitas por nossa mente. A antítese entre a matéria e a mente não passa de uma oposição entre dois tipos de técnica. O erro de Descartes foi crer na realidade dessas abstrações e ver o físico e o moral como heterogêneos. Esse dualismo teve um grande peso na história do conhecimento do homem, tendo criado o falso problema da relação entre a alma e o corpo. Não é preciso examinar a natureza dessas relações, pois não se observa alma nem corpo, e sim um ser composto cujas atividades dividimos arbitrariamente em fisiológicas e mentais.

Certamente, continuaremos sempre falando da alma como uma entidade, assim como falamos do nascer e do pôr do sol, ainda que a humanidade saiba, desde Galileu, que o sol é imóvel. A alma é esse aspecto específico de nossa natureza, que nos distingue de todos os outros seres vivos. A curiosidade que temos sobre nós mesmos leva-nos necessariamente a levantar questões insolúveis, perguntas cientificamente sem sentido. Qual é a natureza do pensamento, essa coisa estranha que vive em nós sem consumir uma quantidade considerável de energia? Quais são suas relações com as formas conhecidas da energia física? A mente passa quase despercebida no seio da matéria viva, e, no entanto, representa o mais grandioso poder deste mundo. Ela transformou a superfície da terra, construiu e destruiu civilizações e criou nosso universo sideral. Será que é produzida pelas células cerebrais do mesmo modo que a insulina é produzida pelo pâncreas, e a bile pelo fígado? Quais são, nas células, os precursores do pensamento? Com que substâncias ele é elaborado? Ele vem de um elemento preexistente, como a glicose vem do glicogênio, ou a fibrina do fibrinogênio? Será que é uma forma de energia diferente das energias estudadas pela física, expressa por leis diferentes e produzida por células da camada cortical do cérebro? Ou será que devemos considerá-lo como um ser imaterial, existente fora do espaço e do tempo, para além das dimensões do universo cósmico e inserido, por um processo desconhecido, em nosso cérebro, que seria a condição indispensável para suas manifestações e determinaria suas características? Em todas as épocas, em todos os países, grandes filósofos dedicaram sua vida à análise desses problemas sem ter chegado a uma solução.

Sempre faremos essas perguntas, ainda que saibamos que é impossível respondê-las. Para os homens da ciência, elas não têm sentido algum, a menos que novas técnicas permitam-nos entender melhor as manifestações da consciência. Para progredir no conhecimento desse aspecto essencial, específico do ser humano, devemos nos contentar em estudar minuciosamente os fenômenos que podemos compreender por nossos métodos de observação e suas relações com as atividades fisiológicas. É indispensável fazer uma exploração tão completa quanto possível desse terreno cujo horizonte inteiro se perde na névoa.

O homem é composto pela totalidade de suas atividades atualmente observáveis e pelas manifestadas no passado. As funções que permanecem virtuais em certas épocas e meios e as que existem de modo constante são igualmente reais. Os escritos de Ruysbroek, o Admirável, são tão verdadeiros quanto os de Claude Bernard. O *Ornamento das núpcias espirituais* e a *Introdução ao estudo da medicina experimental* descrevem aspectos, alguns mais raros, outros mais comuns, do mesmo ser. As formas da atividade humana consideradas por Platão são tão específicas de nossa natureza quanto a fome, a sede, o apetite sexual e a paixão pela riqueza. Desde a Renascença cometemos o erro de atribuir arbitrariamente uma situação privilegiada a alguns aspectos de nós mesmos. Separamos a matéria da mente e atribuímos àquela uma realidade mais profunda do que a esta. A fisiologia e a medicina ocuparam-se, sobretudo, das manifestações químicas das atividades do corpo e das disfunções orgânicas cuja expressão se dá nas lesões microscópicas dos tecidos. A sociologia pensou o homem quase que unicamente do ponto de vista de sua capacidade de controlar máquinas, do trabalho que pode oferecer, de sua aptidão ao consumo e de seu valor econômico. A higiene dedicou-se à saúde, aos meios de aumentar a população, à prevenção das doenças infecciosas e a tudo que envolve o bem-estar fisiológico. A pedagogia focou-se no desenvolvimento intelectual e muscular das crianças. Entretanto, todas essas ciências negligenciaram o estudo da consciência na totalidade de seus aspectos. Elas deveriam ter examinado o homem à luz convergente da fisiologia e da psicologia, ter utilizado igualmente os dados fornecidos pela introspecção e pelo estudo do comportamento. Ambas as técnicas atingem o mesmo objetivo, mas uma vê a partir do interior, outra apreende as manifestações exteriores. Não há motivo para valorizar mais uma do que a outra: ambas são igualmente dignas de nossa confiança.

2 – As atividades intelectuais. – A certeza científica. – A intuição. – Clarividência e telepatia.

A existência da inteligência é um dado imediato da observação. Essa capacidade de compreender a relação entre as coisas assume um valor e uma forma em cada indivíduo. Pode-se medir a inteligência com ajuda de técnicas apropriadas. Essas mensurações são direcionadas a uma forma convencional e esquematizada dessa função, e fornecem apenas uma noção incompleta do valor intelectual dos seres humanos, mas permitem dividi-lo em categorias de modo aproximativo. Elas são úteis para a escolha dos homens aptos a um trabalho simples, como o operário da fábrica ou o empregado de baixo nível de um banco ou loja. Além disso, revelaram-nos um fato de grande importância: a debilidade mental na maioria dos indivíduos. Observa-se, com efeito, uma imensa diversidade na quantidade e na qualidade da inteligência atribuída a cada um. Desse ponto de vista, alguns homens são gigantes, e a maioria é anã. Todos nascem com capacidades intelectuais diferentes, mas, grandes ou pequenas, essas capacidades exigem, para se manifestar, um exercício constante, bem como certas condições ambientais mal definidas. A observação completa e aprofundada das coisas, o hábito do pensamento preciso, o estudo da lógica, o uso da linguagem matemática e a disciplina interior aumentam o poder intelectual. Já observações incompletas, precipitadas, a passagem rápida de uma impressão a outra, a multiplicidade das imagens e a ausência de regras e esforço impedem o desenvolvimento mental. É fácil constatar o quão menos inteligentes são as crianças que viveram em meio à multidão, em meio a várias pessoas e acontecimentos, em trens e carros, no tumulto da rua, em frente a uma tela de cinema e nas escolas que desconhecem a concentração intelectual. Há outros fatores que facilitam ou dificultam o desenvolvimento da inteligência, associados principalmente ao estilo de vida e aos hábitos alimentares, mas seu efeito é pouco conhecido. É como se a abundância de alimentos e o excesso de esportes impedissem o progresso psicológico. Os atletas são, em geral, pouco inteligentes. Para atingir seu potencial máximo, a mente exige, provavelmente, um conjunto de condições que somente pode ser encontrado em certas épocas. A humanidade nunca tentou descobrir a natureza dessas condições. Não temos conhecimento algum sobre a gênese da inteligência, mas imaginamos poder desenvolvê-la pelo treinamento da memória e pelos exercícios praticados nas escolas!

A inteligência, sozinha, não é capaz de fazer ciência, mas é um elemento indispensável à sua produção. A ciência fortalece a inteligência, ainda que esta seja apenas um aspecto daquela. Ela deu à humanidade uma nova atitude intelectual, a certeza trazida pela experiência e pelo raciocínio. Essa certeza é muito diferente daquela da fé. Esta última é mais profunda, não podendo ser abalada por argumentos. Ela se assemelha um pouco à atitude dos clarividentes, e o estranho é que não é oposta à construção da ciência. Certamente, as grandes descobertas científicas não são obra apenas da inteligência. Os cientistas geniais, além do poder de observar e compreender, têm outras qualidades, como a intuição e a imaginação criativa. Pela intuição, compreendem aquilo que é oculto aos outros homens, percebem relações entre fenômenos aparentemente isolados e adivinham a existência do tesouro escondido. Todos os grandes homens são dotados de intuição. Eles sabem, sem raciocínio nem análise, o que é importante saber. Um verdadeiro patrão não precisa de testes psicológicos nem de fichas de ensino para escolher seus subordinados. Um bom juiz sabe fazer um julgamento justo sem se perder nos detalhes dos argumentos legais e às vezes até mesmo, segundo Cardozo, apoiando-se em considerandos falsos. Um grande cientista volta-se espontaneamente para onde há uma descoberta a ser feita. A esse fenômeno chamávamos, antigamente, de inspiração.

Há dois tipos de mente entre os cientistas: as lógicas e as intuitivas. A ciência deve seu progresso a ambos os tipos intelectuais. A matemática, ainda que tenha uma estrutura puramente lógica, emprega a intuição. Entre os matemáticos, há pessoas intuitivas e lógicas, analistas e especialistas em geometria. Hermitte e Weierstrass tinham uma mente intuitiva, e Riemann e Bertrand, uma mente lógica. As descobertas da intuição devem sempre ser colocadas em prática pela lógica. No dia a dia, assim como na ciência, a intuição é um meio de conhecimento poderoso, mas perigoso. É difícil, às vezes, distingui-la da ilusão. Aqueles que se deixam guiar unicamente por ela correm o risco de se enganar, pois nem sempre ela é fiel. Apenas os grandes homens ou os de coração simples podem ser levados intuitivamente aos ápices da vida mental e espiritual. É uma faculdade estranha. Apreender a realidade sem ajuda do raciocínio parece um fenômeno inexplicável. De certa forma, a intuição parece um raciocínio mais rápido, feito após uma observação instantânea. É provável que o conhecimento dos grandes médicos sobre o presente e o futuro de suas doenças seja dessa natureza. Algo parecido ocorre quando se julga, em um instante, o valor de um homem, quando se adivinham suas qualidades e vícios, mas, de outra forma, a intuição é produzida na ausência de observação e raciocínio. Às vezes se atinge o objetivo desejado sem saber onde ele está e sem saber os meios de alcançá-lo. Esse modo de conhecimento parece aproximar-se da clarividência, faculdade a que Charles Richet chama de o sexto sentido.

A existência da clarividência e da telepatia é um dado imediato da observação.[5] Os clarividentes apreendem os pensamentos de outra pessoa sem a mediação dos órgãos e dos sentidos e também percebem acontecimentos mais ou menos longínquos no espaço e no tempo. Trata-se de uma faculdade excepcional, que somente se desenvolve em um pequeno grupo de indivíduos, embora exista em estado rudimentar em um grande número de pessoas. Ela é exercida sem esforço e de modo espontâneo, parecendo muito simples para aqueles que a têm, e permite conhecer certas coisas

---

5. A existência da clarividência e da telepatia, assim como a de outros fenômenos metapsíquicos, é contestada pela maioria dos biólogos e médicos, e não se pode culpá-los por isso. Esses fenômenos são fugidios, não se reproduzem conforme a vontade, e estão escondidos na imensa massa de superstições, mentiras e ilusões da humanidade. Ainda que tenham sido identificados em todos os países e em todas as épocas, a ciência sempre fugiu deles. No entanto, a observação mostra que se trata de uma atividade normal, ainda que rara, do ser humano. O autor começou seu estudo quando ainda era um jovem estudante de medicina. Ele se interessou por essa atividade da mesma forma que se interessou por fisiologia, química e patologia, e teve a oportunidade de examinar alguns de seus aspectos. Há muito tempo, compreende a insuficiência das técnicas empregadas pelos especialistas em pesquisas psíquicas e sessões espíritas ou de médiuns profissionais, que frequentemente lucram com o amadorismo dos experimentadores. Ele fez suas próprias observações e experiências e utilizou, neste livro, os conhecimentos adquiridos por conta própria, não a opinião dos outros. O metapsíquico não difere da psicologia e da fisiologia: seu aspecto pouco ortodoxo vem do fato de ser pouco conhecido. Tentou-se, no entanto, com modesto sucesso, aplicar procedimentos científicos a seu estudo. A Sociedade de Pesquisas Psíquicas foi criada em Londres em 1882 sob a presidência de Henry Sidgwick, professor de filosofia moral da Universidade de Cambridge. O Instituto Internacional de Metapsíquica, declarado de utilidade pública em 1919 pelo governo francês, foi fundado em Paris sob a supervisão do grande fisiologista Richet, descobridor da anafilaxia, e do cientista médico Joseph Teissier, professor de medicina na Universidade de Lyon. Entre os membros de seu comitê administrativo estão um professor da Escola de Medicina da Universidade de Paris e vários outros médicos. Seu presidente, Charles Richet, escreveu um tratado de metapsíquica, publicado pelo Instituto. Nos Estados Unidos, esse ramo da psicologia humana não chamou muito a atenção das instituições científicas. Mesmo assim, o departamento de psicologia da Universidade Duke conduziu algumas pesquisas sobre a clarividência sob a direção do Dr. Rhine.

com mais exatidão do que os órgãos dos sentidos permitem. Para essas pessoas, também é mais fácil ver os pensamentos dos outros do que analisar a expressão de seu rosto. No entanto, ver e sentir são palavras que não exprimem exatamente o que acontece em sua consciência, pois elas não veem, não buscam: elas sabem. A leitura de pensamentos e sentimentos parece estar relacionada simultaneamente à inspiração científica, estética e religiosa e aos fenômenos de telepatia. Em muitos casos, uma comunicação se estabelece entre um indivíduo e outro no momento da morte ou de um grande perigo. Aquele que está prestes a morrer, ou a vítima do acidente, aparece por um instante sob seu aspecto habitual para um amigo, mesmo quando esse acidente não é seguido por morte. Muitas vezes, o personagem alucinatório fica em silêncio, mas às vezes fala e anuncia sua morte. Mais raramente, o clarividente vê uma cena, um indivíduo ou uma paisagem que está longe, mas que ele descreve exata e minuciosamente. Muitas pessoas que normalmente não têm o dom da clarividência tiveram, uma ou duas vezes na vida, a experiência de uma comunicação telepática.

É assim que o conhecimento do mundo exterior chega a nós por vias diferentes dos órgãos sensoriais. É certo que o pensamento pode ser transmitido diretamente de um ser humano a outro, mesmo com uma grande distância. Esses fatos, que dizem respeito à nova ciência da metapsíquica, devem ser aceitos como são. Eles fazem parte da realidade, expressam um aspecto pouco conhecido do ser humano e explicam, possivelmente, a extraordinária lucidez de alguns homens. Quão à frente de seu tempo seria um homem com uma inteligência disciplinada e aptidões telepáticas! Certamente, a inteligência, que nos deu o domínio do mundo material, não é algo simples. Conhecemos apenas uma forma dela, a que tentamos desenvolver nas escolas. Essa forma, porém, é apenas um aspecto da maravilhosa capacidade de apreensão da realidade, de julgamento, vontade, atenção, intuição e, talvez, de clarividência, que possibilitam ao homem compreender seus semelhantes e seu meio.

3 – As atividades afetivas e morais. – Os sentimentos e o metabolismo. – O temperamento. – O caráter inato das atividades morais. – Técnicas para o estudo do senso moral. – A beleza moral.

A atividade intelectual é, simultaneamente, distinta e indistinta do fluxo móvel de nosso estado de consciência. Trata-se do nosso modo de ser, que muda conforme mudamos. Ela é comparável a um filme cinematográfico que registraria as fases sucessivas de uma história, mas cuja composição da superfície sensível variaria de um ponto a outro. Mais análogas ainda são as longas ondas do oceano, cujos vales e cristas refletem de diferentes modos as nuvens que correm no céu. De fato, a atividade intelectual projeta suas visões no fundo constantemente mutável de nossos estados afetivos, dores e alegrias, amor ou ódio. Para estudá-la, o homem a separa artificialmente do todo que integra. Mas aquele que pensa, observa e raciocina é ao mesmo tempo feliz ou infeliz, atormentado ou calmo, contente ou deprimido com seus apetites, repulsões e desejos. Dessa forma, o mundo assume, para nós, um aspecto diferente conforme os estados afetivos e fisiológicos, que são a base móvel de nossa consciência durante a atividade intelectual. Todos sabem que o amor, o ódio, a cólera e o medo são capazes de causar desordem até mesmo na lógica. Essas paixões exigem, para se manifestar, modificações nas trocas químicas, que crescem à medida que se intensificam os movimentos emotivos. Já o trabalho intelectual, como sabemos, não pode modificá-las. As atividades afetivas aproximam-se bastante das fisiológicas. Elas formam o temperamento, que muda de um indivíduo para outro, de uma raça para outra. Este é uma mistura de características mentais, fisiológicas e estruturais; é o próprio homem. É o temperamento que dá, a cada um, sua mesquinhez, mediocridade ou força. Qual é a causa do seu enfraquecimento em certos grupos sociais e nações? É como se a violência dos modos afetivos diminuísse à medida que a riqueza aumenta, a educação se expande e a alimentação enriquece. Ao mesmo tempo, vemos também as funções emotivas separarem-se da inteligência e exagerarem alguns de seus aspectos. Talvez a civilização moderna tenha nos trazido formas de vida, educação e alimentação que tendem a dar aos homens qualidades de animais domésticos ou a desenvolver de modo desarmônico seus impulsos afetivos.

A atividade moral é a disposição do ser humano de impor a si mesmo uma regra de conduta, de escolher dentre várias ações possíveis a que lhe parece boa, de se libertar de seu egoísmo e de sua maldade. Ela cria, no homem, um sentimento de obrigação, de dever, e é observável em apenas um pequeno número de indivíduos. Em geral, não se concretiza, mas não se pode duvidar de sua realidade: se o senso moral não existisse, Sócrates não teria bebido a cicuta. Ainda hoje, o senso moral pode ser observado em alguns grupos sociais e países, às vezes, até mesmo em alto nível. Ele existiu em todas as épocas e demonstrou, ao longo da história, sua importância primordial. É dependente tanto da inteligência quanto do senso estético e religioso. Devemos distinguir o bem e o mal e escolher o bem em detrimento do mal. Nos seres altamente civilizados, a vontade e a inteligência são uma função só e dão a nossos atos seu valor moral.

Assim como a atividade intelectual, o senso moral vem de certo estado estrutural e funcional de nosso corpo. Esse estado depende tanto da constituição imanente de nossos tecidos e nossa mente quanto dos fatores fisiológicos e mentais que agiram sobre cada um de nós durante nosso desenvolvimento. Em *O Fundamento da Moral*, Schopenhauer constata que os seres humanos têm tendências inatas ao egoísmo, à maldade ou à compaixão. Como escreve Gallavardin, há, entre nós, egoístas puros, que são indiferentes à felicidade ou infelicidade de seus semelhantes; há quem tenha prazer em ver o infortúnio ou o sofrimento dos outros, e até mesmo em provocá-los; e há, por fim, aqueles que sofrem verdadeiramente com a dor alheia. Esse poder de empatia favorece a bondade, a compaixão, a caridade e os atos derivados disso tudo. A capacidade de sentir o sofrimento alheio cria o ser moral, que se esforça para diminuir, entre os homens, a dor e o peso da vida. Todos nascemos bons, medíocres ou maus. No entanto, assim como a inteligência, o senso moral pode ser desenvolvido pela educação, disciplina e vontade.

A definição do bem e do mal se baseia tanto na razão quanto na experiência milenar da humanidade. Ela corresponde às exigências fundamentais da vida individual e social e é, em alguns detalhes, arbitrária. Contudo, em dada época e em dado país, deve ser a mesma para todos os indivíduos. O bem é sinônimo de justiça, caridade e beleza; o mal, de egoísmo, maldade e feiura. Na sociedade moderna, as regras teóricas da conduta são baseadas nos vestígios da moral cristã, mas quase ninguém as obedece. O homem moderno rejeitou qualquer disciplinamento de seu apetite. Mesmo assim, as morais biológicas e industriais não têm valor prático, pois são artificiais e consideram somente uma parte do ser humano. Elas ignoram as atividades psicológicas mais essenciais e não nos fornecem uma armadura suficientemente sólida e completa para nos proteger de nossos vícios inatos.

A fim de preservar seu equilíbrio mental e até mesmo orgânico, cada indivíduo é obrigado a ter uma regra interior. O Estado pode impor regras por força da legalidade, mas não as leis da moral. Cada um deve compreender a necessidade de fazer o bem e evitar o mal, e de se submeter a essa necessidade por um esforço de sua própria vontade. A Igreja Católica, em seu profundo conhecimento da psicologia humana, colocou as atividades morais bem acima das intelectuais. Os indivíduos mais honrados por ela não são os líderes dos povos, os cientistas ou os filósofos: são os santos, isto é, aqueles que, de modo heroico, foram virtuosos. Quando se estudam os habitantes da nova cidade, percebe-se a necessidade prática do senso moral. Inteligência, vontade e moralidade são funções bastante próximas umas das outras, mas o senso moral é mais importante que a inteligência. Quando desaparece de uma nação, toda a estrutura social começa a desmoronar. Até agora, nas pesquisas sobre a biologia humana, não demos às atividades morais o lugar que elas merecem. O senso moral é passível de um estudo tão positivo quanto a inteligência. Embora seja, realmente, um estudo difícil, os aspectos do senso moral nos indivíduos e nos grupos de indivíduos são facilmente reconhecíveis. É igualmente possível analisar as consequências fisiológicas, psicológicas e sociais da moralidade. Não se pode, é claro, fazer essas pesquisas em um laboratório, mas há ainda um grande número de grupos humanos em que as características do senso moral e os efeitos de sua ausência ou presença em diferentes graus manifestam-se de modo evidente. A atividade moral, assim como a inteligência, está no domínio das técnicas científicas.

Tivemos pouquíssimas oportunidades de observar, na sociedade moderna, indivíduos cuja conduta fosse inspirada por um ideal moral. Apesar de raros, esses homens ainda existem. É impossível não notá-los quando se os encontra. A beleza moral deixa uma lembrança inesquecível para aquele que a contempla, mesmo que apenas uma vez. Ela nos toca mais que a beleza da natureza ou da ciência e dá àquele que a tem um poder estranho, inexplicável. Ela aumenta a força da inteligência, estabelece a paz entre os homens e é, muito mais que a ciência, a arte ou a religião, a base da civilização.

4 – O senso estético. – A supressão da atividade estética na vida moderna. – A arte popular. – A beleza.

O senso estético existe tanto nos seres humanos mais primitivos quanto nos mais civilizados. Ele sobrevive até mesmo ao desaparecimento da inteligência, pois mesmo os idiotas e loucos são capazes de obras artísticas. A criação de formas ou de séries de sons que despertam uma emoção estética naqueles que as observam ou escutam é uma necessidade elementar de nossa natureza. O homem sempre contemplou com alegria os animais, as flores, as árvores, o céu, o mar e as montanhas. Antes da aurora da civilização, empregava seus rudimentares instrumentos para reproduzir, na madeira, no marfim e na pedra, o perfil dos seres vivos. Ainda hoje, se o seu senso estético não for arruinado por sua educação, estilo de vida e trabalho nas fábricas, o ser humano se compraz em fabricar objetos seguindo sua própria inspiração. Ele experimenta um contentamento estético ao se absorver nessa obra. Ainda há, na Europa, e sobretudo na França, cozinheiros, açougueiros, escultores em pedra, marceneiros, forjadores, cuteleiros e mecânicos que são artistas. Quem produz um doce bonito, esculpe casas, pessoas e animais na manteiga, forja uma bela dobradiça de porta, constrói um belo móvel, modela um esboço de estátua ou tece uma bonita peça de lã ou seda sente um prazer parecido com o do escultor, do pintor, do músico e do arquiteto.

Se a atividade estética não se concretiza na maioria dos indivíduos é porque a civilização industrial nos rodeou de espetáculos feios, grosseiros e vulgares. Além disso, fomos transformados em máquinas: o trabalhador passa a vida repetindo o mesmo gesto milhares de vezes por dia. Ele somente fabrica uma peça de determinado objeto, nunca o objeto inteiro, e não pode utilizar a inteligência; é como o cavalo cego que girava o dia todo em torno do engenho para tirar água do poço. O industrialismo impede o uso de atividades da consciência que podem dar um pouco de alegria diária ao homem. O sacrifício da mente feito pela civilização moderna em favor da matéria foi um erro, que se tornou ainda mais perigoso ao não provocar qualquer sentimento de revolta e ainda ser aceito tão facilmente pelas pessoas quanto a vida insalubre das grandes cidades e o aprisionamento nas fábricas. No entanto, os homens que sentem um prazer estético no trabalho, ainda que rudimentar, são mais felizes que os que trabalham unicamente para poder consumir. A indústria, em sua forma atual, tirou do trabalhador qualquer originalidade e alegria. A estupidez e a tristeza da civilização atual devem-se, ao menos em parte, à supressão das formas elementares da alegria estética na vida cotidiana.

A atividade estética manifesta-se simultaneamente na criação e na contemplação da beleza, e é completamente desinteressada. É como se, no deleitamento artístico, a consciência saísse de si mesma e fosse absorvida por outro ser. A beleza é uma fonte inesgotável de alegria para aquele que sabe descobri-la, pois está por toda parte. Ela sai das mãos que modelam ou pintam a cerâmica, que cortam a madeira e fazem um móvel, que tecem a seda, que esculpem o mármore, que cortam e reparam a carne humana. Está na arte sangrenta dos grandes cirurgiões assim como na dos pintores, músicos e poetas. Também está nos cálculos de Galileu, nas visões de Dante, nas experiências de Pasteur, na aurora sobre o mar e nas tempestades de inverno nas altas montanhas. Ela se torna mais pungente ainda na imensidão do mundo sideral e dos átomos, na inexprimível harmonia do cérebro humano, na alma do homem que, obscuramente, se sacrifica pelo bem dos outros. Em cada uma de suas formas a beleza continua sendo a hospedeira desconhecida da substância cerebral, criadora da face do universo.

O senso estético não se desenvolve de modo espontâneo e apenas existe em nossa consciência em estado potencial. Em determinadas épocas e circunstâncias, nem se concretiza, e pode até mesmo desaparecer dos povos que costumavam tê-lo em abundância. É assim que a França destrói suas belezas naturais e despreza as lembranças de seu passado. Os descendentes dos homens que conheceram e construíram o monastério do Monte Saint-Michel não compreendem mais seu esplendor. Eles aceitam com alegria a indescritível feiura das casas modernas da Bretanha e da Normandia, e principalmente dos arredores de Paris. Assim como o Monte Saint-Michel, Paris e a maioria das cidades e vilas da França foram desonradas por um horrível comercialismo. Da mesma forma que o senso moral, o senso estético, no curso de uma civilização, desenvolve-se, atinge seu apogeu e evanesce.

5 – A atividade mística. – As técnicas da mística. – Conceito operacional da experiência mística.

Nos homens modernos, quase nunca observamos as manifestações da atividade mística, do senso religioso[6]. Mesmo em sua forma mais primitiva, o senso místico é excepcional, ainda mais excepcional que o senso moral, e ainda assim faz parte de nossas atividades essenciais. A humanidade foi marcada mais profundamente pela inspiração religiosa do que pelo pensamento filosófico. Na cidade antiga, a religião era a base da vida familiar e social. O solo da Europa ainda está coberto por catedrais e ruínas dos templos que nossos ancestrais erigiram. Hoje em dia, é verdade, pouco compreendemos sua significação. Para a maioria dos civilizados, as igrejas não passam de museus onde repousam as religiões mortas. A atitude dos turistas que profanam as catedrais da Europa mostra a que ponto a vida moderna obliterou o senso religioso. A atividade mística foi banida da maioria das religiões, e seu significado chegou a ser esquecido. A esse esquecimento liga-se, provavelmente, a decadência das igrejas, visto que a vida de uma religião depende dos focos de atividade mística que ela consegue criar. Entretanto, o senso religioso ainda é, na vida moderna, uma função necessária da consciência de alguns indivíduos. No presente, começa a reaparecer entre os homens de grande cultura, e o mais curioso é que as grandes ordens religiosas não têm mais lugares suficientes em seus monastérios para receber os jovens que querem, por meio da ascese e da mística, ingressar no mundo espiritual.

---

6. Ainda que a atividade mística tenha tido um papel importante na história da humanidade, é difícil, para nós, adquirir até mesmo um conhecimento parcial dessa forma de nossas funções mentais, tão rara hoje em dia. Certamente, a literatura a respeito da ascese e da mística é imensa. Os escritos dos grandes místicos cristãos estão ao alcance de todos, e às vezes se observam, inclusive, nas novas cidades, homens e mulheres que representam focos de atividade religiosa. No entanto, os místicos estão, em geral, nos monastérios, fora de nosso alcance, ou se dedicam a tarefas mais humildes e são completamente ignorados. O autor começou a se interessar pela ascese e pela mística na mesma época em que começou a observar os fenômenos metapsíquicos. Ele conheceu místicos e santos, e, portanto, não hesita, neste livro, em mencionar a existência do misticismo, uma vez que observou suas manifestações. Mas sabe que sua descrição dessa forma de atividade mental não agradará aos homens da ciência nem aos da religião. Os cientistas julgarão sua tentativa pueril ou insana, e os eclesiásticos, inconveniente e imperfeita, porque os fenômenos místicos somente pertencem indiretamente ao domínio da ciência. Algumas dessas críticas serão, em parte, justas, mas é impossível não incluir o misticismo nas atividades humanas fundamentais.

A atividade religiosa, assim como a atividade moral, assume aspectos variados. Em seu estado mais rudimentar, é uma vaga aspiração a um poder que transcende as formas materiais e mentais de nosso mundo, uma espécie de oração não formulada, a busca por uma beleza mais absoluta do que a da arte e da ciência. Ela se assemelha à atividade estética. O senso de beleza conduz à atividade mística, e, além disso, os rituais religiosos estão associados às diferentes formas da arte. Isso explica por que o canto se transforma facilmente em oração. A beleza que a mística busca é mais rica e mais indizível ainda que a do artista. Ela não assume nenhuma forma, é inexprimível em todas as línguas, oculta-se nas coisas do mundo visível e se manifesta para poucos. Exige a elevação do espírito a um ser que é fonte de tudo, a um poder, um centro de forças a que os cristãos místicos chamam de Deus. Em todas as épocas, em todas as raças, existiram indivíduos com um grande grau dessa sensibilidade em particular. A mística cristã exprime a forma mais elevada da atividade religiosa. Ela está mais ligada às outras atividades da consciência do que as místicas hindus e tibetanas. Em relação às místicas asiáticas, tem a vantagem de ter recebido, desde a primeira infância, lições da Grécia e de Roma: com esta aprendeu a ordem e a medida, e com aquela, a inteligência.

Em seu estado mais elevado, a mística cristã comporta uma técnica muito elaborada, uma disciplina estrita. Ademais, exige a prática do ascetismo. Abordá-la sem uma aprendizagem ascética é tão impossível quanto se tornar um atleta sem passar por treinamento físico. A iniciação ao ascetismo é dura, o que faz com que poucos homens tenham coragem de percorrer a via mística. Aquele que deseja fazer essa difícil viagem deve primeiramente renunciar a si mesmo e às coisas deste mundo. Em seguida, ver-se em meio às trevas da noite escura e vivenciar os sofrimentos da vida purgativa enquanto chora sua fraqueza e indignidade e pede graças a Deus. Pouco a pouco, distancia-se de si mesmo. Sua oração torna-se contemplação, ele entra na vida iluminativa e não pode descrever o que vê. Quando quer expressar o que sente, empresta, como São João da Cruz, a linguagem do amor carnal. Seu espírito transcende o espaço e o tempo. Ele entra em contato com algo inefável, alcança a vida unitiva, contempla Deus e age com Ele.

Na vida de todos os grandes místicos, as mesmas etapas se sucedem. Devemos aceitar a experiência tal qual nos é transmitida; apenas os que viveram uma vida de oração podem julgá-la. A busca por Deus é, de fato, uma jornada totalmente pessoal. Com ajuda de certa realidade de sua consciência, o homem volta-se para uma realidade invisível, que reside no mundo material e a transcende. Ele se lança na mais ousada aventura possível. Pode-se considerá-lo um herói ou um louco, mas não se deve questionar se a experiência mística é verdadeira ou falsa, se se trata de autossugestão, alucinação ou, ainda, se representa uma viagem da alma para fora das dimensões do nosso mundo e seu contato com a realidade superior. Devemos nos contentar com um conceito operacional. Ela é eficaz por si só, dá a quem a pratica o que este deseja, traz a renúncia, a paz, a riqueza interior, a força, o amor, Deus. Ela é tão real quanto a inspiração estética. Para o místico, assim como para o artista, a beleza que ele contempla é a única verdade.

6 – As relações entre as atividades da consciência. – A inteligência e o senso moral. – Os indivíduos desarmônicos.

Essas atividades fundamentais não se distinguem entre si. Seus limites são artificiais, mas estes facilitam a descrição das manifestações da consciência. A atividade humana pode ser comparada a um ameboide cujos numerosos e transitórios membros, os pseudópodes, são feitos de apenas uma substância. Da mesma forma, é comparável ao desenrolar de filmes superpostos que são indecifráveis até serem separados uns dos outros. É como se o substrato corporal, ao longo do tempo, mostrasse aspectos simultâneos de sua unidade, aspectos que nossas técnicas separam em fisiológicas e mentais. Sob o aspecto mental, nossa atividade modifica constantemente sua forma, qualidade e intensidade. É esse fenômeno essencialmente simples que descrevemos como uma associação de funções diferentes. A pluralidade das manifestações mentais é apenas a expressão de uma necessidade metodológica; para descrever a consciência, somos obrigados a dividi-la. Assim como os pseudópodes do ameboide são o próprio ameboide, os aspectos de nossa consciência são nós mesmos e se confundem em nossa unidade.

A inteligência é quase inútil àquele que não tem outras qualidades. O indivíduo puramente intelectual é um ser incompleto e infeliz, pois é incapaz de alcançar aquilo que compreende. A capacidade de apreender as relações entre as coisas apenas é fecunda se estiver associada a outras atividades, como o senso moral, o senso afetivo, a vontade, o julgamento, a imaginação e certa força orgânica. Ela só é útil com muito esforço. Quem deseja conquistar a ciência deve se preparar por muito tempo, trabalhando duro, além de se submeter a uma espécie de ascetismo. Sem o exercício da vontade, a inteligência é dispersa e estéril. Uma vez disciplinada, ela se torna capaz de buscar a verdade, mas não a alcança completamente sem ajuda do senso moral. Os grandes cientistas têm sempre uma profunda honestidade intelectual. Seguem a realidade a qualquer lugar que esta os leve, nunca a substituindo por seus próprios desejos ou escondendo-a quando se torna indesejável. O homem que quer contemplar a verdade deve estabelecer a calma em si mesmo; seu espírito deve ser como a água parada de um lago. As atividades afetivas, ainda que indispensáveis ao progresso da inteligência, devem ser reduzidas à paixão que Pasteur chamava de deus interior: o entusiasmo. O pensamento somente cresce naqueles capazes de amar e odiar, dado que exige, além do auxílio de outras atividades da consciência, a atividade do corpo. Mesmo quando escala os mais altos picos e é iluminado pela intuição e imaginação criativa, o pensamento precisa de uma armadura tanto moral quanto orgânica.

O desenvolvimento exclusivo das atividades afetivas, estéticas ou místicas produz homens inferiores, mentes falsas, limitadas, visionários. Observamos esses tipos com frequência, ainda que hoje a educação intelectual seja concedida a todos. Não é preciso uma grande cultura da inteligência para semear o senso estético e o senso místico e produzir artistas, poetas, religiosos, todos os que contemplam de modo imparcial os aspectos diversos da beleza. O mesmo vale para o senso moral e de julgamento, mas estas últimas atividades quase bastam por si mesmas. Elas dão a quem as tem a capacidade de ser feliz e parecem fortalecer todas as outras atividades, até mesmo as orgânicas. A educação deve visar ao desenvolvimento dessas atividades, pois garante o equilíbrio do indivíduo, fazendo dele um elemento sólido da estrutura social. Para os membros anônimos das grandes nações, o senso moral é muito mais importante que a inteligência.

A distribuição das atividades mentais varia muito conforme os diferentes grupos sociais, com a maior parte dos homens civilizados manifestando apenas uma forma rudimentar de consciência. Eles são capazes de um trabalho fácil, que, na sociedade moderna, assegura a sobrevivência do indivíduo. Produzem, consomem, satisfazem seus apetites fisiológicos. Têm igual prazer em assistir a espetáculos esportivos em grandes multidões, em contemplar filmes cinematográficos vulgares e pueris, em movimentar-se rapidamente e sem esforço ou em observar um objeto que se move rapidamente. São manipuláveis, emotivos, covardes, lascivos e violentos. Não têm senso moral, estético ou religioso, e existem em números consideráveis. Criaram turbas de crianças cuja inteligência continua primitiva e geram uma parcela da população de três milhões de criminosos que vive livremente neste país, bem como de débeis mentais que ocupam as instituições especiais.

A maioria dos criminosos não está nas prisões; ela pertence a uma classe superior. Entre eles, como entre os idiotas, algumas atividades da consciência permanecem atrofiadas. Mas o criminoso nato de Lombroso não existe, apenas pessoas defeituosas se tornam criminosas. Na verdade, os criminosos são, em sua maioria, pessoas normais – alguns têm até mesmo uma inteligência superior. Além disso, os sociólogos não têm a oportunidade de vê-los nas prisões. Nos bandidos e nos homens de negócios cujas proezas são relatadas diariamente pela imprensa, a função intelectual e algumas funções afetivas e estéticas são normais, às vezes, até superiores, mas o senso moral não se desenvolveu. Há, portanto, entre nós, uma quantidade considerável de pessoas que manifestam apenas algumas das atividades fundamentais. Essa desarmonia do mundo da consciência é um dos fenômenos mais característicos desta época. Tivemos êxito em garantir a saúde orgânica da população da cidade moderna, mas, apesar das imensas somas gastas em educação, foi impossível desenvolver suas atividades intelectuais e morais. Mesmo entre os que constituem a elite dessa população, as manifestações da consciência prescindem muitas vezes de harmonia e força. As funções elementares estão mal agrupadas, são de má qualidade e baixa intensidade. Também pode ocorrer de uma ou mais estar completamente ausente. Pode-se comparar a consciência da maioria das pessoas a um reservatório contendo água de qualidade duvidosa, em pequeno volume e com pouca pressão, e a de poucos indivíduos, a um reservatório contendo muita água pura, com alta pressão.

Os homens mais felizes e úteis são feitos de um conjunto harmonioso de atividades intelectuais e morais. Sua superioridade em relação aos outros decorre da qualidade dessas atividades e da igualdade de seu desenvolvimento, mas sua intensidade é que determina o nível social de determinado indivíduo e faz dele um lojista ou um diretor de banco, um pequeno médico ou um célebre professor, um prefeito ou o presidente dos Estados Unidos. O desenvolvimento de seres humanos completos deve ser o objetivo de nossos esforços. É apenas sobre eles que se pode edificar uma civilização sólida. Há, ademais, outra classe de homens que, ainda que tão desarmônicos quanto os criminosos e os loucos, são indispensáveis à sociedade moderna: os gênios. Esses indivíduos caracterizam-se pelo desenvolvimento monstruoso de alguma de suas atividades psicológicas. Um grande artista, um grande cientista ou um grande filósofo costumam ser homens comuns com uma função hipertrofiada. Eles também são comparáveis a um tumor que acomete seu organismo normal. Esses seres desequilibrados são, em geral, infelizes, mas produzem grandes obras que ajudam a sociedade inteira. Sua desarmonia produz o progresso da civilização. A humanidade nunca ganhou nada pelo trabalho das multidões; ela apenas avança pela paixão de alguns indivíduos, pela chama de sua inteligência, por seus ideais de ciência, caridade ou beleza.

7 – As relações entre as atividades mentais e fisiológicas. – A influência das glândulas na mente. – O homem pensa com o cérebro e com todos os órgãos.

As atividades mentais dependem, evidentemente, das atividades fisiológicas. Observamos modificações orgânicas correspondentes à sucessão de nossos estados de consciência. Inversamente, fenômenos psicológicos são determinados por certos estados funcionais dos órgãos. Em suma, o conjunto formado pelo corpo e consciência é modificável tanto por fatores orgânicos quanto mentais. A mente confunde-se com o corpo como a forma confunde-se com o mármore de uma estátua. Não se pode alterar a forma sem quebrar o mármore. Assumimos que o cérebro é o centro das atividades psicológicas porque uma lesão nesse órgão produz transtornos imediatos e profundos na consciência. Provavelmente, é no nível da substância cinzenta que a mente, para usar a expressão de Bergson, se insere na matéria. Na criança, a inteligência e o cérebro desenvolvem-se simultaneamente. Durante a atrofia senil dos centros nervosos, a inteligência diminui. A presença de espiroquetas da sífilis em torno das células piramidais leva a delírios de grandeza. Quando o vírus da encefalite letárgica ataca os núcleos centrais, causa profundos problemas de personalidade. Modificações temporárias da atividade mental manifestam-se sob a influência do álcool, que penetra, com o sangue, nas células cerebrais. A queda da tensão arterial produzida por uma hemorragia suprime as atividades da consciência. Em resumo, as manifestações da vida mental estão relacionadas ao estado do encéfalo.

Essas observações não bastam para demonstrar que o cérebro é, em si, o órgão da consciência. De fato, ele não é composto exclusivamente por matéria nervosa, sendo constituído também por um meio em que estão imersas as células e cuja composição é regulada pelo soro sanguíneo. Este, por sua vez, depende das secreções glandulares disseminadas no corpo inteiro. Todos os órgãos estão, portanto, presentes no córtex cerebral por meio do sangue e da linfa. Nossos estados de consciência estão ligados à constituição química dos humores do cérebro tanto quanto à estrutura das células. Quando o meio interior fica privado das secreções das glândulas suprarrenais, o doente entra em uma depressão profunda.

Ele lembra um animal de sangue frio. As disfunções funcionais da glândula tireoide levam à excitação nervosa e mental ou à apatia. Nas famílias em que as lesões dessa glândula são hereditárias, há idiotas morais, débeis mentais e criminosos. Todos sabem o quanto as doenças do fígado, do estômago e do intestino modificam a personalidade das pessoas. É evidente que as células dos órgãos liberam, no meio interior, substâncias que agem sobre nossa atividade mental e espiritual.

De todas as glândulas, o testículo é a que mais tem influência sobre a força e a qualidade da mente. Os grandes poetas, os artistas geniais e os santos, assim como os conquistadores, são, em geral, altamente sexuados. A supressão das glândulas sexuais, mesmo no indivíduo adulto, produz modificações em seu estado mental. Depois da extirpação dos ovários, as mulheres tornam-se apáticas e perdem parte de sua atividade intelectual ou senso moral. A personalidade dos homens que sofreram castração altera-se de um jeito mais ou menos marcado. A covardia histórica de Abelardo diante do amor e do sacrifício passional de Heloísa foi causada, sem dúvida, pela selvagem mutilação que os pais desta última lhe infligiram. Os grandes artistas foram quase todos grandes amantes. É como se um determinado estado das glândulas sexuais fosse necessário à inspiração. O amor estimula a mente quando não alcança seu objeto. Se Beatriz tivesse sido amante de Dante, talvez a Divina Comédia não existisse. Os místicos frequentemente empregam expressões do Cântico dos Cânticos. A esposa de um operário pode exigir os serviços de seu marido todos os dias, mas a de um artista ou de um filósofo, raramente. Sabe-se que os excessos sexuais prejudicam a atividade intelectual. Para se manifestar em todo o seu potencial, a inteligência parece exigir simultaneamente a presença de glândulas sexuais bem desenvolvidas e a repressão temporária do apetite sexual. Freud falou, com razão, da importância capital dos impulsos sexuais nas atividades da consciência. No entanto, essas observações referem-se aos doentes. Não se pode generalizar suas conclusões para as pessoas normais, muito menos para aqueles que têm um sistema nervoso resistente e o domínio sobre si mesmos. Enquanto os fracos, os nervosos e os desequilibrados tornam-se mais anormais depois da repressão de seus desejos sexuais, os seres fortes ficam ainda mais fortes com essa forma de ascese.

A grande dependência entre as atividades fisiológicas e da consciência vai de encontro à concepção clássica que considera que a alma está no cérebro. Na verdade, todo o corpo parece ser o substrato das energias mentais e espirituais. O pensamento é originado pelas glândulas de secreção interna tanto quanto pelo córtex cerebral. A integridade do organismo é indispensável às manifestações da consciência. O homem pensa, ama, sofre, admira e ora igualmente com seu cérebro e com todos os outros órgãos.

8 – A influência das atividades mentais nos órgãos. – A vida moderna e a saúde. – Os estados místicos e as atividades nervosas. – A oração. – As curas milagrosas.

É provável que todos os estados da consciência tenham uma expressão orgânica. As emoções são acompanhadas, todos sabem, de modificações na circulação do sangue. Elas determinam, por meio dos nervos vasomotores, a dilatação ou constrição de pequenas artérias. O prazer faz a pele avermelhar-se, e a cólera ou o medo a embranquecem. Em alguns indivíduos, uma má notícia pode provocar a contração das artérias coronárias, anemia cardíaca e morte súbita. Pelo aumento ou diminuição da circulação local, os estados afetivos agem sobre todas as glândulas, exageram ou cessam suas secreções ou até mesmo modificam suas atividades químicas. A observação e o desejo de um alimento causam a salivação. Esse fenômeno é produzido até mesmo na ausência do alimento. Pavlov observou, em cachorros com fístulas salivares, que a secreção pode ser causada não apenas pela visão do alimento, mas também pelo mero som de um sino, contanto que, anteriormente, este sino tenha soado enquanto se alimentava o animal. As emoções acionam mecanismos complexos. Quando se provoca medo em um gato, como fez Cannon em seu famoso experimento, os vasos das glândulas suprarrenais dilatam-se e secretam adrenalina, que aumenta a pressão sanguínea e a rapidez da circulação, fazendo com que o organismo todo entre em estado de ataque ou defesa. Contudo, se os nervos grande simpáticos tiverem sido previamente retirados, esse fenômeno não ocorre, pois é por meio deles que as secreções glandulares são modificadas.

Entende-se, assim, por que a inveja, o ódio e o medo, quando habituais, podem provocar mudanças orgânicas e doenças reais. O estresse afeta profundamente a saúde. Os homens de negócios, que não sabem se defender das preocupações, morrem jovens. Os antigos médicos pensavam até mesmo que os sofrimentos prolongados e as inquietações persistentes antecipassem o desenvolvimento do câncer. As emoções causam modificações marcantes dos tecidos e humores nos indivíduos particularmente sensíveis. Os cabelos de certa mulher belga condenada à morte pelos alemães embranqueceram subitamente durante a noite que precedia à execução. Durante um bombardeio, uma erupção da pele, uma urticária, apareceu no braço de outra mulher. Após a explosão de cada projétil, a erupção aumentava e ficava ainda mais vermelha. Joltrain provou que um choque moral é capaz de produzir modificações marcantes no sangue. Ele observou, em indivíduos que haviam vivenciado um grande terror, um menor número de glóbulos brancos, um aumento da tensão arterial e uma diminuição do tempo de coagulação do plasma sanguíneo. Modificações mais profundas ainda ocorreram no estado físico-químico do soro. A expressão "esquentar a cabeça" é literalmente verdadeira. O pensamento pode suscitar lesões orgânicas. A instabilidade da vida moderna, a agitação incessante e a falta de segurança criam estados de consciência que provocam disfunções nervosas e estruturais no estômago e no intestino, desnutrição e a entrada de micróbios intestinais na circulação. As colites e as infecções dos rins e da bexiga que os acompanham são o resultado indireto de desequilíbrios mentais e morais. Essas doenças são quase desconhecidas nos grupos sociais em que a vida ainda é mais simples e menos agitada, em que a inquietação é menos constante. Da mesma forma, quem sabe manter a calma interior em meio ao tumulto da cidade moderna fica protegido das disfunções nervosas e viscerais.

As atividades fisiológicas devem permanecer inconscientes, pois só se modificam quando nossa atenção se dirige a elas. É por tudo isso que a psicanálise, ao fixar a mente dos doentes sobre si mesmos, às vezes, resulta em um desequilíbrio maior ainda. Para se curar, seria melhor sair de si mesmo com um esforço que não dispersasse a atenção. Quando se organiza sua atividade em torno de um objetivo preciso, as funções mentais e orgânicas alcançam sua harmonia máxima. A unificação dos desejos, o foco da mente em uma única direção, dão uma espécie de paz interior. O homem se concentra pela meditação tão bem quanto pela ação, mas não basta contemplar a beleza do mar, das montanhas e das nuvens, as obras-primas dos artistas e poetas, as grandes construções do pensamento filosófico ou as fórmulas matemáticas que expressam as leis naturais. Também é preciso ser uma alma que luta para atingir um ideal moral, que busca a luz em meio à escuridão das coisas e até mesmo que, ao percorrer os caminhos da mística, renuncia a si mesma para chegar ao substrato invisível deste mundo.

A unificação das atividades da consciência leva a uma harmonia maior das funções viscerais e nervosas. Nos grupos sociais em que o senso moral e a inteligência são desenvolvidos simultaneamente, as doenças nutricionais e nervosas, a criminalidade e a loucura são raras. Neles, os indivíduos são mais felizes, mas, quando as funções mentais se tornam mais intensas e mais especializadas, podem levar a transtornos de saúde. Aqueles que buscam um ideal moral, religioso ou científico não procuram a segurança fisiológica nem a longevidade. Eles fazem um sacrifício de si mesmos. Também parece que alguns estados de consciência produzem modificações patológicas do organismo. A maioria dos grandes místicos sofreu física e moralmente, ao menos durante parte da vida. Além disso, a contemplação pode ser acompanhada de fenômenos nervosos que lembram os da histeria e os da clarividência. Muitas vezes, na história dos santos, lemos sobre episódios de êxtase, leituras de pensamento, visões de acontecimentos longínquos e, às vezes, levitações. Segundo o relato de seus companheiros, muitos grandes místicos cristãos teriam manifestado esse estranho fenômeno. O indivíduo, absorto em sua oração, completamente alheio às coisas do mundo exterior, teria se elevado suavemente a muitos centímetros do solo. Mas não foi possível, até hoje, submeter esses fatos extraordinários à crítica científica.

Algumas atividades espirituais podem ser acompanhadas de modificações, tanto anatômicas quanto funcionais, dos tecidos e órgãos. Observam-se esses fenômenos orgânicos nas circunstâncias mais variadas, dentre as quais o estado de oração. Por oração entende-se não a mera recitação mecânica de fórmulas, e sim uma elevação mística em que a consciência é absorvida na contemplação do princípio imanente e transcendente do mundo. Esse estado psicológico não é intelectual. Ele é incompreensível para os filósofos e homens da ciência e é inacessível a todos, mas é como se as pessoas simples pudessem sentir Deus tão facilmente quanto o calor do sol ou a felicidade de um amigo. A oração acompanhada de efeitos orgânicos apresenta algumas características peculiares. Em primeiro lugar, é completamente desprovida de interesses pessoais. O homem se oferece a Deus como a tela ao pintor ou o mármore ao escultor. Ao mesmo tempo em que pede sua graça, expõe suas necessidades e, principalmente, as de seus semelhantes. Em geral, quem é curado não é aquele que reza por si mesmo, e sim aquele que reza pelos outros. Esse tipo de oração exige, como prerrequisito, a renúncia a si mesmo, isto é, uma forma muito elevada de ascese. Os modestos, os ignorantes e os pobres são mais capazes desse abandono do que os ricos e intelectuais. Assim compreendida, a oração provoca às vezes um fenômeno estranho: o milagre.

Em todos os países e épocas acreditou-se na existência dos milagres[7] na cura mais ou menos rápida dos doentes em locais de peregrinação e em santuários. No entanto, após o grande progresso da ciência durante o século XIX, essa crença desapareceu completamente. Admitiu-se, de forma geral, que o milagre não apenas não existia, como também não poderia existir. Assim como as leis da termodinâmica impossibilitam o movimento perpétuo, as leis fisiológicas opõem-se ao milagre. Essa atitude é, ainda hoje, a da maior parte dos fisiologistas e médicos. Contudo, ela não se sustenta diante das observações que temos atualmente. Os casos mais importantes foram recolhidos pelo Bureau Médico de Lourdes. Nossa concepção atual da influência da oração sobre os estados patológicos baseia-se na observação dos doentes que foram curados quase instantaneamente de afecções como tuberculose pulmonar, óssea ou peritoneal, abscessos frios, feridas supurativas, lúpus, câncer etc. O processo de cura muda um pouco de um indivíduo para outro: muitas vezes, começa com uma intensa dor, depois vem o sentimento súbito de estar completamente curado. Em alguns segundos ou minutos, no máximo em algumas horas, as feridas cicatrizam, os sintomas gerais desaparecem, o apetite volta. Ocasionalmente, as disfunções funcionais somem por completo antes da lesão anatômica. As deformações ósseas da doença de Pott e os gânglios cancerosos persistem, muitas vezes, por dois ou três dias antes da cura. O milagre é

---

7. As curas milagrosas são raras, mas, apesar de seu pequeno número, provam a existência de processos orgânicos que não conhecemos. Elas mostram que alguns estados místicos, como o estado da oração, têm efeitos muito definidos e que são fatos irredutíveis que devem ser considerados. O autor sabe que os milagres estão tão longe da ortodoxia científica quanto o misticismo. Seu estudo é ainda mais delicado do que o da telepatia e o da clarividência, mas a ciência deve explorar todo o domínio do real. O autor trabalhou para conhecer esse processo de cura das doenças tanto quanto para conhecer os processos habituais. Ele começou esse estudo em 1902, época em que os documentos eram raros e em que era difícil para um jovem doutor, e perigoso para a sua futura carreira, dedicar-se a um assunto assim. Atualmente, qualquer médico pode observar os doentes levados a Lourdes e examinar as observações contidas nos arquivos do Bureau Médico. Uma associação médica internacional, com muitos membros, se interessa especialmente por essas curas. A literatura sobre isso é bastante vasta, e os médicos dedicam-se ao assunto cada vez mais. Na Sociedade de Medicina de Bordeaux, muitos casos de cura foram objeto de uma discussão da qual participaram médicos eminentes. Por fim, o comitê Medicina e Religião, da Academia de Medicina de Nova Iorque, presidido pelo Dr. Frederick Peterson, julgou útil enviar a Lourdes um de seus membros com a missão de ensiná-lo sobre os fatos observados.

caracterizado, sobretudo, por uma aceleração extrema dos processos de reparação orgânica. Não é de se duvidar que a taxa de cicatrização das lesões anatômicas seja muito mais elevada que o normal. A única condição indispensável ao fenômeno é a oração. Contudo, não é preciso que o próprio doente ore ou tenha fé religiosa: basta que alguém próximo a ele esteja em estado de oração. Tais fatos têm grande significado. Eles mostram a realidade de certas relações de natureza ainda desconhecida entre os processos psicológicos e orgânicos, além de provarem a importância objetiva das atividades espirituais cujo estudo os higienistas, médicos, educadores e sociólogos nunca sonharam em se dedicar. Fatos assim abrem-nos um mundo novo.

9 – A influência do meio social na inteligência, no senso estético, moral e religioso. – Suspensão do desenvolvimento da consciência.

As atividades da consciência são tão profundamente influenciadas pelo meio social quanto pelo meio interior de nosso corpo, assim como as atividades fisiológicas são fortalecidas pelo exercício. Impulsionados pelas necessidades cotidianas da vida, os órgãos, ossos e músculos funcionam incessantemente, desenvolvendo-se, assim, espontaneamente. Contudo, dependendo do estilo de vida, seu desenvolvimento é mais ou menos completo. A configuração orgânica, muscular e esquelética de um guia dos Alpes é bem superior à de um habitante de Nova Iorque. Mesmo assim, este último dispõe de atividades fisiológicas suficientes para sua existência sedentária. Isso não ocorre com as atividades mentais, que nunca se desenvolvem de modo espontâneo. O filho de um cientista não herda o conhecimento de seu pai. Se fosse deixado em uma ilha deserta, não seria superior a nossos ancestrais de Cro-Magnon. As funções mentais permanecem virtuais na ausência de educação e de um meio marcado pela inteligência e pelo senso moral, estético e religioso de nossos ancestrais. É a característica do meio psicológico que determina, em grande medida, o número, a qualidade e a intensidade das manifestações da consciência de cada indivíduo. Se esse meio for muito pobre, a inteligência e o senso moral não se desenvolvem; se for ruim, essas atividades tornam-se viciosas. Estamos imersos no meio social tanto quanto as células do corpo no meio interior. Como elas, somos incapazes de nos defender da influência do que nos rodeia. O corpo protege-se melhor contra o mundo cósmico do que a consciência contra o mundo psicológico. Ele resiste às incursões dos agentes físicos e químicos graças à pele e à mucosa intestinal. A consciência, por sua vez, tem fronteiras totalmente abertas, ficando exposta a todas as incursões intelectuais e espirituais do meio social. Dependendo da natureza dessas incursões, ela se desenvolve de modo normal ou defeituoso.

A inteligência de um indivíduo depende em grande parte da educação recebida, do meio em que vive, de sua disciplina interior e das ideias que estão em voga na época e no grupo do qual ele faz parte. Ela é formada pelo estudo metódico das humanidades e das ciências, pelo hábito da lógica no pensamento e pelo emprego da linguagem matemática. Os professores de escolas e universidades, as bibliotecas, os laboratórios, os livros e as revistas bastam para o desenvolvimento da mente, e, de tudo isso, apenas os livros são verdadeiramente essenciais. É possível viver em um meio social pouco inteligente e mesmo assim ter uma grande cultura. A formação da mente é, em suma, fácil. Já quanto à formação das atividades morais, estéticas e religiosas, não se pode dizer o mesmo. A influência do meio sobre esses aspectos da consciência é muito mais sutil. Somente aprendemos a distinguir o bem do mal e o feio do belo assistindo a aulas. A moral, a arte e a religião não são ensinadas como a gramática, a matemática e a história. Compreender e sentir são duas coisas profundamente diferentes. O ensino formal só exercita a inteligência. Somente se pode entender o significado da moral, da arte e da mística nos meios em que essas coisas estão presentes e fazem parte da vida cotidiana de todos. Para se desenvolver, a inteligência exige apenas exercícios, ao passo que as outras atividades da consciência exigem um meio, um grupo de seres humanos a cuja existência estão incorporadas.

Nossa civilização não conseguiu, até agora, criar um meio apropriado às nossas atividades mentais. O baixo valor intelectual e moral da maioria dos homens modernos deve ser atribuído, em grande parte, à insuficiência e à má composição de sua atmosfera psicológica. A preeminência da matéria e o utilitarismo, que são os dogmas da religião industrial, conduziram à extinção da cultura intelectual, da beleza e da moral, tais quais eram compreendidas pelas nações cristãs, mães da sociedade moderna. Ao mesmo tempo, as mudanças no estilo de vida levaram à dissolução dos grupos familiares e sociais que tinham sua individualidade e tradições próprias. A cultura não foi conservada em lugar algum. A enorme difusão dos jornais, da radiofonia e do cinema nivelou por baixo as classes intelectuais da sociedade. A radiofonia, principalmente, leva ao domicílio de cada um a vulgaridade que agrada à massa. A inteligência generaliza-se cada vez mais, apesar da excelência dos cursos das faculdades e universidades. Ela coexiste, frequentemente, com conhecimentos científicos avançados. Estudantes escolares e universitários têm suas mentes moldadas pela estupidez dos programas radiofônicos e cinematográficos aos quais estão habituados. O meio social não apenas desfavorece o desenvolvimento da inteligência como a ele se opõe. Na verdade, esse meio é mais propício ao desenvolvimento do senso estético. Os grandes músicos da Europa estão, hoje em dia, na América. Os museus são soberbamente organizados para mostrar seus tesouros ao público. A arte industrial desenvolve-se rapidamente, e a arquitetura, principalmente, entrou em uma nova era. Monumentos de grandiosa beleza transformaram a face das cidades. Todos podem, se quiserem, cultivar, ao menos em certa medida, suas faculdades estéticas.

O mesmo não se aplica ao senso moral. O meio social atual ignora-o completamente, e o senso moral foi, de fato, exterminado. Ele inspira em todos a irresponsabilidade. Aqueles que distinguem entre o bem e o mal, que trabalham, que pensam com antecipação, permanecem pobres e são considerados seres inferiores, além de serem, muitas vezes, severamente punidos. A mulher que tem muitos filhos e dedica-se à sua educação em vez de à sua própria carreira adquire a reputação de ter uma mente frágil. Se um homem economiza um pouco de dinheiro para a sua mulher e a educação de seus filhos, esse dinheiro é roubado por homens de negócios empreendedores ou, ainda, tirado pelo governo para ser distribuído entre pessoas miseráveis por sua própria imprudência e pela de industriários, banqueiros e economistas. Cientistas e artistas, que dão a todos prosperidade, saúde e beleza, vivem e morrem pobres. Ao mesmo tempo, aqueles que roubam desfrutam em paz o dinheiro dos outros. Bandidos são protegidos por políticos e respeitados pela polícia. São os heróis imitados pelas crianças em suas brincadeiras e admirados no cinema.

A posse de riqueza é tudo e justifica tudo. Um homem rico, o que quer que faça, seja se desfazer de sua mulher idosa, abandonar sua mãe sem segurança financeira ou roubar daqueles que lhe confiaram dinheiro, terá sempre a consideração dos amigos. A homossexualidade floresce, a moral sexual foi eliminada. Os psicanalistas orientam homens e mulheres em suas relações conjugais. O bem e o mal, o justo e o injusto não existem. Nas prisões há somente criminosos pouco inteligentes ou desequilibrados. Os outros, cada vez mais numerosos, vivem em liberdade. Eles se misturam intimamente ao restante da população, que com eles não se choca. Em um meio social assim, o desenvolvimento do senso moral é impossível. O mesmo vale para o senso religioso. Os pastores racionalizaram a religião, tendo retirado dela qualquer elemento místico. No entanto, não conseguiram chamar a atenção dos homens modernos. Em suas igrejas semivazias, pregam em vão uma fraca moral. Eles foram reduzidos ao papel de militares que ajudam a conservar, por interesse dos ricos, os moldes da sociedade atual, ou, ainda, a exemplo dos políticos, incentivam o sentimentalismo e a falta de inteligência das massas.

É quase impossível, para o homem moderno, defender-se dessa atmosfera psicológica. Todos sofrem fatalmente a influência das pessoas com quem vivem. Se, desde a infância, vivemos em companhia de criminosos ou ignorantes, tornamo-nos criminosos ou ignorantes. Somente escapamos ao meio pelo isolamento ou pela fuga. Alguns homens refugiam-se em si mesmos, encontrando, assim, a solidão em meio à multidão. "À hora que quiseres podes refugiar-te em ti mesmo", diz Marco Aurélio. "Em nenhum lugar o homem encontra refúgio mais tranquilo e calmo que em sua alma". Hoje em dia, porém, ninguém é capaz de tal energia moral. Tornou-se impossível lutar vitoriosamente contra o nosso meio social.

10 — As doenças mentais. — Os débeis mentais, os loucos e os criminosos. — Nossa ignorância sobre as doenças mentais. — Hereditariedade e meio. — A debilidade mental nos cães. — A vida moderna e a saúde psicológica.

A mente não é tão sólida quanto o corpo. É curioso que as doenças mentais, por si só, sejam mais numerosas do que todas as outras doenças reunidas, e que os hospitais destinados aos loucos, prestes a transbordarem, não possam receber todos que têm necessidade de internação. De acordo com C. W. Beers, no estado de Nova Iorque, uma pessoa em cada vinte e duas entrará, em algum momento de sua vida, em um hospício de alienados. Em todos os Estados Unidos, há quase oito vezes mais doentes mentais ou loucos do que tuberculosos sendo cuidados nos hospitais. Cada ano, cerca de 68.000 novos casos são admitidos nas instituições de tratamento da loucura. Se as admissões continuarem nesse ritmo, quase um milhão de crianças e jovens que estão atualmente nas escolas e faculdades serão, em algum momento, internados em um hospital por doenças mentais. Em 1932, os hospitais estatais continham 340.000 loucos. Contavam-se, igualmente, 81.289 idiotas e epilépticos hospitalizados e 10.951 em liberdade. Essas estatísticas não incluem os loucos internados em hospitais privados. Em todo o país, há 500.000 doentes mentais. Além disso, as inspeções feitas pelo Comitê Nacional de Higiene Mental mostraram que ao menos 400.000 crianças, educadas em escolas públicas, não são suficientemente inteligentes para acompanhar adequadamente as aulas. Na verdade, a quantidade de pessoas com problemas mentais ultrapassa muito esse número. Estima-se que centenas de milhares de indivíduos não hospitalizados sejam acometidos por psiconeuroses. Esses números mostram o quão grande é a fragilidade da consciência dos homens civilizados e o grande problema que essa fragilidade crescente representa para a sociedade moderna. As doenças mentais tornam-se ameaçadoras, sendo mais perigosas que a tuberculose, o câncer, as doenças do coração e dos rins e até mesmo o tifo, a peste e a cólera. Seu perigo não vem apenas do fato de aumentarem o número de criminosos, mas principalmente do fato de deteriorarem, cada vez mais, as raças brancas. Não há muito mais débeis mentais e loucos entre os criminosos do que entre o restante da população. Observa-se, é verdade, nas prisões, um grande número de indivíduos anormais, mas, como já mencionamos, apenas uma pequena parcela dos criminosos está encarcerada. Além disso, aqueles que são pegos pela política e condenados em tribunal são justamente os deficientes. A frequência das doenças mentais indica um defeito muito grave na civilização moderna. É bastante provável que o nosso estilo de vida leve a transtornos mentais.

Isso significa que a medicina moderna não conseguiu garantir a todos a posse normal das atividades realmente específicas ao homem. Ela está longe de conseguir proteger a inteligência de seus inimigos desconhecidos, pois, apesar de conhecer os sintomas das doenças mentais e os diferentes tipos de debilidade mental, ignora completamente a natureza desses transtornos. Ela não sabe se essas doenças são causadas por lesões estruturais no cérebro, por mudanças na composição do meio interior ou por ambos. Provavelmente, as atividades nervosas e psicológicas dependem simultaneamente do estado do cérebro e das substâncias liberadas pelas glândulas endócrinas no aparelho circulatório e transportadas pelo sangue às células do encéfalo. Sem dúvida, os transtornos funcionais dessas glândulas podem, assim como as lesões anatômicas do cérebro, produzir neuroses e psicoses. Nem mesmo um conhecimento completo desses fenômenos nos ajudaria a progredir muito. A chave da patologia da mente está na psicologia, assim como a dos órgãos está na fisiologia. No entanto, a fisiologia é uma ciência, e a psicologia, não. A psicologia ainda está à espera de seu Claude Bernard ou de seu Pasteur. Ela está no mesmo estágio em que estava a cirurgia na época em que os cirurgiões eram barbeiros, ou da química antes de Lavoisier, no tempo dos alquimistas. Não se deve culpar os psicólogos modernos e seus métodos pela insuficiência de sua ciência; a principal causa de nossa ignorância é a extrema complexidade do assunto. Não há técnicas que permitam entrar no desconhecido mundo das células nervosas, de suas fibras de projeção e associação e dos processos cerebrais e mentais.

É impossível revelar as relações exatas entre os sintomas esquizofrênicos, por exemplo, e as alterações estruturais do córtex cerebral. As esperanças de Kroepelin não foram concretizadas. O estudo anatômico das doenças mentais não esclareceu muito a sua natureza. É possível que os transtornos mentais nem tenham uma localização espacial. Alguns sintomas podem ser atribuídos a transtornos da sucessão temporal dos fenômenos, a modificações no valor do tempo para os elementos nervosos de um sistema funcional. Sabemos, além disso, que destruições celulares produzidas em algumas regiões, seja por espiroquetas da sífilis, seja pelo agente desconhecido da encefalite letárgica, causam mudanças de personalidade muito marcantes. Esse conhecimento é vago, incerto, e está em vias de formação. Para desenvolver uma higiene mental realmente eficaz, não se deve esperar até que ele esteja completo e que se conheça a natureza das doenças mentais.

O conhecimento das causas das doenças mentais seria mais importante que o de sua natureza, pois só isso poderia conduzir à prevenção dessas doenças. A debilidade mental e a loucura parecem ser o preço que devemos pagar pela civilização industrial e pelas mudanças no estilo de vida trazidas por ela. Ademais, fazem parte, muitas vezes, do patrimônio hereditário recebido por cada um, manifestando-se principalmente em grupos humanos em que o sistema já é desequilibrado. Nas famílias que produziram neuróticos, indivíduos estranhos e demasiado sensíveis, observa-se o surgimento de loucos e débeis mentais. No entanto, as doenças mentais também se manifestam em famílias até então intactas. Na produção da loucura há, definitivamente, outros fatores além dos hereditários, o que leva à necessidade de investigar como a vida moderna age sobre a patologia da mente.

Observa-se, com frequência, em gerações sucessivas de cães de raça pura, um aumento do nervosismo. Às vezes surgem até mesmo indivíduos comparáveis aos débeis mentais e aos loucos. Esse fenômeno é produzido em animais criados em condições muito artificiais e alimentados de modo diferente do de seus ancestrais, os cães pastores que lutavam contra os lobos. É como se alguns fatores das novas condições de vida tendessem a modificar negativamente o sistema nervoso tanto nos animais quanto nos homens, mas são necessários experimentos de longa duração para se obter um conhecimento preciso do mecanismo desse fenômeno. As condições que favorecem o desenvolvimento da debilidade mental e da insanidade circular manifestam-se principalmente nos grupos sociais cuja vida é inquieta, irregular e agitada, cuja alimentação é muito refinada ou pobre, em que a sífilis é frequente, o sistema nervoso é fraco e a disciplina moral desapareceu, em que o egoísmo, a irresponsabilidade e a dispersão são a regra ou em que a seleção natural não cumpre mais seu papel. Com certeza há algumas relações entre esses fatores e o surgimento de psicoses. Nossa vida atual apresenta um vício fundamental que permanece oculto. Nas novas condições de existência que criamos, nossas atividades mais específicas desenvolvem-se mal e de maneira incompleta. Dir-se-ia que, em meio às maravilhas da civilização moderna, a personalidade humana tende a se dissolver.

V – O TEMPO INTERIOR

1 – A duração. – Sua mensuração pelo tempo solar. – A extensão das coisas no espaço e no tempo. – Tempo matemático. – Conceito operacional do tempo físico.

A duração[8] do ser humano, assim como sua estatura, varia conforme a unidade de medida. Ela é muito longa comparada ao dos camundongos ou das borboletas, muito curta em relação à vida de um carvalho e insignificante no contexto da história da Terra. Nós a medimos pelo movimento dos ponteiros de um relógio na superfície de seu mostrador. Assimilamos ao percurso de seus ponteiros em intervalos iguais os segundos, minutos e horas. O tempo dos relógios é ajustado de acordo com alguns acontecimentos rítmicos, como a rotação da Terra sobre seu próprio eixo e em torno do Sol. Nossa duração é, portanto, avaliada em unidades de tempo solares, abrangendo cerca de 25 mil dias. Para o relógio que o mede, o dia de uma criança é igual ao de seus pais. Na verdade, ele representa apenas uma pequena parte de sua vida futura e uma fração muito mais importante da de seus pais, mas é também um fragmento insignificante da existência passada de um velho e um longo período da vida do lactente. O valor do tempo físico muda, portanto, na mente de cada um, conforme o que consideramos passado ou futuro.

Somos obrigados a medir nossa existência pelos relógios, pois estamos mergulhados no *continuum* físico, e o relógio mede uma das dimensões

---

8. A duração, aqui, é utilizada no mesmo sentido da *durée* de Henri Bergson.

desse *continuum*. Na superfície de nosso planeta, as dimensões das coisas se distinguem por características particulares. A dimensão vertical pode ser identificada até pelo camponês, já as horizontais confundem-se para nós. Poderíamos diferenciá-las se nosso sistema nervoso tivesse uma sensibilidade parecida com o da agulha magnética. A quarta dimensão, por sua vez, apresenta-se a nós com um aspecto especial. Ela é móvel e muito longa, enquanto as outras nos parecem imóveis e curtas. Nós nos movemos facilmente com nossos próprios meios nas duas dimensões horizontais, mas, para nos deslocarmos no sentido vertical, temos de lutar contra a gravidade. Devemos, para isso, utilizar um balão ou um avião. Por fim, na dimensão temporal é completamente impossível nos deslocarmos. Wells não nos revelou os segredos de construção da máquina que permite a um de seus personagens sair de seu quarto para a quarta dimensão e fugir para o futuro. Para o homem real, o tempo é muito diferente das outras dimensões do *continuum*. Não seria assim para um homem abstrato, habitante dos espaços intersiderais, mas, ainda que distinto do espaço, o tempo é inseparável dele, tanto na superfície da Terra quanto no resto do universo, tanto para o biólogo quanto para o físico.

Na natureza, de fato, o tempo é sempre observado como algo unido ao espaço. Ele é um aspecto necessário aos seres materiais. Tudo que é concreto tem três dimensões espaciais. Um rochedo, uma árvore ou um homem não podem ser instantâneos. É claro que somos capazes de criar, em nossa mente, seres em três dimensões, mas todos os objetos da natureza têm quatro, e o homem estende-se tanto no tempo quanto no espaço. Para um observador que vivesse mais lentamente que nós, o homem pareceria estreito e alongado, semelhante ao rastro luminoso de uma estrela cadente. No entanto, ele tem outro aspecto, difícil de definir, pois não está inteiramente contido no *continuum* físico. O pensamento foge do espaço e do tempo, assim como as funções morais, estéticas e religiosas. Além disso, sabemos que os clarividentes percebem coisas escondidas e longínquas. Alguns deles veem acontecimentos passados ou futuros. Cumpre lembrar que sentem o futuro da mesma maneira que o passado, sendo, às vezes, incapazes de distingui-los. Eles predizem, por exemplo, em duas épocas diferentes, um mesmo acontecimento, sem perceber que a primeira visão refere-se ao futuro e a segunda, ao passado. É como se um certo modo de atividade permitisse à consciência viajar no espaço e no tempo.

A natureza do tempo varia conforme os objetos considerados por nossa mente. O tempo que observamos na natureza não tem existência própria: é somente um modo de ser das coisas. Quanto ao tempo matemático, este é totalmente inventado. Trata-se de uma abstração indispensável à construção da ciência. É cômodo representá-lo como uma linha reta em que cada ponto sucessivo representa um instante. Desde a época de Galileu essa noção foi substituída por aquela fornecida pela observação direta da natureza. Os filósofos da Idade Média consideravam o tempo como o agente que concretiza as abstrações. Essa concepção lembrava mais a de Minkowski do que a de Galileu. Para eles, como para Minkowski, Einstein e os físicos modernos, o tempo é, na natureza, completamente inseparável do espaço. Ao reduzir os objetos às suas qualidades primárias, isto é, àquilo que se mede e é passível de tratamento matemático, Galileu privou-os de suas qualidades secundárias e de sua duração. Essa simplificação arbitrária possibilitou o progresso da física, mas, ao mesmo tempo, conduziu-nos a uma concepção muito esquemática do mundo, particularmente do mundo biológico. Devemos reintegrar ao domínio do real a duração, assim como as qualidades secundárias dos seres inanimados e vivos.

O conceito de tempo é equivalente ao modo como o medimos nos objetos de nosso mundo. Ele aparece, pois, como a superposição dos diferentes aspectos de uma identidade, uma espécie de movimento intrínseco das coisas. A Terra gira em torno de seu próprio eixo e apresenta uma superfície ora clara, ora escura, sem, no entanto, modificar-se. As montanhas, sob influência da neve, das chuvas e da erosão, cedem aos poucos, mas sempre permanecem elas mesmas. Uma árvore cresce sem mudar de identidade. O indivíduo humano mantém sua personalidade no fluxo dos processos orgânicos e mentais que constituem sua vida. Cada ser tem um movimento interior, uma sucessão de estados, um ritmo próprio.

Esse movimento é o tempo intrínseco, mensurável por comparação ao movimento de outro ser. É assim que medimos nossa duração pelo tempo solar. Como estamos fixos na superfície da Terra, é cômodo usá-la como a medida das dimensões espaciais e da duração de tudo o que existe aqui. Medimos nossa estatura com o metro, que é aproximadamente a quadragésima milionésima parte do meridiano terrestre. Da mesma forma, avaliamos nossa dimensão temporal pelo movimento da Terra. É natural, para os seres humanos, medir sua duração e regular sua vida de acordo com os intervalos entre o nascer e o pôr do sol, mas a lua poderia desempenhar o mesmo papel. De fato, para os pescadores que habitam os rios onde as marés são muito altas, o tempo lunar é mais importante que o tempo solar. Os modos de existência, os momentos de dormir e de se alimentar, são determinados pelo ritmo das marés. O tempo humano está inserido, pois, nas variações cotidianas do nível do mar. Em suma, o tempo é uma característica específica das coisas, que varia conforme a constituição de cada uma delas. Os seres humanos criaram o hábito de medir seu tempo interior e o de todos os outros seres pelo tempo marcado pelos relógios, mas nosso tempo é tão distinto e independente desse tempo intrínseco quanto o nosso corpo é, do ponto de vista espacial, distinto e independente da Terra e do Sol.

2 – Definição do tempo interior. – Tempo fisiológico e tempo psicológico. – A medida do tempo fisiológico.

O tempo interior é a expressão das mudanças do corpo e de suas atividades ao longo da vida. Ele corresponde à sucessão ininterrupta dos estados estruturais, humorais, fisiológicos e mentais que constituem nossa personalidade. É uma dimensão de nós mesmos. Seções feitas por nossa mente com base nesse eixo temporal mostram-se tão heterogêneas quanto as feitas por anatomistas com base em eixos espaciais. Como diz Wells em *A máquina do tempo*, os retratos de um homem com oito anos, quinze anos, dezessete anos e vinte e três anos de idade, e assim por diante, são seções, ou melhor, representações em três dimensões de um ser de quatro dimensões que é uma coisa fixa e inalterável. As diferenças entre essas seções expressam as mudanças que se produzem incessantemente na constituição do indivíduo. Essas alterações são orgânicas e mentais. Somos, portanto, obrigados a dividir o tempo interior em fisiológico e psicológico.

O tempo fisiológico é uma dimensão fixa, feita da série de todas as modificações orgânicas do ser humano, desde a concepção até a morte. Também pode ser considerado um movimento, tais como os estados sucessivos que constroem nossa quarta dimensão aos olhos do observador. Desses estados, alguns são rítmicos e reversíveis, como as pulsações do coração, as contrações dos músculos, os movimentos do estômago e do intestino, as secreções das glândulas do aparelho digestivo e a menstruação; já outros são progressivos e irreversíveis, como a perda de elasticidade da pele, o embranquecimento dos cabelos, o aumento dos glóbulos vermelhos no sangue, a esclerose dos tecidos e das artérias. Os movimentos rítmicos e reversíveis alteram-se igualmente ao longo da vida. Eles também sofrem uma mudança progressiva e irreversível e, ao mesmo tempo, a constituição dos humores e dos tecidos se modifica. É esse movimento complexo que denominamos tempo fisiológico.

O outro aspecto do tempo interior é o tempo psicológico. Nossa consciência registra não o tempo físico, mas seu próprio movimento, a série de seus estados, sob influência dos estímulos que recebe do mundo exterior. Como diz Bergson, o tempo é a própria trama da vida psicológica. O tempo mental não é um instante que substitui outro: é o progresso contínuo do passado. Por causa da memória, o passado se junta ao passado. Ele se conserva automaticamente. Segue-nos a todo instante. Sem dúvida, só pensamos com uma pequena parte de nosso passado, mas é com todo o passado que desejamos, queremos, agimos[9]. Somos uma história, e a riqueza dessa história, mais do que o número de anos vividos, exprime a riqueza de nossa vida interior. Sentimos, obscuramente, que não somos idênticos hoje ao que éramos ontem. Os dias também nos parecem passar cada vez mais rapidamente, mas nenhuma dessas mudanças é precisa ou constante o suficiente para ser medida. O movimento intrínseco de nossa consciência é indefinível. Além disso, é como se não incluísse todas as funções mentais: algumas destas não são modificadas pelo tempo, alterando-se apenas quando o cérebro sofre os efeitos das doenças ou da senilidade.

O tempo interior não pode ser avaliado convenientemente em unidades de tempo solar. Nós o expressamos em dias e anos porque essas unidades são convenientes e aplicáveis à medida de todos os acontecimentos terrestres, mas tal método não nos dá indicação alguma do ritmo dos processos interiores, que são o tempo intrínseco de todos. É evidente que a idade cronológica não corresponde à idade verdadeira. A puberdade não ocorre na mesma época em todos os indivíduos, e o mesmo vale para a menopausa. A idade real é um estado orgânico e funcional, que deve ser medida pelo ritmo das mudanças desse estado. Esse ritmo varia de indivíduo para indivíduo, resultando em grande longevidade ou, ao contrário, em desgaste prematuro dos órgãos e tecidos. O valor do tempo físico está longe de ser o mesmo para um norueguês, cuja vida é longa, e para um esquimó, cuja vida é curta. Para avaliar a verdadeira idade, a idade fisiológica, deve-se buscar, nos tecidos ou nos humores, um fenômeno que se desenvolva progressivamente ao longo de toda a vida e que possa ser medido.

A quarta dimensão do homem é feita de uma série de formas que se sobrepõem e se sustentam umas sobre as outras. Ele é ovo, embrião, criança, adolescente, adulto, homem maduro e idoso. Esses aspectos morfológicos são a expressão de certos estados estruturais, químicos e psicológicos. A maioria dessas variações de estado não é mensurável. Quando

---

9 BERGSON, Henri. *A evolução criadora*.

o são, elas não expressam senão um momento das mudanças progressivas cujo conjunto constitui o indivíduo. A medida do tempo fisiológico deve corresponder à de nossa quarta dimensão em toda a sua duração. A redução progressiva da velocidade de crescimento durante a infância e a juventude, os fenômenos da puberdade e da menopausa, a diminuição do metabolismo basal, o embranquecimento dos cabelos, a perda de elasticidade da pele etc., marcam as etapas da vida. A atividade de crescimento dos tecidos também diminui com a idade. Essa atividade pode ser medida a partir de fragmentos de tecido retirados do corpo e cultivados em frascos, mas ela não diz muito sobre a idade do organismo em si. Alguns tecidos, de fato, envelhecem mais rápido que outros, e cada órgão se modifica a seu tempo, o que não corresponde ao do conjunto.

Há, no entanto, fenômenos que representam uma mudança geral do organismo. Por exemplo, a taxa de cicatrização de uma lesão cutânea varia continuamente de acordo com a idade do paciente. Sabe-se que a velocidade de reparação pode ser calculada com duas equações estabelecidas por Du Noüy. A primeira equação fornece um coeficiente, denominado índice de cicatrização, que depende da área e do tempo de existência da lesão. Introduzindo esse índice em uma segunda equação, pode-se, por duas medidas feitas em um intervalo de alguns dias, prever a velocidade futura da cicatrização. Esse índice é inversamente proporcional ao tamanho da lesão e à idade do paciente. Utilizando esse índice, Du Noüy estabeleceu uma constante que representa a atividade regeneradora característica de determinada idade. Essa constante equivale ao produto do índice pela raiz quadrada da área da lesão. A curva de suas variações mostra que a cicatrização é duas vezes mais rápida aos vinte anos de idade do que aos quarenta. Com essas equações, pode-se deduzir, a partir da taxa de reparação de uma lesão, a idade do paciente. Foi por esse método que se mediu a idade fisiológica pela primeira vez. De dez a quarenta e cinco anos, mais ou menos, os resultados são muito claros. Ao fim da maturidade e durante a velhice, as variações do índice de cicatrização são muito pequenas para serem significativas. Como esse processo exige a presença de uma lesão, não pode ser utilizado para medir a idade fisiológica.

Apenas o plasma sanguíneo manifesta, durante toda a vida, fenômenos característicos do envelhecimento de todo o corpo. De fato, ele contém secreções de todos os órgãos e, uma vez que forma um sistema fechado com os tecidos, as modificações de um afetam o outro e vice-versa. Ele sofre mudanças contínuas ao longo da vida, detectáveis tanto pela análise química quanto por reações fisiológicas. O plasma ou soro de um animal que envelhece modifica pouco a pouco seu efeito sobre o crescimento de colônias celulares. A relação entre a superfície de uma colônia que vive no soro e a de uma colônia idêntica que vive em uma solução salina é chamada de índice de crescimento. Esse índice torna-se cada vez menor à medida que o animal, a quem pertence o soro, envelhece. Graças a essa diminuição progressiva, o ritmo do tempo fisiológico tornou-se mensurável. Nos primeiros dias de vida, o soro não retarda, mais do que a solução salina, o crescimento das colônias celulares. Nesse momento, o valor do índice aproxima-se da unidade. Depois, à medida que o animal envelhece, o soro freia cada vez mais a multiplicação celular e o valor do índice diminui progressivamente. Nos últimos anos de vida, costuma ser nulo.

Certamente, esse procedimento é ainda bastante rudimentar. Ele fornece informações suficientemente precisas sobre a velocidade do tempo fisiológico no início da vida, quando o envelhecimento é muito rápido, mas, durante a velhice, não indica adequadamente as mudanças da idade. No entanto, permitiu dividir a vida de um cão em dez unidades de tempo fisiológico. A duração da vida desse animal pode ser avaliada por meio dessas unidades em vez de ser medida em anos. Assim, é possível comparar o tempo fisiológico ao tempo solar, e seus ritmos parecem muito diferentes. A curva que representa a diminuição do valor do índice pela idade cronológica baixa abruptamente no primeiro ano. Depois, sua inclinação diminui cada vez mais ao longo do segundo e do terceiro ano de idade. Durante a maturidade, ela tende a ficar horizontal, e, ao longo da velhice, fica definitivamente horizontal. Essa curva mostra que o envelhecimento é muito mais rápido no início da vida do que no fim. O primeiro ano tem mais unidades de tempo fisiológico do que os anos seguintes. Quando se expressa a infância e a velhice em anos siderais, a infância é muito curta, e a velhice, muito longa. Por outro lado, medidas em unidades de tempo fisiológico, a infância é muito longa, e a velhice, muito curta.

3 – As características do tempo fisiológico. – Sua irregularidade. – sua irreversibilidade.

Sabemos que o tempo fisiológico é totalmente diferente do tempo físico. Se todos os relógios acelerassem ou diminuíssem sua velocidade, e se o ritmo de rotação da Terra também se alterasse, a duração de nossa vida continuaria invariável, mas, para nós, pareceria aumentar ou diminuir. Saberíamos, assim, que houve uma mudança no tempo solar. Embora sejamos guiados pelo tempo físico, movemo-nos pelo ritmo dos processos interiores que constituem o tempo fisiológico. Não somos apenas grãos de areia flutuando na superfície de um rio; somos também gotas de óleo que, levadas pela corrente, espalham-se na superfície da água com seu próprio movimento. O tempo físico nos é estranho, enquanto o tempo interior somos nós mesmos. Nosso presente não se esvai como o presente de um pêndulo; ele se inscreve simultaneamente na consciência, nos tecidos e no sangue. Guardamos, em nós, a marca orgânica, humoral e psicológica de todos os acontecimentos de nossa vida. Somos o resultado de uma história, como a Europa, que abriga campos cultivados, casas modernas, castelos feudais e catedrais góticas. Nossa personalidade é enriquecida por cada nova experiência de nossos órgãos, humores e consciência. Cada pensamento, ação e doença têm, para nós, consequências definitivas, pois nunca nos separamos do passado. Podemos nos curar completamente de uma doença ou de uma má ação, mas guardamos para sempre a sua marca.

O tempo solar tem um ritmo uniforme, com intervalos iguais e velocidade constante. Já o tempo fisiológico muda consideravelmente de um indivíduo para o outro. Ele é mais lento nas raças cuja longevidade é grande e mais rápido naquelas cuja longevidade é curta, além de variar em um mesmo indivíduo nas diferentes épocas de sua vida. Um ano tem muito mais eventos fisiológicos e mentais durante a infância do que durante a velhice. O ritmo desses acontecimentos decresce rapidamente em um primeiro momento, e mais lentamente depois. O número de unidades de tempo fisiológico em um ano solar diminui cada vez mais. Em suma, o corpo é um conjunto de processos orgânicos que ocorrem em um ritmo muito rápido na infância, menos rápido na juventude e cada vez mais lento na maturidade e na velhice. É nesse momento, quando o ritmo de nossa duração diminui, que o pensamento atinge o ápice de seu desenvolvimento.

O tempo fisiológico está longe de ter a precisão de um relógio. Os processos orgânicos sofrem certas flutuações. O ritmo de nossa existência não é constante. A curva que exprime sua progressiva diminuição ao longo da vida é irregular, e essas irregularidades devem-se aos acidentes ocorridos no encadeamento dos processos fisiológicos que regulam nosso tempo. Em alguns momentos da vida o progresso da idade parece parar. Em outros, acelera. Também há fases em que a mente se concentra e se desenvolve, e outras em que ela se dispersa, envelhece e degenera. O tempo fisiológico e a velocidade dos processos orgânicos e psicológicos não têm nada da regularidade do tempo solar. O rejuvenescimento, aparente é, em geral, produzido por um acontecimento feliz, por um melhor equilíbrio das funções fisiológicas e psicológicas. Talvez os estados de bem-estar mental e orgânico sejam acompanhados de modificações nos humores características de um rejuvenescimento real. As preocupações, o tédio, as doenças degenerativas e as infecções aceleram a decadência orgânica. Pode-se determinar, em um cão, a aparência de um rápido envelhecimento, injetando-lhe pus estéril. O animal emagrece, fica triste e fatigado. Ao mesmo tempo, seu sangue e tecidos apresentam reações fisiológicas análogas às da velhice. Entretanto, esses fenômenos são reversíveis, e o ritmo normal é restabelecido mais tarde. O aspecto envelhecido muda pouco de um ano para outro. Na ausência de doenças, o envelhecimento é um processo muito lento. Quando fica rápido, deve-se suspeitar da intervenção de outros fatores além dos fisiológicos. Em geral, os responsáveis por esse fenômeno são preocupações, sofrimentos ou substâncias produzidas por uma infecção bacteriana, por um órgão prestes a se degenerar ou por um câncer. A aceleração da senescência indica sempre a presença de uma lesão orgânica ou moral no corpo que envelhece.

Assim como o tempo físico, o tempo fisiológico é irreversível. Na verdade, é tão irreversível quanto os processos funcionais de que é feito. Nos animais superiores, seu sentido não muda nunca, mas nos mamíferos hibernantes, esse tempo pode ser parcialmente suspenso. Ele para completamente nos Rotifera dessecados e acelera nos animais de sangue frio se a temperatura ambiente aumenta. Quando Loeb matinha moscas em uma temperatura anormalmente alta, elas envelheciam mais rápido e morriam mais jovens. Da mesma forma, o tempo fisiológico muda de valor para um jacaré se a temperatura ambiente passa de 20 para 40 graus. Nesse animal, o índice de cicatrização de uma lesão aumenta quando a temperatura ambiente é alta e diminui quando ela é baixa. Não é possível produzir, no homem, modificações tão profundas dos tecidos com procedimentos tão simples. Para acelerar ou diminuir o ritmo do tempo fisiológico, seria necessário intervir na sucessão dos processos fundamentais, mas é impossível retardar o avanço da idade ou reverter sua direção sem conhecer a natureza dos mecanismos que são o substrato da duração de nossa vida.

4 – O substrato do tempo fisiológico. – Mudanças sofridas pelas células que vivem em um meio limitado. – as alterações progressivas dos tecidos e do meio interior.

A duração fisiológica deve sua existência e características a certo modo de organização da matéria animada. Ela aparece quando uma parte do espaço que contém células vivas se isola relativamente do resto do mundo. Em todos os níveis da organização, em um tecido ou órgão ou no corpo de um homem, o tempo fisiológico depende das modificações do meio produzidas pela nutrição celular e das alterações sofridas pelas células sob influência dessas modificações do meio. Ele começa a se manifestar em uma colônia de células quando os dejetos de sua nutrição permanecem em torno delas e alteram o meio. O sistema mais simples em que se o fenômeno do envelhecimento pode ser observado é composto por um grupo de células de tecidos cultivadas em um pequeno volume de meio nutritivo. Em um sistema assim, o meio se modifica progressivamente por causa dos produtos da nutrição, transformando, por sua vez, as células, o que faz surgirem a velhice e a morte. O ritmo do tempo fisiológico depende das relações entre os tecidos e seu meio. Ele varia conforme o volume, a atividade metabólica e a natureza da colônia celular, além da quantidade e composição química dos meios líquidos e gasosos. A técnica empregada na preparação de uma cultura determina as características da duração dessa cultura. O destino de um fragmento de coração, por exemplo, é diferente conforme ele seja nutrido por uma única gota de plasma na atmosfera limitada de uma lâmina côncava ou imerso em um frasco com uma grande quantidade de líquidos nutritivos e ar. A rapidez do acúmulo de produtos da nutrição no meio e a sua natureza determinam as características do tempo fisiológico. Se a composição do meio se mantiver constante, as colônias celulares permanecerão indefinidamente no mesmo estado de atividade. Elas registram o tempo por modificações quantitativas, não qualitativas. Se esse volume nunca aumentar, elas nunca envelhecerão. As colônias provenientes de um fragmento de coração retirado de um embrião de frango no mês de janeiro de 1912 desenvolvem-se tão ativamente hoje em dia quanto há vinte anos. De fato, elas são imortais.

No corpo, as relações entre os tecidos e seu meio são incomparavelmente mais complexas do que no sistema artificial representado por uma cultura de tecidos. Ainda que a linfa e o sangue, que constituem o meio interior, sejam continuamente modificados pelos dejetos da nutrição celular, sua composição mantém-se constante pelos pulmões, rins, fígado etc. Apesar desses mecanismos reguladores, ocorrem alterações muito lentas no estado dos humores e dos tecidos, reveladas pelas modificações no índice de crescimento do plasma e da constante que expressa a atividade regeneradora da pele. Eles respondem a estados sucessivos da constituição química dos humores. No soro sanguíneo, as proteínas ficam mais abundantes e suas características mudam. São principalmente as gorduras que dão ao soro a propriedade de agir sobre algumas células diminuindo a velocidade de sua multiplicação. A quantidade dessas gorduras aumenta e sua natureza muda ao longo da vida. As modificações das gorduras e das proteínas não são o resultado de um acúmulo progressivo, de uma espécie de retenção dessas substâncias no meio interior. Se, retirarmos a maior parte do sangue de um cão, separarmos o plasma dos glóbulos e o substituirmos por uma solução salina, é fácil reinjetar no animal seus glóbulos sanguíneos separados das proteínas e das matérias graxas. Observa-se assim que essas substâncias são regeneradas pelos tecidos em menos de duas semanas. O estado do plasma deve-se, portanto, não a um acúmulo de substâncias perigosas, e sim a um determinado estado dos tecidos, que, aliás, é específico de cada idade. Se o soro for retirado várias vezes, ele se reproduzirá, em cada ocasião, com as características correspondentes à idade do animal. O estado do sangue durante a velhice é, pois, determinado por substâncias cujos órgãos são um reservatório aparentemente inesgotável.

Os tecidos se modificam pouco a pouco ao longo da vida. Eles perdem muita água e ficam saturados de elementos não vivos, de fibras conjuntivas, que não são elásticas nem extensíveis, enrijecendo os órgãos. As artérias endurecem, a circulação fica menos ativa. Por fim, modificações profundas ocorrem na estrutura das glândulas. Os tecidos nobres perdem aos poucos sua atividade, e sua regeneração é mais lenta, isso se ainda existir. No entanto, essas mudanças acontecem com maior ou menos velocidade dependendo dos órgãos. Sem que saibamos exatamente o motivo, alguns órgãos envelhecem mais rápido que outros. Essa velhice local pode afetar as artérias, o coração, o cérebro, os rins etc. A senilidade prematura de um sistema de tecidos pode levar à morte um indivíduo ainda jovem. A longevidade é proporcional à uniformidade do envelhecimento dos elementos corporais. Se os músculos permanecerem ativos enquanto o coração e os vasos já estão desgastados, eles se tornam um perigo para o indivíduo. Órgãos anormalmente vigorosos em um corpo idoso são quase tão perigosos quanto órgãos prematuramente senis em um corpo jovem. Sejam as glândulas sexuais, o aparelho digestivo ou os músculos, o idoso lida mal com o funcionamento relativamente exagerado de um sistema anatômico. O valor do tempo não é o mesmo para todos os tecidos. O heterocronismo dos órgãos abrange todo o tempo de vida. Se um trabalho exagerado é imposto a alguma parte do corpo, mesmo em indivíduo cujos tecidos são isocrônicos, o envelhecimento também se acelera. Todo órgão submetido a uma atividade muito grande, a influências tóxicas ou a estímulos anormais sofre desgaste mais rápido do que os outros.

Sabemos que o tempo fisiológico, assim como tempo físico, não é uma entidade. O tempo físico depende da constituição dos relógios e do sistema solar, e o tempo fisiológico, da constituição dos tecidos e humores de nosso corpo e de suas relações recíprocas. As características da duração são as dos processos estruturais e funcionais específicos a certo tipo de organização. Nossa longevidade é determinada, sem dúvida, pelos mecanismos que nos fazem independentes do meio cósmico e nos conferem mobilidade espacial, pelo volume pequeno do sangue em relação aos órgãos e pela atividade dos aparelhos que purificam o meio interior, isto é, o coração, os pulmões e os rins. Todavia, esses aparelhos não conseguem impedir modificações progressivas nos humores e tecidos. Pode ser que os tecidos não sejam suficientemente purificados de seus dejetos pela circulação sanguínea ou talvez sua nutrição seja escassa. Se o volume do meio interior fosse mais considerável e a eliminação dos produtos da nutrição fosse mais completa, acredita-se que a vida humana seria mais longa, mas nosso corpo seria muito maior, mais mole e menos compacto. Ele se assemelharia aos gigantescos animais pré-históricos e, certamente, não teria a agilidade, rapidez e destreza que tem hoje.

O tempo psicológico também é apenas um aspecto de nossa pessoa.

Sua natureza é desconhecida, assim como a da memória. É a memória que nos dá a sensação de passagem do tempo. No entanto, o tempo psicológico é feito de outros elementos. Nossa personalidade é, certamente, construída a partir de nossas lembranças, mas também vem da marca deixada em todos os nossos órgãos por acontecimentos físicos, químicos, fisiológicos e psicológicos de nossa vida. Quando nos recolhemos em nós mesmos, sentimos com vagar a passagem de nossa vida. Somos capazes de avaliar esse tempo de modo grosseiramente aproximativo em termos de tempo físico. Sentimos o tempo da mesma forma que sentimos, talvez, os elementos musculares ou nervosos. Os diferentes grupos celulares registram, cada um à sua maneira, o tempo físico. O valor do tempo para as células dos nervos e dos músculos é expressado, como sabemos, em unidades chamadas cronaxias. O influxo nervoso propaga-se entre elementos de mesma cronaxia. O isocronismo ou heterocronismo das células desempenha um papel fundamental em suas funções. Talvez essa apreciação do tempo pelos tecidos adentre a consciência, que seria, então, a causadora da indescritível impressão de algo que flui silenciosamente em nosso âmago, algo em cuja superfície flutuam nossos estados de consciência, como os pontos de luz de um projetor elétrico sobre a água de um rio escuro. Sabemos que mudamos, que não somos idênticos ao que éramos antes e, mesmo assim, continuamos o mesmo ser. A distância que sentimos entre o nosso ser atual e aquela criança que fomos há muito tempo é precisamente a dimensão de nosso organismo e consciência que assimilamos a uma dimensão espacial. Nada sabemos sobre essa forma do tempo interior, exceto que é ao mesmo tempo dependente e independente do ritmo da vida orgânica e que passa cada vez mais rápido à medida que envelhecemos.

5 – A longevidade. – É possível aumentar a duração da vida. – é desejável fazê-lo?

O maior desejo dos homens é a juventude eterna. De Merlin a Cagliostro, de Brown-Séquard a Voronoff, charlatões e cientistas seguiram o mesmo sonho e sofreram a mesma derrota. Ninguém descobriu o segredo supremo. Contudo, precisamos dele cada vez mais. A civilização científica fechou as portas do mundo da alma, restando somente o da matéria. Devemos, assim, conservar intacto o vigor de nosso corpo e de nossa inteligência. Somente a força da juventude permite a plena satisfação dos apetites e a conquista do mundo exterior. Ela é indispensável àquele que quer ser feliz na sociedade moderna. De certa forma, concretizamos o sonho ancestral: mantemos por mais tempo a atividade da juventude. No entanto, não conseguimos aumentar a duração de nossa vida. A chance de um homem de quarenta e cinco anos chegar aos oitenta é a mesma hoje e no século passado. Inclusive é provável que a longevidade diminua, ainda que a duração média da vida esteja maior.

Essa impotência da higiene e da medicina é um fato estranho. Os progressos no aquecimento, o arejamento e a iluminação das casas, a higiene alimentar, os banheiros, os esportes, os exames médicos periódicos, a multiplicação dos especialistas: nada disso acrescentou um dia ao tempo máximo da existência humana. Devemos supor que os higienistas e químicos fisiologistas se enganaram na organização da vida do indivíduo, como fizeram os políticos, economistas e investidores com a vida da nação? É possível, no fim, que o conforto moderno e o estilo de vida adotado pelos habitantes das novas cidades violem algumas leis naturais. No entanto, uma mudança marcante ocorreu no aspecto de homens e mulheres: graças à higiene, ao hábito dos esportes, a certas restrições alimentares, aos salões de beleza e à atividade superficial trazida pelo telefone e pelo automóvel, todos têm um aspecto mais alerta e vívido. Aos 50 anos, as mulheres ainda são jovens. Todavia, no progresso moderno, nem tudo que reluz é ouro. Quando os rostos levantados e modelados pelo cirurgião se desfazem, quando as massagens não bastam mais para suprimir a invasão da gordura, aqueles que preservaram por tanto tempo a aparência da juventude ficam piores do que suas avós na mesma idade. Os homens pseudojovens, que jogam tênis e dançam como aos 20 anos, que se separam de sua mulher velha para ficar com uma mais jovem, estão expostos à degeneração cerebral, às doenças do coração e dos rins. Às vezes chegam a morrer subitamente em sua cama, em seu escritório ou no campo de golfe, em uma idade em que seus ancestrais ainda conduziam uma carroça ou executavam seus afazeres com vigor. Não conhecemos a causa dessa falência da vida moderna. A parcela de responsabilidade dos higienistas e médicos é, sem dúvida, pequena. Os excessos de todo tipo, a falta de segurança econômica, a multiplicidade das ocupações, a ausência de disciplina moral e as preocupações são, provavelmente, o que determina o desgaste precoce dos indivíduos.

Apenas a análise dos mecanismos do tempo fisiológico poderia levar à solução do problema da longevidade. Atualmente, ela não é completa o suficiente para ser útil. Devemos, portanto, investigar de modo puramente empírico se a vida humana pode ser aumentada. A presença de alguns centenários em todos os países é a prova da extensão de nossas potencialidades temporais. Além disso, até agora, não tiramos nenhuma lição útil da observação desses centenários. Contudo, é evidente que a longevidade é hereditária e depende das condições do desenvolvimento. Quando os descendentes de famílias longevas vêm habitar as grandes cidades, perdem em uma ou duas gerações a capacidade de viver por muito tempo. Somente o estudo de animais de raça pura e constituição hereditária bem conhecida pode nos indicar até onde o meio influencia a longevidade. Em algumas raças de camundongos, com cruzamento entre irmãos e irmãs por muitas gerações, o tempo de vida varia pouco de um indivíduo para outro. No entanto, se modificarmos algumas condições do meio, como o *habitat*, colocando os animais em semiliberdade em vez de mantê-los em gaiolas e permitindo-lhes cavar buracos e voltar a condições de existência mais primitivas, sua vida encurta. Esse fenômeno deve-se, sobretudo, às incessantes batalhas travadas pelos animais. Se, sem mudar de *habitat*, eliminarmos alguns elementos da alimentação, a longevidade também diminui. Por outro lado, aumenta marcadamente quando, em vez de modificar o *habitat*, a qualidade e quantidade do alimento, submetemos várias gerações de animais a dois dias de jejum por semana. Fica evidente que essas simples mudanças podem modificar o tempo de vida. Devemos concluir, assim, que a longevidade dos seres humanos poderia ser aumentada por procedimentos similares.

Com esse objetivo em mente, não se deve ceder à tentação de utilizar os meios que a higiene moderna coloca à nossa disposição. A longevidade somente é desejável se prolonga a juventude, não a velhice, mas, por enquanto, o tempo de velhice aumenta mais do que o da juventude. No momento em que o indivíduo torna-se incapaz de satisfazer suas necessidades, vira um fardo para os outros. Se todos vivessem até os 90 anos, o peso dessa multidão de idosos seria intolerável para o resto da população. Antes de prolongar a vida dos homens, deve-se encontrar um jeito de conservar até o fim as atividades orgânicas e mentais. Antes de tudo, não devemos aumentar o número de doentes, paralíticos, fracos, dementes, e mesmo se pudéssemos prolongar a saúde até a véspera da morte, não seria sábio dar a todos uma grande longevidade. Já sabemos quais são os inconvenientes do aumento do número de indivíduos quando nenhuma atenção é dada à sua qualidade. Por que prolongar a duração da vida de pessoas infelizes, egoístas, estúpidas e inúteis? É a qualidade dos seres humanos que importa, não sua quantidade. Não se deve, portanto, tentar aumentar o número de centenários antes de descobrir como prevenir a degeneração intelectual e moral e as lentas doenças da velhice.

6 – O rejuvenescimento artificial. – As tentativas de rejuvenescimento. – O rejuvenescimento é possível?

Seria mais útil encontrar um método para rejuvenescer os indivíduos cujas qualidades fisiológicas e mentais justificassem tal medida. O rejuvenescimento pode ser concebido como uma reversão total do tempo interior. Uma operação levaria o indivíduo a um tempo anterior de sua vida, e alguma parte de sua quarta dimensão seria amputada. Do ponto de vista prático, é preciso ver o rejuvenescimento em um sentido mais restrito, considerá-lo como uma reversão parcial do tempo fisiológico. A direção do tempo psicológico não seria alterada. A memória persistiria, apenas o corpo seria rejuvenescido. O indivíduo poderia, com o vigor dos órgãos restabelecido, utilizar a experiência de uma longa vida. Nas tentativas feitas por Steinach, Voronoff e outros, deu-se o nome de rejuvenescimento a uma melhoria do estado geral, a um sentimento de força e elasticidade, a um reavivamento das funções genésicas etc. Mas o aspecto melhorado de um idoso depois do tratamento não significa que ele foi rejuvenescido. Apenas o estudo da constituição química do soro e de suas reações funcionais pode indicar uma mudança da idade fisiológica. Um aumento permanente no índice de aumento do soro provaria a realidade do resultado obtido. Em suma, o rejuvenescimento corresponde a certas modificações fisiológicas e químicas mensuráveis no plasma sanguíneo. Entretanto, a ausência desses sinais não significa necessariamente que a idade do indivíduo não foi reduzida. Nossas técnicas ainda são rudimentares e não podem medir, em um idoso, uma reversão do tempo fisiológico de menos de vários anos. Se um velho cão fosse rejuvenescido em apenas um ano, não encontraríamos, em seus humores, a prova desse resultado.

Observa-se, nas antigas crenças médicas, uma crença na virtude do sangue jovem, em seu poder de rejuvenescer um corpo velho e fatigado. O Papa Inocêncio VIII submeteu-se à transfusão do sangue de três pessoas jovens, mas morreu após a operação. É plausível que a morte tenha sido causada pela própria técnica de transfusão. Talvez a ideia mereça uma nova tentativa. Parece provável que a introdução de sangue jovem no organismo de um velho produza modificações favoráveis. É estranho que essa operação não tenha sido tentada novamente. Essa negligência deve-se, sem dúvida, ao fato de a medicina ser guiada pela moda. Atualmente, a confiança dos médicos está depositada nas glândulas endócrinas. Depois de injetar em si mesmo um extrato fresco de testículos, Brown-Séquard acreditou estar rejuvenescido. Essa descoberta teve grande repercussão. No entanto, Brown-Séquard morreu pouco tempo depois. A crença no testículo como agente de rejuvenescimento, porém, perdurou, e Steinach tentou demonstrar que o estímulo dessa glândula pela ligadura de seu canal deferente leva à sua reativação. Ele praticou essa operação em inúmeros idosos, com resultados duvidosos. A ideia de Brown-Séquard foi retomada e expandida por Voronoff, que, em vez de simplesmente injetar um extrato testicular, transplantou em idosos ou homens prematuramente envelhecidos testículos de chimpanzé. Incontestavelmente, a operação resultou, muitas vezes, em uma melhoria do estado geral e das funções sexuais do paciente. Mas é claro que um testículo de chimpanzé não pode durar muito tempo em um homem, porém enquanto se degenera, talvez libere na circulação substâncias que estimulam as glândulas sexuais e outras glândulas endócrinas do paciente. Tais operações não produzem resultados duráveis. A velhice, sabemos, não se deve à parada do funcionamento de uma única glândula, e sim a modificações em todos os tecidos e humores. A perda de atividade das glândulas sexuais não é a causa da velhice, e sim uma de suas consequências. É provável que Steinach e Voronoff jamais tenham observado um verdadeiro rejuvenescimento, mas o fracasso não significa, de modo algum, que esse fenômeno seja impossível.

É possível que a reversão parcial do tempo fisiológico torne-se viável. Sabe-se que nosso tempo de existência é feito de processos estruturais e funcionais. A idade verdadeira depende de um movimento progressivo dos tecidos e humores, que estão interligados. Se substituíssemos as glândulas e o sangue de um idoso pelas glândulas de uma criança natimorta e pelo sangue de um homem jovem, talvez o idoso rejuvenescesse, mas é necessário superar muitas dificuldades técnicas antes que uma operação assim seja possível. Não sabemos ainda como escolher órgãos apropriados para um dado indivíduo; não há procedimento que permita uma adaptação definitiva dos tecidos transplantados a seu hospedeiro. Mas os progressos da ciência são rápidos, e, graças às técnicas já existentes, bem como àquelas que podem ser descobertas, podemos continuar a busca pelo grande segredo.

A humanidade jamais deixará de buscar a imortalidade. Ela não a alcançará, pois está ligada às leis de sua constituição orgânica. Sem dúvida, conseguirá retardar ou até mesmo reverter por algum tempo a trajetória inexorável do tempo fisiológico, mas nunca vencerá a morte, pois esta é o preço que devemos pagar por nosso cérebro e nossa personalidade. À medida que progredir o conhecimento sobre a higiene do corpo e da alma, aprenderemos que a velhice sem doença não é temível. É na doença, e não na velhice, que está a maioria de nossas infelicidades.

7 – Conceito operacional do tempo interior. – O real valor do tempo físico na infância e na velhice.

O valor humano do tempo físico depende naturalmente da natureza do tempo interior, do qual é a medida. Sabemos que nosso tempo é um fluxo de mudanças irreversíveis nos tecidos e humores. Ele pode ser estimado de modo aproximado em unidades de tempo fisiológico, cada qual correspondente a uma modificação funcional do soro sanguíneo. Suas características derivam da estrutura do organismo e dos processos fisiológicos ligados a essa estrutura. Eles são específicos à espécie, ao indivíduo e à idade de cada um. Em geral, inserimos esse tempo no contexto do tempo dos relógios, pois fazemos parte do mundo físico. As divisões naturais de nossa vida são contadas em dias e anos. A infância e adolescência duram cerca de 18 anos. A maturidade e a velhice, 50 ou 60 anos. O homem passa por um breve período de desenvolvimento e um longo período de conquistas e declínio. Também podemos, ao contrário, comparar o tempo físico ao tempo fisiológico e traduzir o tempo de um relógio em termos de tempo humano. Dessa forma, um estranho fenômeno se produz. O tempo físico perde a constância de seu valor. Os minutos, horas e anos ficam, na realidade, diferentes para cada indivíduo e cada período da vida. Um ano é mais longo na infância e muito mais curto na velhice. Seu valor é diferente para uma criança e para seus pais, e é muito mais precioso para aquele do que para estes, pois contém mais unidades de seu tempo próprio.

Sentimos mais ou menos claramente essas mudanças no valor do tempo físico que ocorre ao longo da vida. Os dias de nossa infância pareciam muito lentos, ao passo que os de nossa maturidade são de uma rapidez desconcertante. Esse sentimento talvez venha do fato de que, inconscientemente, inserimos o tempo físico no nosso tempo de existência, e naturalmente o tempo físico parece variar na razão inversa desse tempo. O tempo físico passa em velocidade uniforme, enquanto nossa própria velocidade diminui sem parar. É como um grande rio que corre na planície. Na aurora de sua jornada, o homem caminha alegremente ao longo do rio. As águas parecem-lhe vagarosas, mas aceleram pouco a pouco, e, ao meio-dia, o homem já não pode ultrapassá-las. Quando a noite se aproxima, sua velocidade aumenta ainda mais, e o homem para definitivamente enquanto o rio segue inexoravelmente seu caminho. Na verdade, a velocidade do rio nunca muda, mas a de nossa caminhada diminui. Talvez a aparente lentidão do início da vida e a brevidade do fim devam-se ao fato de um ano representar, como sabemos, proporções diferentes da vida de uma criança e de um idoso. Contudo, é mais provável que percebamos obscuramente a marcha constante e lenta de nosso tempo interior, isto é, de nossos processos fisiológicos. Somos homens correndo ao longo do rio e nos surpreendendo ao vermos as águas acelerarem.

O tempo da primeira infância é, naturalmente, o mais rico, e deve ser utilizado de todas as maneiras possíveis para a educação. A perda desses momentos é irreparável. Em vez de manter inférteis os primeiros anos de vida, é preciso cultivá-los com o mais minucioso cuidado, e essa cultura exige um profundo conhecimento de fisiologia e psicologia que os educadores modernos ainda não tiveram a possibilidade de adquirir. Os anos da maturidade e da velhice somente têm um pequeno valor fisiológico e são quase desprovidos de mudanças orgânicas e mentais. Além disso, devem estar repletos de uma atividade artificial. O homem que envelhece não deve parar de trabalhar, não deve se aposentar. A inatividade diminui muito o conteúdo de seu tempo. O lazer é ainda mais perigoso para os velhos do que para os jovens. Devemos dar um trabalho apropriado àqueles cujas forças decaem, mas não o repouso. Não se deve mais estimular, nesse momento, os processos funcionais. Vale mais a pena compensar sua lentidão com um aumento da atividade psicológica. Se os dias ficarem repletos de acontecimentos mentais e espirituais, a rapidez de sua passagem diminui, e eles podem até mesmo voltar a ter a plenitude dos dias da juventude.

8 – A utilização do conceito de tempo interior. – A duração do homem e da civilização. – A idade fisiológica e o indivíduo.

O tempo faz parte do homem, a quem está associado como a forma está associada ao mármore da estátua. Como somos a medida de todas as coisas, medimos o tempo dos acontecimentos de nosso mundo a partir do nosso. Nós o utilizamos como unidade na avaliação da idade de nosso planeta, da raça humana, de nossa civilização. É com base na duração de nossa própria vida que julgamos curtas ou longas as nossas ações. Utilizamos erroneamente a mesma escala temporal para medir a existência de um indivíduo e o de uma nação. Desenvolvemos o hábito de pensar os problemas sociais da mesma forma que os individuais. Nossas observações e experiência são, portanto, curtas demais, e por essa razão são pouco significativas. Muitas vezes, um século inteiro é necessário para que uma mudança nas condições materiais e morais da existência dê novas características a uma nação.

Atualmente, o estudo dos grandes problemas econômicos, sociais e raciais depende de alguns indivíduos e é interrompido quando estes morrem. Do mesmo modo, as instituições científicas e políticas são concebidas em termos de tempo individual. Apenas a Igreja Romana compreendeu que a marcha da humanidade é muito lenta, que a passagem de uma geração é, na história do mundo civilizado, um acontecimento insignificante. Quando se pensa nas questões que interessam ao futuro das grandes raças, o tempo do indivíduo é uma unidade de medida temporal defeituosa. A ascensão da civilização científica torna indispensável uma reconsideração de todas as questões fundamentais. Assistimos ao nosso fracasso moral, intelectual e social, mas entendemos suas causas apenas parcialmente. Nutrimos a ilusão de que as democracias poderiam sobreviver com os esforços curtos e cegos dos ignorantes e agora vemos o quanto estávamos enganados. Sabemos que a conduta das nações pelos homens, que avaliam o tempo em função de sua própria existência, leva à desordem e à falência. É fundamental preparar os acontecimentos futuros, formar as jovens gerações para a vida de amanhã e estender nosso horizonte temporal para além de nós mesmos.

Já na organização dos grupos sociais transitórios, como uma turma escolar de crianças ou uma equipe de trabalhadores, é preciso levar em conta o tempo fisiológico. Os membros de cada grupo devem necessariamente funcionar no mesmo ritmo. As crianças de uma mesma turma são obrigadas a ter uma atividade intelectual pelo menos semelhante. Todos os homens que trabalham em fábricas, bancos, lojas, universidades etc., têm uma tarefa a cumprir em certo tempo. Aqueles cujas forças decaíram pela idade ou doença prejudicam o andar do conjunto. Até o momento, é a idade cronológica que determina a classificação de crianças, adultos e idosos. Agrupamos as crianças por idade, e a aposentadoria também é estabelecida com base na idade do trabalhador. Sabemos, no entanto, que o estado real de um indivíduo não corresponde exatamente à sua idade cronológica. Em alguns trabalhos, seria preciso agrupar os seres humanos por idade fisiológica. Há escolas que escolheram a puberdade como critério de classificação das crianças, mas ainda não há procedimento que permita medir a taxa do declínio fisiológico e mental para saber quando um homem velho deve se aposentar. Todavia, o estado de um aviador pode ser determinado com precisão por alguns testes. É sua idade fisiológica, e não sua idade cronológica, que indica a data de aposentadoria dos pilotos de linhas aéreas.

A noção de tempo fisiológico explica por que estamos isolados uns dos outros em mundos distintos. É impossível, para as crianças, entender seus pais, e mais ainda seus avós. Observadas em um mesmo momento, pessoas pertencentes a quatro gerações sucessivas são profundamente heterocrônicas. Um idoso e seu bisneto são seres totalmente diferentes, absolutamente estranhos entre si. A influência moral de uma geração sobre a geração seguinte aumenta conforme a distância temporal diminui. As mulheres teriam de se tornar mães muito jovens para não serem separadas de seus filhos por uma lacuna temporal tão grande que nem mesmo o amor pode preencher.

9 – O ritmo do tempo fisiológico e a modificação artificial dos seres humanos.

O conhecimento do tempo fisiológico nos dá a possibilidade de conduzir apropriadamente nossa ação sobre os seres humanos. Ele indica em que momento da vida e de que maneira essa ação pode ser eficaz. Sabemos que o organismo é um mundo fechado, mas suas fronteiras externas e internas, a pele e as mucosas respiratórias e digestivas, estão sujeitas a algumas influências. Esse mundo fechado é modificável porque é uma coisa em movimento, uma superposição de modelos sucessivos em nossa identidade. É modificado constantemente pelos agentes físicos, químicos e psicológicos que conseguem adentrá-lo. Nossa dimensão temporal é construída principalmente durante a infância, época em que os processos funcionais estão mais ativos. É nesse momento que se deve auxiliar a formação fisiológica e mental. Quando os acontecimentos orgânicos acumulam-se em grande número todos os dias, sua massa plástica pode receber a forma que se deseja para o indivíduo. A educação fisiológica, intelectual e moral deve levar em conta a natureza de nosso tempo, da estrutura de nossa dimensão temporal.

O ser humano é comparável a um líquido viscoso que flui simultaneamente no espaço e no tempo. Ele não muda instantaneamente de direção, e, para modificá-lo, é preciso levar em conta a lentidão de seu movimento. Não devemos alterar bruscamente sua forma, como fazemos com uma estátua de mármore quando corrigimos seus defeitos com um martelo. Apenas as operações cirúrgicas produzem mudanças súbitas favoráveis, e mesmo assim o organismo cicatriza lentamente a obra brutal do bisturi. Nenhuma melhoria profunda do corpo é obtida rapidamente. Nossa ação deve infiltrar-se nos processos fisiológicos, que são o substrato da duração da vida, respeitando seu ritmo. Esse ritmo de utilização dos agentes físicos, químicos e psicológicos pelo corpo é lento. De nada adianta dar de uma única vez uma grande quantia de óleo de fígado de bacalhau a uma criança, mas sim administrar uma pequena dose diária ao longo de vários meses, para mudar as dimensões e a forma do esqueleto. Os fatores mentais também somente agem de modo progressivo. As intervenções na construção da personalidade estrutural e psicológica apenas têm efeito pleno se forem adequadas às leis de nosso desenvolvimento. A criança lembra um córrego que acompanha todas as mudanças em seu leito. O córrego mantém sua identidade na diversidade de sua forma e pode se transformar em lago ou torrente. A personalidade persiste no fluxo da matéria, mas aumenta ou diminui conforme as influências que sofre.

Nosso crescimento somente ocorre com uma poda constante de nós mesmos. Temos, no início da vida, vastas possibilidades. Nosso desenvolvimento apenas é limitado pelas fronteiras expansíveis de nossas predisposições ancestrais. No entanto, a todo instante temos de fazer uma escolha, e esta lança ao abismo muitas de nossas potencialidades. A necessidade de escolher um único caminho dentre vários nos priva de ver os territórios a que os outros caminhos nos levariam. Em nossa infância, abrigamos inúmeros seres potenciais, que morrem um por um. Cada idoso está cercado pelo cortejo das pessoas que poderia ter sido, de todas as suas potencialidades não realizadas. Somos ao mesmo tempo um fluido que se solidifica, um tesouro que perde seu valor, uma história que se escreve, uma personalidade que se cria. Nossa ascensão ou declínio depende de fatores físicos, químicos e fisiológicos, de vírus e bactérias, da influência psicológica do meio social e, por fim, de nossa vontade. Somos construídos tanto por nosso meio quanto por nós mesmos, e a duração é a própria substância de nossa vida orgânica e mental, pois significa "invenção, criação de formas, elaboração contínua do absolutamente novo".[10]

---

10. BERGSON, Henri. *A evolução criadora*. p. 11.

VI – As funções adaptativas

1 – As funções adaptativas.

Há uma oposição marcada entre a durabilidade de nosso corpo e a característica transitória de seus elementos. O ser humano é feito de uma matéria mole, modificável, passível de se decompor em algumas horas, e mesmo assim dura mais do que se fosse feito de aço. Aliás, não somente dura, como também supera incessantemente as dificuldades e os perigos do meio exterior. Ele se adapta muito melhor do que os outros animais às condições variáveis do mundo e insiste em viver, apesar das agitações físicas, econômicas e sociais. Essa persistência deve-se a um modo de ser muito particular da atividade de nossos tecidos e humores. O corpo molda-se, por assim dizer, com base nos acontecimentos, e, em vez de se desgastar, muda. Ele dá um jeito de enfrentar cada situação nova, e esse jeito tende a maximizar nossa duração. Os processos fisiológicos, substrato do tempo interior, tendem sempre a uma mesma direção: aquela que leva o indivíduo a sobreviver por mais tempo. Essa estranha função, esse automatismo vigilante, torna possível a existência humana com suas características específicas, e a ela chamamos de adaptação.

Todas as atividades fisiológicas caracterizam-se por serem adaptativas. A adaptação assume, portanto, inúmeras formas. Pode-se, no entanto, agrupar seus aspectos em duas categorias: intraorgânica e extraorgânica. A adaptação intraorgânica determina a constância do meio interior e das relações entre os tecidos e humores. Ela garante a correlação dos órgãos e produz a reparação automática dos tecidos e a cura das doenças. A adaptação extraorgânica ajusta o indivíduo ao mundo físico, psicológico e econômico. Ela permite que ele sobreviva a despeito das condições desfavoráveis de seu meio. Com esses dois aspectos, as funções adaptativas agem a todo instante de nossa vida, e apenas sobrevivemos graças a elas.

2 – Adaptação intraorgânica. – Regulação automática da composição do sangue e dos humores.

Quaisquer que sejam nossas dificuldades, alegrias e a agitação do mundo, o ritmo de nossos órgãos pouco varia. As células e os humores continuam impassivelmente suas trocas químicas. O sangue pulsa nas artérias e corre nos inúmeros capilares dos tecidos em uma velocidade quase constante. Há uma diferença considerável entre a regularidade dos fenômenos de nosso corpo e a extrema variabilidade daqueles do meio exterior. Nossos estados interiores têm grande estabilidade, mas essa estabilidade não corresponde a um estado de repouso ou equilíbrio. Pelo contrário, ela é obtida pela atividade constante de todo o organismo. Para manter constante a composição do sangue e sua circulação, são necessários incontáveis processos fisiológicos. O bem-estar dos tecidos é garantido pelas ações convergentes de todos os sistemas funcionais, e essas ações crescem conforme aumentam a irregularidade e a violência de nossa vida. Isso ocorre porque a brutalidade de nossas relações com o mundo cósmico não deve jamais atrapalhar a paz das células e dos humores de nosso mundo interior.

O sangue não sofre grandes variações de pressão e volume, mas recebe e perde irregularmente muita água. Durante as refeições, seu volume aumenta rapidamente por causa do líquido das bebidas, dos alimentos e das secreções das glândulas digestivas, que são absorvidos pelo intestino; já em outros momentos, tende a diminuir. Durante a digestão, ele perde muitos litros de água, que são utilizados pelo estômago, intestino, fígado e pâncreas na fabricação das secreções. O mesmo acontece durante um exercício muscular vigoroso, como uma sessão de boxe, se as glândulas de suor funcionam ativamente. Seu volume também é reduzido quando, no curso de algumas doenças, como a disenteria ou a cólera, ele deixa passar muito líquido pela mucosa intestinal, e o mesmo fenômeno ocorre após uma purgação. Esses ganhos e perdas de água são compensados de modo preciso por mecanismos reguladores da massa sanguínea, que afetam o corpo todo e regulam a pressão e o volume do sangue. A pressão não depende do volume absoluto da massa sanguínea, e sim da relação entre esse volume e a capacidade do sistema circulatório. Ora, o sistema circulatório não é comparável a um encanamento alimentado por uma bomba; não há analogia alguma entre ele e os aparelhos que construímos. As artérias e veias modificam automaticamente seu calibre, contraindo-se e dilatando-se sob a influência dos nervos de sua túnica muscular. Além disso, a parede dos vasos capilares é permeável, deixando entrar e sair os fluidos do aparelho circulatório e dos tecidos. Por fim, a água do sangue sai do corpo pelos rins, pelas glândulas cutâneas e pela mucosa intestinal, sendo evaporada no pulmão. O coração realiza, portanto, a façanha de manter constante a pressão sanguínea em um sistema de vasos cuja capacidade e permeabilidade variam sem parar. Quando o sangue se acumula em grande quantidade no lado direito do coração, um reflexo enviado pelo átrio direito aumenta a velocidade das pulsações cardíacas. Além disso, o soro atravessa a parede dos capilares e inunda os músculos e o tecido conjuntivo. Assim, o aparelho circulatório se desfaz completamente de qualquer excesso de líquido. Se, ao contrário, o volume e a pressão do sangue diminuem, as terminações nervosas da parede do seio da artéria carótida registram a mudança. Um ato reflexo causa a contração dos vasos e a redução da capacidade do aparelho circulatório. Ao mesmo tempo, líquidos passam dos tecidos ao sistema vascular atravessando a parede dos capilares. A água das bebidas absorvidas pelo estômago penetra imediatamente nos vasos. É graças a tais mecanismos e a outros ainda mais complicados que o volume e a pressão do sangue permanecem quase invariáveis.

A composição do sangue é igualmente estável. Em estado normal, a quantidade de glóbulos sanguíneos e de plasma, proteínas, gorduras e açúcares varia apenas levemente. Ela é sempre bastante superior às necessidades habituais dos tecidos, o que faz com que ocorrências imprevistas, como a privação de alimento, uma hemorragia ou um esforço muscular intenso e prolongado, não modifiquem de maneira perigosa a constância do meio interior. Os tecidos têm reservas de água, sais, gordura, proteínas e açúcar. Só o oxigênio não é regulado em lugar algum, devendo ser fornecido continuamente pelos pulmões. O organismo precisa de mais ou menos ar conforme a atividade das trocas químicas. Ao mesmo tempo, produz mais ou menos ácido carbônico. No entanto, a tensão entre os dois gases no sangue é constante. Esse fenômeno deve-se a um mecanismo ao mesmo tempo físico-químico e fisiológico. Trata-se de um equilíbrio físico-químico que regula a quantidade de oxigênio capturado pelas hemoglobinas dos glóbulos vermelhos quando estes atravessam os pulmões e por elas são transportadas até os tecidos. Quando passa nos vasos capilares periféricos, o sangue recebe ácido carbônico dos tecidos, o que diminui a afinidade da hemoglobina pelo oxigênio e facilita a liberação do gás, que troca a hemoglobina dos glóbulos vermelhos pelas células dos órgãos. Sozinhas, as propriedades químicas da hemoglobina, das proteínas e dos sais do plasma regulam as trocas de oxigênio e ácido carbônico entre os tecidos e o sangue.

É um processo fisiológico que determina a quantidade de oxigênio que o sangue leva aos tecidos. A atividade dos músculos respiratórios, que movem o tórax mais ou menos rapidamente e controlam a entrada de ar nos pulmões, depende das células nervosas da medula oblonga, e a atividade desse centro é controlada pelo ácido carbônico contido no sangue. Ela também é influenciada pela temperatura do corpo e pelo excesso ou insuficiência da oxigenação do sangue. Um mecanismo similar, tanto físico-químico quanto fisiológico, mantém a constância da alcalinidade iônica do plasma sanguíneo. O meio interior nunca fica ácido, o que é ainda mais surpreendente se considerarmos que os tecidos produzem constantemente altas quantidades de ácido carbônico, lático, sulfúrico etc., que se distribuem nos humores. Esses ácidos não modificam a reação do sangue graças aos bicarbonatos e fosfatos do plasma, que agem como um sistema amortecedor. Ainda que o meio interior possa receber muitos ácidos sem que a acidez aumente, é indispensável livrar-se deles. O ácido carbônico sai por meio dos pulmões, e os ácidos não voláteis pelos rins. A liberação de ácido carbônico nos alvéolos pulmonares é um fenômeno físico-químico, ao passo que a secreção de urina e os movimentos dos pulmões exigem a atuação de processos fisiológicos. Os equilíbrios físico-químicos que garantem a constância do meio interior dependem, em última análise, da intervenção automática do sistema nervoso.

3 – As correlações orgânicas. – Aspecto teleológico do fenômeno.

A harmonia entre os órgãos é assegurada pelo meio interior e pelo sistema nervoso. Cada elemento do corpo se adapta ao outro e vice-versa. Esse modo de adaptação é essencialmente teleológico. Se, a exemplo dos mecanicistas e vitalistas, atribuirmos aos tecidos uma inteligência da mesma ordem da nossa, os processos fisiológicos parecem se organizar em razão do objetivo a ser alcançado. A existência da finalidade no organismo é inegável, e cada elemento parece conhecer as necessidades atuais e futuras do conjunto, modificando-se de acordo com elas. Talvez o espaço e o tempo tenham, para os tecidos, um significado diferente do que têm para a nossa inteligência. Nosso corpo percebe o longínquo e o próximo, o futuro e o presente. Ao fim da gestação, os tecidos da vulva e da vagina enchem-se de líquidos e tornam-se macios e flexíveis. Essa alteração em seu estado possibilita, alguns dias mais tarde, a passagem do feto. Ao mesmo tempo, as glândulas mamárias multiplicam suas células, aumentam e começam a funcionar antes do parto, ficando prontas para a alimentação da criança. Todos esses processos coordenam-se, evidentemente, em razão de um acontecimento futuro.

Se metade da glândula tireoide for retirada, a outra metade aumenta em volume, às vezes mais do que o necessário. A ablação de um rim também é seguida do crescimento do outro, ainda que a secreção de urina seja amplamente assegurada por um único rim normal. Se, em algum momento futuro, o organismo exigir um intenso esforço da tireoide ou dos rins, esses órgãos são capazes de fazê-lo. Ao longo de todo o desenvolvimento do embrião, os tecidos comportam-se como se soubessem do futuro. As correlações orgânicas se dão tão facilmente em momentos temporais diferentes quanto em pontos separados do espaço. Esses fatos são um dado primário da observação, mas não podemos interpretá-los a partir de simples concepções mecanicistas e vitalistas. As relações teleológicas entre os processos orgânicos são observadas muito claramente na regeneração do sangue depois de uma hemorragia. Primeiramente, todos os vasos se contraem e aumentam, assim, o volume relativo do sangue restante. A pressão arterial é restabelecida o bastante para permitir que a circulação continue e que o líquido dos tecidos e músculos atravesse a parede dos vasos capilares e penetre no sistema circulatório. O paciente sente uma sede intensa, e a água que bebe restaura imediatamente o volume primitivo do plasma sanguíneo. Glóbulos sanguíneos saem dos órgãos onde são reservados. Por fim, a medula óssea dá início à fabricação dos elementos celulares que fazem a regeneração do sangue. Em todo o corpo, portanto, produz-se uma série de fenômenos fisiológicos, físico-químicos e estruturais que determinam a adaptação do organismo à hemorragia.

As diferentes partes de um órgão, como as do olho, por exemplo, parecem estar associadas em função de um objetivo preciso. Quando o cérebro projeta, sob a pele, seu próprio prolongamento, isto é, o nervo óptico e a retina, a pele torna-se transparente e fabrica a córnea e o cristalino. Essa transformação foi explicada pela presença de substâncias originadas na parte cerebral do olho, a vesícula óptica, mas essa explicação não resolve o problema. Como é possível a vesícula óptica secretar uma substância que tem precisamente a propriedade de deixar a pele transparente? Como uma superfície nervosa sensível induz a pele a fabricar uma lente capaz de projetar em si a imagem do mundo exterior? Na frente da lente cristalina, a membrana da íris forma um diafragma, que abre ou fecha conforme com a intensidade da luz. Ao mesmo tempo, a sensibilidade da retina aumenta ou diminui, e a forma do cristalino muda automaticamente na visão de perto ou de longe. Constatamos essas correlações, mas não podemos explicá-las. É possível que elas não existam realmente, que a unidade fundamental do fenômeno escape a nós. Dividimos um todo em partes e surpreendemo-nos quando, ao nos aproximarmos delas, as peças recortadas encaixam-se de forma exata. Damos às coisas uma individualidade arbitrária. As fronteiras dos órgãos e do corpo provavelmente não estão onde cremos que estejam. Não compreendemos as correlações existentes entre os indivíduos, tal como a correspondência entre os órgãos genitais do homem e da mulher. Também não entendemos a participação de dois organismos em um mesmo processo fisiológico, como a fecundação do óvulo pelo espermatozoide. Esses fenômenos permanecem ininteligíveis à luz de nossos conceitos de individualidade, organização, espaço e tempo.

4 – A reparação dos tecidos.

Quando a pele, os músculos, os vasos sanguíneos ou os ossos de uma região do corpo são lesados por um choque, uma queimadura ou um projétil, o organismo adapta-se imediatamente a essa nova situação. É como se tomasse uma série de medidas, algumas urgentes e outras mais tardias, para reparar as lesões dos tecidos. Assim como na regeneração do sangue, ativam-se os mecanismos mais heterogêneos, que se focam no objetivo a ser atingido, isto é, a reconstrução dos tecidos destruídos. Imaginemos que uma artéria é cortada. O sangue jorra em abundância, a pressão arterial baixa, o paciente tem uma síncope, a hemorragia diminui, uma casca se forma sobre a ferida, a abertura do vaso é coberta pela fibrina e, por fim, a hemorragia cessa definitivamente. Nos dias seguintes, os leucócitos e as células dos tecidos penetram no tampão de fibrina e regeneram aos poucos a parede da artéria. Às vezes, o organismo é capaz de curar sozinho uma pequena ferida no intestino. Primeiro, a região lesada fica imóvel, momentaneamente paralisada, como para impedir a passagem da matéria fecal pelo abdome. Depois, outra parte do intestino, a superfície do omento, fixa-se na pele e a ela adere por meio de uma propriedade especial do peritônio. Em quatro ou cinco horas, a abertura é coberta. Nos casos em que a agulha cirúrgica aproxima-se da borda da lesão, a cura também se deve à aderência espontânea das superfícies intestinais.

Quando um membro é quebrado por um choque, as extremidades afiadas dos ossos fraturados rompem os músculos e pequenos vasos. Elas ficam rodeadas por uma pasta de fibrina e por fragmentos ósseos e musculares, o que resulta em uma circulação mais ativa e no aumento do volume do membro. O sangue leva à região lesada as substâncias nutritivas necessárias à regeneração dos tecidos. Na fratura e em torno dela, todos os processos estruturais e funcionais se organizam em função da reparação. Os tecidos transformam-se naquilo que é útil para a obra em conjunto. Observa-se, por exemplo, uma porção de músculos, vizinhos ao osso quebrado, transformarem-se em cartilagem. Com efeito, a cartilagem é a precursora do osso na massa ainda mole, que une as extremidades ósseas. Depois, essa cartilagem se transforma em tecido mole, e a continuidade do osso se restabelece por uma substância de natureza igual à sua. Durante as semanas necessárias à regeneração, produz-se uma imensa série de fenômenos químicos, nervosos, circulatórios e estruturais, todos interligados. O sangue que corre nos vasos no momento do acidente e os sucos da medula óssea e dos músculos lacerados acionam os processos fisiológicos da reparação. Cada fenômeno é causado pelo fenômeno precedente. As condições físico-químicas e a constituição química dos líquidos liberados nos tecidos ativam as propriedades virtuais das células que as caracterizam como agentes da regeneração. Todo tecido é capaz, em um dado momento do imprevisível futuro, de responder, conforme os interesses do corpo, a novas condições físico-químicas de seu meio.

O caráter adaptativo da cicatrização é observado claramente nas lesões superficiais, que podem ser precisamente medidas. Elas se reparam com uma velocidade calculável pelas fórmulas de Du Noüy e nos permitem, assim, analisar o andamento da cicatrização. Observa-se, primeiramente, que uma lesão apenas cicatriza se a cicatrização for útil. Quando se protegem completamente os tecidos deixados descobertos pela ablação da pele contra os micróbios, o ar e toda causa de irritação, a reparação não acontece, pois é inútil, e a ferida permanece em seu estado inicial. Ela se mantém assim enquanto os tecidos estiverem perfeitamente protegidos das incursões do mundo exterior, como se estivessem cobertos por pele regenerada. Quando se permite a irritação de sua superfície por um pouco de sangue, micróbios ou gaze comum, a cicatrização tem início, seguindo seu curso incessante até a cura.

Sabe-se que a pele é composta por camadas sobrepostas de células planas: as células epiteliais. Essas células estão sobre a derme, isto é, sobre um tecido conjuntivo mole, elástico e repleto de pequenos vasos sanguíneos. Embaixo de uma camada cutânea, encontra-se a superfície dos músculos. Depois de três ou quatro dias, essa superfície cria um tecido liso e vermelho, que, subitamente, começa a diminuir com grande rapidez. Esse fenômeno deve-se a uma espécie de contração do tecido novo que acompanha a parte de baixo da pele. Ao mesmo tempo, as células cutâneas começam a deslizar até a superfície vermelha, dando a impressão de uma borda branca, e terminam por cobri-la completamente. Forma-se uma cicatriz definitiva, obtida pela colaboração entre dois tecidos: o conjuntivo, que preenche a ferida, e o das células epiteliais, que vêm de suas beiradas. O tecido conjuntivo produz a contração da lesão, e o epitelial, a membrana que o recobre. A diminuição progressiva da superfície ao longo da reparação é representada por uma curva muito regular. Se algo impede a cicatrização epitelial ou a cicatrização conjuntiva, a curva não muda, pois a cessação de um dos fatores da regeneração é compensada pela aceleração do outro. É evidente que o progresso do fenômeno é guiado pelo objetivo a ser atingido: se um dos mecanismos reparadores falhar, é substituído pelo outro. Apenas o resultado é variável, mas não o processo. Da mesma forma, após uma hemorragia, a tensão arterial e o volume do sangue são restabelecidos por dois mecanismos convergentes: de um lado atuam a contração dos vasos sanguíneos e a diminuição de sua capacidade, e, de outro, um aporte de líquidos por parte dos tecidos e do aparelho digestivo. No entanto, a carência de um fenômeno pode ser compensada por outro.

5 – A cirurgia e os fenômenos adaptativos.

O conhecimento dos processos de reparação deu origem à cirurgia moderna. Sem a existência de funções adaptativas, o cirurgião seria incapaz de tratar uma lesão. Ele não age sobre os mecanismos da cura, apenas os guia. O cirurgião busca, por exemplo, posicionar as beiradas de uma lesão ou as extremidades de um osso quebrado de modo a resultar em uma regeneração sem cicatriz defeituosa e sem deformação. Para abrir um abscesso profundo, suturar um osso fraturado, fazer uma cesárea, extirpar um útero, uma porção do estômago ou do intestino ou levantar a abóbada craniana e retirar um tumor cerebral, ele deve fazer longas incisões, abrir grandes cortes. Nem as mais precisas suturas bastariam para fechar esses cortes se o organismo não soubesse repará-los por conta própria. A cirurgia moderna baseia-se na existência desse fenômeno, tendo aprendido a utilizá-lo. Com a genialidade de seus métodos, ultrapassou até mesmo as expectativas do mais ambicioso médico do passado. Ela constitui o mais puro triunfo da biologia. Aqueles que dominaram completamente suas técnicas, que entendem seu espírito, que conhecem os seres humanos e a ciência das doenças, tornam-se, de acordo com a expressão dos gregos, semelhantes a Deus. Eles têm o poder de abrir o corpo, explorar seus órgãos e repará-los quase sem risco ao paciente, curam ou suprimem as lesões que impossibilitam ao indivíduo seguir o curso normal de sua vida. Aos doentes torturados por enfermidades incuráveis, os cirurgiões podem sempre levar algum alento. Atualmente, homens assim são raros, mas nada impediria o aumento de seu número por meio de uma melhor educação técnica, moral e científica.

A cirurgia deve seu sucesso a um fator muito simples: ela aprendeu a não atrapalhar os processos normais da reparação, a impedir a penetração de micróbios nas feridas e a mexer nos tecidos sem alterar sua estrutura. Antes das descobertas de Pasteur e Lister, as operações cirúrgicas eram sempre seguidas da incursão de bactérias, resultando em supurações, gangrenas gasosas, invasão do corpo por infecções e, muitas vezes, morte. As técnicas modernas eliminam completamente os micróbios das feridas cirúrgicas, preservando assim a vida do paciente e permitindo uma cura rápida, pois são eles que cessam ou retardam os processos adaptativos e a reparação. A cirurgia começou a se desenvolver quando as feridas passaram a ser protegidas da infecção e avançou rapidamente nas mãos de Ollier, Billroth, Kocher e seus contemporâneos. Em vinte e cinco anos de um maravilhoso progresso, tornou-se a poderosa arte de Halsted, Tuffier, Harvey Cushing, dos Mayos e de outros grandes cirurgiões modernos.

Era indispensável não apenas não infectar as feridas, mas também respeitar seu estado estrutural e funcional ao longo das manipulações operatórias. Entendeu-se, pouco a pouco, que as substâncias químicas são perigosas para os tecidos, que estes não devem ser esmagados por alicates, comprimidos por aparelhos, manuseados pelos dedos de um operador rude. Halsted e os cirurgiões de sua escola demonstraram a necessidade de manipular as feridas com delicadeza para manter intacto seu poder de reparação. O resultado de uma operação depende igualmente do estado da ferida e do doente. As técnicas modernas levam em consideração todos os fatores que agem sobre as atividades fisiológicas e mentais. Elas protegem o paciente contra o medo, o frio, os perigos da anestesia, assim como contra a infecção, o choque nervoso e as hemorragias, e, se por acaso houver infecção, estão cada vez mais aptas a combatê-la. Um dia, talvez, quando conhecermos melhor sua natureza, será possível aumentar a velocidade dos processos naturais da cura. A taxa de reparação dos tecidos é controlada, como sabemos, por certas qualidades dos humores, principalmente pela juventude. Se pudéssemos dar, temporariamente, essas qualidades aos tecidos e ao sangue dos doentes, a recuperação das operações cirúrgicas seria muito mais fácil. Sem dúvida, utilizaríamos também substâncias químicas que pudessem acelerar a multiplicação celular. Todo progresso no conhecimento dos fenômenos de reparação dos tecidos leva a um progresso correspondente na cirurgia, mas em todos os lugares, desde os hospitais mais especializados até o deserto ou a selva, a cura depende, antes de tudo, das funções adaptativas.

6 – As doenças. – Significado da doença. – A resistência natural à doença. – A imunidade adquirida.

Quando micróbios ou vírus, atravessando as fronteiras do corpo, entram no meio interior, as funções orgânicas se modificam imediatamente, surgindo a doença. Suas características dependem de como os tecidos se adaptam às mudanças patológicas do meio. A febre, por exemplo, é a resposta do corpo à intrusão de algumas bactérias e alguns vírus. A produção de venenos pelos próprios tecidos, a carência de substâncias indispensáveis à nutrição e os problemas da secreção de certas glândulas causam outras reações adaptativas. Os sintomas da doença de Bright, do escorbuto ou da gota exoftálmica expressam a adaptação do organismo a substâncias que o rim doente não pode eliminar, à ausência de determinada vitamina ou a venenos secretados pela glândula tireoide. A adaptação a agentes patógenos tem dois aspectos diferentes: por um lado, tende a impedir sua entrada no corpo e a destruí-los; por outro, repara as lesões causadas por eles e faz desparecerem as substâncias tóxicas produzidas pelas bactérias ou pelos próprios tecidos. A doença não é senão o desenvolvimento desses processos. Ela equivale à luta do corpo contra um agente perturbador e à tentativa de persistir no tempo, mas também pode ser, como no caso do câncer ou da loucura, a expressão da degeneração passiva de um órgão ou da consciência.

Os micróbios e vírus estão em todo lugar: no ar, na água, em nossos alimentos. Além disso, estão sempre presentes na superfície da pele e da mucosa do nariz, da boca, da garganta e das vias digestivas. No entanto, em muitas pessoas, são inofensivos. Alguns seres humanos estão sujeitos a certas doenças, e outros as refratam. Esse estado de resistência resulta de uma constituição especial dos tecidos e humores que impede a entrada de agentes patógenos ou que os destrói na invasão. Trata-se da imunidade natural, que preserva alguns indivíduos de quase todas as doenças. Essa é uma das qualidades mais valiosas que o homem pode desejar. Ignoramos sua natureza, mas ela parece depender de propriedades tanto de origem ancestral quanto adquiridas ao longo do desenvolvimento. Há raças sensíveis ou resistentes a certas doenças. Observam-se famílias receptivas à tuberculose, à apendicite, ao câncer e às doenças mentais, enquanto outras resistem a todas as doenças, exceto às degenerativas, que despontam durante a velhice. Sua imunidade natural, no entanto, não se deve apenas à constituição hereditária: ela vem também do estilo de vida e da alimentação, como demonstrou Reid Hunt há muito tempo. Descobriu-se que certo tipo de alimentação aumenta a receptividade de camundongos à febre tifoide experimental. A frequência da pneumonia é igualmente modificável pela comida. Na *mousery* do Instituto Rockefeller viviam camundongos de raça pura que, submetidos ao regime habitual, foram acometidos pela pneumonia em uma proporção de 52 para 100. Quando um grupo considerável desses animais passou a receber uma alimentação mais variada, a mortalidade por pneumonia caiu de 100 para 32, chegando a 14 e até mesmo 0 após o acréscimo de certas substâncias químicas aos alimentos. Não sabemos ainda que estilo de vida poderia levar o homem à resistência natural às infecções. A prevenção de doenças pela injeção de vacinas ou soros específicos, exames médicos regulares da população e a construção de gigantescos hospitais são meios dispendiosos e ineficazes de desenvolvimento da saúde em uma nação. A saúde deve ser algo natural, com que não devemos nos preocupar. Além disso, a resistência inata às doenças dá ao indivíduo um vigor e uma intrepidez que não existem naqueles que devem sua vida à higiene e à medicina. As ciências médicas devem, desde já, orientar-se para a pesquisa dos fatores da imunidade natural.

Ao lado da resistência natural às doenças está a resistência adquirida, produzida de modo espontâneo ou artificial. Sabe-se que o organismo se adapta às bactérias e aos vírus pela produção de substâncias capazes de destruir, direta ou indiretamente, os invasores. Assim, a difteria, a febre tifoide, a varíola, a rubéola etc., fazem com que suas vítimas tornem-se resistentes a uma segunda tentativa da doença, ao menos durante um tempo. Essa imunidade espontânea exprime a adaptação do organismo a uma nova situação. Se injetarmos em um frango o soro de um coelho, o soro do frango adquire, após alguns dias, a propriedade de criar uma abundante precipitação do soro do coelho. O frango é, assim, capaz de deixar inofensivas as albuminas do coelho, que são perigosas para ele. Da mesma forma, quando injetamos toxinas microbianas em um animal, esse animal produz antitoxinas. O fenômeno fica mais complexo se injetarmos os próprios micróbios, que fazem o animal fabricar substâncias que os aglutinam e os destroem. Ao mesmo tempo, os leucócitos do sangue e dos tecidos, como descobriu Metchnikoff, adquirem o poder de devorá-los. Sob influência do agente patógeno, surgem fenômenos ao mesmo tempo heterólogos e convergentes que levam à destruição do elemento perigoso. Esses processos têm as mesmas características de simplicidade, complexidade e finalidade dos outros processos fisiológicos.

São substâncias químicas definidas que provocam essas respostas adaptativas do organismo. Alguns polissacarídeos encontrados no corpo de bactérias, quando unidos a uma proteína, causam reações específicas às células e humores. Os tecidos de nosso corpo fabricam, em vez dos polissacarídeos das bactérias, matérias graxas ou açúcares, que têm uma propriedade parecida: elas conferem ao organismo o poder de atacar as proteínas ou os tecidos estranhos. Assim como os micróbios, as células de um animal ocasionam, no corpo de outro animal, a produção de anticorpos, sendo, no fim, por eles destruídas. É por tudo isso que a implantação de testículos de chimpanzé em um homem não dá certo. A existência dessas reações adaptativas levou à vacinação e ao emprego de soros terapêuticos, isto é, à imunidade artificial. Ao se injetar em um cavalo micróbios ou vírus, mortos ou com virulência atenuada, provoca-se o desenvolvimento de uma grande quantidade de anticorpos em seu sangue. O soro do animal assim imunizado contra uma doença tem, às vezes, o poder de curar pacientes que sofrem dessa mesma doença. O soro fornece substâncias antitóxicas ou antibacterianas necessárias ao paciente, suprindo assim a incapacidade da maior parte dos indivíduos de se defender sozinhos das infecções microbianas.

7 – As doenças microbianas. – as doenças degenerativas e os fenômenos adaptativos. – as doenças contra as quais o organismo não reage. – saúde artificial e saúde natural.

Sozinho ou com o auxílio de soros específicos e medicamentos químicos e físicos não específicos, o paciente luta contra as bactérias invasoras. Nesse meio-tempo, a linfa e o sangue enchem o organismo doente de venenos microbianos e dejetos nutricionais. Mudanças profundas ocorrem em todo o corpo: há febre, delírio, uma aceleração das trocas químicas. Nas grandes infecções, como febre tifoide, pneumonia e septicemia, lesões aparecem em órgãos como o coração e o fígado. As células manifestam, então, propriedades que, na vida ordinária, permanecem virtuais. Suas reações ajudam a produzir um meio interior deletério para as bactérias e a estimular todas as atividades orgânicas. Os leucócitos multiplicam-se, secretam substâncias novas, sofrem as metamorfoses de que necessitam os tecidos e adaptam-se às condições imprevisíveis criadas pelos fatores patógenos, pela defecção dos órgãos e pela virulência e acúmulo local das bactérias. Eles formam, nas regiões infectadas dos abscessos, pus, cujas enzimas digerem os micróbios, além de terem a capacidade de dissolver os tecidos vivos. Essas enzimas abrem um canal no abscesso, seja em direção à pele, seja em direção a um órgão oco, e o pus é assim eliminado do corpo. Nas doenças microbianas, os sintomas são a tradução da tentativa dos tecidos e humores de se adaptarem às condições novas, de resistirem a elas e de voltarem ao estado normal.

Nas doenças causadas por alguma carência alimentar e nas doenças degenerativas, como a arteriosclerose, as miocardites, as nefrites e o diabetes, as funções adaptativas também entram em jogo. Os processos fisiológicos mudam da maneira mais apropriada à sobrevivência do organismo. Se a secreção de uma glândula torna-se insuficiente, outras glândulas aumentam sua atividade e seu volume para compensá-la. Quando a valva que na extremidade do orifício de comunicação do átrio e do ventrículo esquerdo deixa o sangue refluir, o coração cresce e sua força aumenta, lançando assim, na aorta, uma quantidade quase normal de sangue. Graças a esse fenômeno adaptativo, o doente pode, por muitos anos, continuar a viver como todo mundo. Quando os rins funcionam mal, a pressão arterial aumenta para que um volume maior de sangue passe pelo filtro insuficiente.

No início do diabetes, o organismo tenta compensar a diminuição da secreção de insulina pelo pâncreas. Em geral, as doenças degenerativas consistem em uma tentativa do corpo de se adaptar a uma função defeituosa. Há agentes patógenos contra os quais o organismo não reage e não aciona seus mecanismos de adaptação, como o *Treponema pallidum* da sífilis. Uma vez que esse parasita tenha entrado no corpo, não sai mais. Ele se instala na pele, nos vasos sanguíneos, no cérebro e no esqueleto, e nem as células nem os humores reagem de modo a matá-lo. Esse invasor somente cede a um tratamento prolongado. Da mesma forma, o câncer não encontra resistência alguma por parte do organismo. Benignos ou malignos, os tumores são tão semelhantes aos tecidos normais que o corpo parece não notar sua presença. Eles se desenvolvem, frequentemente, em indivíduos que permanecem aparentemente saudáveis. Os sintomas que se manifestam mais tarde não representam uma reação do organismo, e sim um resultado direto dos malefícios do tumor, que secreta produtos tóxicos, destrói um órgão essencial ou comprime um nervo. O progresso do câncer é irredutível porque os tecidos e humores jamais reagem contra ele.

No curso das doenças, o corpo enfrenta uma situação nova, mas busca se adaptar eliminando o fator patógeno e reparando as lesões por ele causadas. Sem esse poder adaptativo, os seres vivos não poderiam sobreviver, pois estão constantemente expostos aos ataques de vírus ou bactérias e às falhas estruturais de inúmeros elementos dos sistemas orgânicos. Antigamente, o indivíduo devia sua sobrevivência unicamente à capacidade adaptativa. Atualmente, graças à higiene, ao conforto, a uma boa alimentação, à facilidade da existência, aos hospitais, aos médicos e aos enfermeiros, a civilização moderna deu a muitos seres humanos de má qualidade a possibilidade de viver. Estes e seus descendentes contribuem consideravelmente para o enfraquecimento das raças brancas, e talvez seja preciso renunciar a essa forma artificial de saúde e cultivar apenas aquela que vem da excelência das funções adaptativas e da resistência natural.

8 – Adaptação extraorgânica. – Adaptação às condições físicas do meio.

Na adaptação extraorgânica, o corpo ajusta seu estado interior às variações do meio. Esse fenômeno acontece por meio dos mecanismos que mantêm a estabilidade das atividades fisiológicas e mentais e dão ao corpo sua unidade. A cada mudança nas condições exteriores, as funções adaptativas dão uma resposta apropriada. Além disso, o homem pode suportar todas as modificações em seu meio. O ar está sempre mais quente ou mais frio que o corpo, e mesmo assim os humores que banham os tecidos e o sangue que circula nos vasos têm sempre a mesma temperatura. Esse fenômeno exige a intervenção incessante de todo o organismo. Nossa temperatura tende a aumentar quando a da atmosfera aumenta ou quando as trocas químicas ficam mais ativas, como no caso da febre, por exemplo. Nessas situações, a circulação pulmonar e os movimentos respiratórios aceleram, uma maior quantidade de água é evaporada nos alvéolos pulmonares e, como consequência, a temperatura do sangue baixa. Ao mesmo tempo, os vasos subcutâneos se dilatam e a pele fica vermelha. O sangue desloca-se em abundância até a superfície do corpo para se resfriar pelo contato com o ar, e, se o ar estiver muito quente, glândulas sudoríparas cobrem a pele com uma camada de suor que, ao evaporar, diminui a temperatura. O sistema nervoso central e o grande simpático entram em cena, aumentando a velocidade das pulsações cardíacas, dilatando os vasos, produzindo a sensação de sede etc. Já quando a temperatura exterior baixa, os vasos da pele contraem, e a pele fica branca, pois o sangue circula pouco ali. Este vai se abrigar nos órgãos interiores, cuja circulação e trocas químicas são ativadas. Lutamos, portanto, contra o frio e contra o calor por meio de modificações nervosas, circulatórias e nutritivas de todo o nosso corpo. As variações da temperatura exterior, a exposição ao calor e ao frio, ao vento, ao sol e à chuva agem não somente na pele, mas em todos os órgãos. Quando vivemos ao abrigo das intempéries, os processos reguladores da temperatura, da massa do sangue, de sua alcalinidade etc., tornam-se inúteis.

Adaptamo-nos a todas as excitações do mundo exterior, mesmo quando sua intensidade ou fraqueza abalam pouco ou muito as terminações nervosas dos órgãos dos sentidos. A luz excessiva é perigosa. Os homens sempre se protegeram instintivamente dela, e o organismo tem muitos mecanismos capazes de combatê-la. As pálpebras e o diafragma da íris protegem o olho quando a intensidade dos raios luminosos aumenta e, simultaneamente, a sensibilidade da retina decresce. A pele opõe-se à penetração dos raios luminosos pela produção de pigmento. Quando essas proteções naturais tornam-se insuficientes, ocorrem lesões na retina ou na pele, bem como disfunções nos órgãos internos e no sistema nervoso. É possível que uma luz muito forte leve, em longo prazo, a uma diminuição da sensibilidade e da inteligência. Não devemos esquecer que as raças mais civilizadas, como os escandinavos, por exemplo, têm a pele branca e vivem há muitas gerações em um país de baixa luminosidade. Na França, as populações do norte são bastante superiores às das margens do Mediterrâneo. As raças inferiores vivem, geralmente, em regiões onde a luz é agressiva e a temperatura média é elevada. Parece que a adaptação dos homens brancos à luz e ao calor ocorre em detrimento de seu desenvolvimento nervoso e mental.

O sistema nervoso central recebe do mundo cósmico, além dos raios luminosos, as mais variadas excitações, que são ora intensas, ora suaves. Imaginemos que somos uma placa fotográfica que registra igualmente intensidades luminosas muito diferentes. Nesse caso, regularíamos o efeito da luz sobre a placa por um diafragma e por um tempo de exposição adequados. O organismo, no entanto, emprega outro método: adapta-se à intensidade variável das excitações diminuindo ou aumentando sua receptividade. Como se sabe, a retina exposta à luz intensa torna-se bem menos sensível. Do mesmo modo, a mucosa olfativa, em pouco tempo, deixa de perceber um mau odor. Um barulho intenso, se for contínuo ou reproduzido em um ritmo uniforme, não nos incomoda. O bater do mar nas rochas ou o ruído de um trem não prejudicam o sono; apenas as variações na intensidade das excitações são percebidas. Weber acreditava que, se o estímulo aumentar em progressão geométrica, a sensação só aumenta em progressão aritmética. A intensidade da sensação cresce, portanto, mais lentamente do que a da excitação. Porque não percebemos a intensidade absoluta de um estímulo, e sim a diferença de intensidade entre duas excitações sucessivas, esse mecanismo nos protege de modo eficaz. Ainda que a lei de Weber não seja exata, expressa o que acontece de maneira aproximada. Além disso, o poder adaptativo do sistema nervoso não é tão extenso quando o dos outros aparelhos orgânicos. A civilização criou excitações contra as quais não sabemos nos defender, como o barulho das grandes cidades e fábricas, a agitação da vida moderna, a inquietação e a multiplicidade das ocupações. Não nos acostumamos mais à falta de sono e somos incapazes de resistir aos venenos hipnóticos, como o ópio ou a cocaína. O que é estranho é que nos adaptamos sem sofrimento à maioria das condições da vida moderna, mas essa adaptação provoca mudanças orgânicas e mentais que constituem uma verdadeira deterioração do indivíduo.

9 – Modificações permanentes do corpo e da consciência produzidas pela adaptação.

Algumas modificações permanentes do corpo e da consciência são produzidas pela adaptação, e o meio deixa, assim, sua marca no ser humano. Quando age por muito tempo sobre pessoas jovens, essa marca é irreversível, fazendo surgir novos aspectos estruturais e mentais nos indivíduos e nas raças. É como se o plasma germinativo sofresse aos poucos a influência do meio. Essas modificações são naturalmente hereditárias. Certamente, o indivíduo não transmite a seus descendentes as características que adquiriu, mas seus humores alteram-se necessariamente de acordo com o mundo cósmico, e suas células sexuais se adaptam como as outras a essas mudanças no meio interior. As plantas, árvores, animais e seres humanos da Normandia são muito diferentes dos da Bretanha, cada qual com a marca específica de seu solo. Na época em que a população de cada vila alimentava-se unicamente de seus próprios produtos, seu aspecto variava ainda mais de uma província para outra.

A adaptação à sede e à fome fica evidente nos animais. As vacas dos desertos do Arizona estão acostumadas a não beber nada por três ou quatro dias. Cães permanecem gordos e em perfeita saúde comendo apenas duas vezes por semana. Os animais que bebem água raramente aprendem a beber bastante, e seus tecidos começam a reter água em grande quantidade e por muito tempo. Bichos submetidos ao jejum acostumam-se a ingerir, em um ou dois dias, um volume de comida grande o suficiente para o resto da semana, e o mesmo vale para o sono. Pode-se aprender a não dormir ou a dormir pouco em certo período e dormir muito em outro. Também é fácil se adaptar a um excesso de comida e bebida. Se uma criança recebe tanta comida quanto é capaz de absorver, vai se acostumar a comer de modo inutilmente abundante, e depois não conseguirá desfazer esse hábito. Ainda não sabemos todas as consequências orgânicas e mentais desses excessos alimentares; sabemos apenas que eles se manifestam por um aumento do volume e da estatura do esqueleto e por uma diminuição da atividade geral do indivíduo, como ocorre com os coelhos selvagens que são transformados em coelhos domésticos. Não é certo que os hábitos regulares da vida moderna levem ao desenvolvimento ideal dos seres humanos. Adotamos esse estilo de vida apenas porque é cômodo e agradável. É diferente do de nossos ancestrais e dos grupos humanos que não participam ainda da civilização industrial, mas é de se duvidar que seja melhor.

    O homem se aclimata a uma grande altitude por modificações de seu sangue e dos sistemas circulatório, respiratório, esquelético e muscular. Os glóbulos vermelhos respondem à queda da pressão barométrica multiplicando-se. A adaptação é rápida, e, em algumas semanas, soldados transportados aos picos dos Alpes caminham, escalam e correm tão ativamente quanto nas baixas altitudes. Ao mesmo tempo, a pele se protege contra a luz da neve por uma pigmentação intensa. O tórax e os músculos do peito se desenvolvem. Após alguns poucos meses de vida ativa nas altas montanhas, o sistema muscular acostuma-se ao maior esforço de caminhada e escalada nos rochedos, e a forma e a atitude do corpo também se moldam ao incessante exercício exigido. Além disso, o corpo torna-se resistente ao frio: por meio do aperfeiçoamento dos processos reguladores da temperatura do meio interior, consegue aguentar todas as intempéries. Quando indivíduos aclimatados às montanhas descem até a planície, seu sangue volta ao normal, mas essas pessoas guardam para sempre os traços de adaptação de seu tórax, pulmões, coração e vasos a uma atmosfera rarefeita, à luta contra o frio e ao constante esforço corporal exigido pela escalada cotidiana das montanhas. Uma atividade muscular intensa leva, sozinha, a modificações permanentes no organismo. Por exemplo, nos ranchos do oeste, os *cowpunchers* adquirem um vigor, uma flexibilidade e uma resistência que atleta algum pode alcançar no conforto de uma universidade moderna. O mesmo vale para o trabalho intelectual: um esforço mental muito prolongado deixa sua marca no indivíduo. Esse tipo de atividade é quase impossível no estado de mecanização em que se encontra a educação, sendo viável apenas nos grupos inspirados por um ardente ideal e pela vontade de conhecer, a exemplo daquele formado pelos primeiros discípulos de Pasteur. Os jovens homens que Welch reuniu em torno de si no início de sua carreira na Universidade Johns Hopkins foram por toda a vida fortalecidos e engrandecidos pela disciplina intelectual em que se lançaram sob sua orientação.

    Há ainda uma forma mais sutil, menos conhecida, de adaptação das atividades orgânicas e mentais ao meio: a resposta do corpo às substâncias químicas contidas nos alimentos. Sabemos que nas populações dos países em que a água é rica em cálcio, o esqueleto fica mais pesado do que nas das regiões onde a água é praticamente pura. Sabemos também que os indivíduos que se nutrem de leite, ovos, legumes, cereais e água diferem daqueles que se alimentam, sobretudo, de carne, vinho, cerveja ou álcool, mas ignoramos as características orgânicas dessa adaptação. É provável que a constituição das glândulas e do sistema nervoso seja modificada conforme os modos de alimentação, que as atividades mentais variem simultaneamente à forma e às dimensões do corpo. Além disso, é prudente não seguir cegamente as doutrinas dos médicos e higienistas cujo horizonte se restringe a um único aspecto de nós mesmos. O progresso da humanidade certamente não virá do aumento do peso e da longevidade dos indivíduos.

A ativação dos mecanismos de adaptação parece estimular todas as funções orgânicas. Pessoas enfraquecidas e convalescentes sentem-se bem com uma mudança de ares momentânea. Algumas variações nos hábitos de vida, de alimentação, de sono e de *habitat* são úteis. A adequação a essas novas condições de existência aumenta temporariamente a atividade dos processos fisiológicos e mentais. A velocidade da adaptação depende do ritmo do tempo fisiológico. Assim, por exemplo, as crianças respondem imediatamente a uma mudança de clima, ao passo que os adultos respondem muito mais lentamente. Para produzir resultados duradouros, a ação do meio deve ser prolongada. Durante a juventude, um novo clima e novos hábitos podem provocar modificações adaptativas persistentes, e é por esse motivo que o serviço militar obrigatório, ao impor a todos uma mudança de vida, certos exercícios e determinada disciplina, favorece muito o desenvolvimento dos indivíduos. Seria possível devolver a energia e a audácia à maioria dos que as perderam imergindo-os em condições mais rudes de existência. A uniformidade e a facilidade da vida das escolas e universidades seriam substituídas por hábitos mais viris. A adaptação a uma disciplina fisiológica, intelectual e moral causa, no sistema nervoso, nas glândulas endócrinas e na consciência, alterações definitivas, dando ao organismo uma melhor integração, maior vigor e maior aptidão para superar obstáculos e perigos da existência.

10 – Adaptação ao meio social pelo esforço e pela fuga. – A falta de adaptação.

Adaptamo-nos ao meio social da mesma forma que ao meio físico. As atividades mentais têm, assim como as atividades fisiológicas, tendência a se modificar, e orientam-se de modo a nos ajustar ao nosso meio. Em geral, não recebemos gratuitamente do grupo a que pertencemos a posição que desejamos ocupar. Cada um deve possuir, conhecer, comandar, aproveitar. O homem é impulsionado pelo dinheiro, pela ambição, pela curiosidade, pelo apetite sexual, e está imerso em um meio sempre indiferente, às vezes, hostil. Ele percebe rapidamente que deve conquistar o que deseja. A consciência submete-se ao meio social adaptando-se a ele. O modo de adaptação depende da constituição individual. Adaptamo-nos ao meio, conquistando-o ou fugindo dele, e muitas vezes não nos adaptamos de modo algum. A atitude natural do ser humano para com o mundo e seus semelhantes é a luta. A consciência responde à hostilidade do meio por meio, de uma luta contra ele. Assim se desenvolvem a inteligência e a astúcia, bem como a atenção voluntária, o desejo de aprender, a vontade de trabalhar, possuir e dominar. A paixão pela conquista assume formas diversas de acordo com os homens e o meio. Ela é a inspiração por trás de todas as grandes aventuras: levou Pasteur à renovação da medicina, Mussolini à construção de uma grande nação e Einstein à criação de um universo; conduz os bandidos modernos ao roubo, ao assassinato, à exploração financeira e econômica da sociedade; constrói hospitais, laboratórios, universidades, igrejas; e impulsiona o homem à fortuna e à morte, ao heroísmo e ao crime, mas nunca à felicidade.

O segundo modo de adaptação é a fuga. Alguns abandonam a luta e descem ao nível onde ela não é mais necessária: tornam-se operários de fábricas, proletários. Outros se refugiam em si mesmos e podem, ao mesmo tempo, adaptar-se parcialmente ao meio, até mesmo conquistá--lo, graças à superioridade de sua inteligência. No entanto, não lutam, e participam apenas aparentemente de um mundo do qual são protegidos por sua vida interior. Outros, ainda, esquecem o meio em função de um trabalho incessante. Quem é obrigado a agir sem parar adapta-se a todos os acontecimentos. Uma mulher cujo filho morre e que deve cuidar de vários outros não tem tempo de pensar em sua dor. O trabalho é mais eficaz do que o álcool e a morfina enquanto forma de lidar com as condições adversas do meio. Alguns indivíduos passam sua vida sonhando, desejando fortuna, saúde, felicidade. As ilusões e a esperança são um meio poderoso de adaptação. A esperança faz a ação, e é com razão que o cristianismo a considera uma grande virtude. Ela é um dos fatores mais poderosos no ajuste do indivíduo a um meio desfavorável. Por fim, também nos adaptamos por hábito. As dores são esquecidas mais facilmente do que as alegrias, mas a inação aumenta todos os sofrimentos da vida. A maior infelicidade que a civilização científica deu aos homens é o ócio.

Há muitas pessoas que nunca se adaptam a seu grupo social, dentre as quais se encontram os débeis mentais. Na sociedade moderna, eles não têm seu lugar, exceto nas instituições destinadas a eles. Muitas crianças normais nascem entre os degenerados e os criminosos e formam, nesse meio, seu corpo e sua consciência. Depois, ficam inadaptáveis à vida normal. Elas constituem a população das prisões, bem como a população muito maior que vive em plena liberdade para roubar e assassinar. Esses seres são o resultado necessário da corrupção provocada pela civilização industrial. Eles são irresponsáveis, assim como as crianças criadas nas escolas modernas por professores que ignoram a necessidade do esforço, da concentração intelectual e da disciplina moral. Mais tarde, quando deparam com a indiferença do mundo, com as dificuldades materiais e mentais da vida, são incapazes de se adaptar, a não ser fugindo, buscando uma segurança, uma proteção e, se for o caso, o crime ou o suicídio. Muitas pessoas jovens têm músculos fortes, mas, desprovidos de resistência nervosa, recuam diante da luta imposta pela vida moderna. Observa-se, em períodos de crise, que elas vêm pedir abrigo e comida a seus velhos pais. Assim como os produtos dos meios criminosos ou muito miseráveis, são incapazes de conquistar seu espaço na nova cidade.

Algumas formas de nossa vida levam diretamente à degeneração dos indivíduos. Há condições sociais tão fatais aos homens brancos quanto os climas quentes e úmidos. Conseguimos nos adaptar à pobreza, às preocupações e aos sofrimentos pelo trabalho e pela luta, e podemos, sem ceder, sofrer tirania, revoluções e guerras, mas não nos acostumamos à miséria ou à prosperidade. A extrema pobreza leva sempre ao enfraquecimento do indivíduo e da raça. O mesmo ocorre com a riqueza sem responsabilidade. Há famílias que, há séculos, possuem dinheiro e poder e continuam fortes, mas antigamente o poder e o dinheiro vinham da posse de terras e exigiam luta, esforço, trabalho contínuo. Atualmente, a riqueza não traz consigo obrigação alguma, produzindo sempre o enfraquecimento dos homens. O lazer, sem riqueza, também é perigoso. Cinemas, concertos, rádios, automóveis e esportes não substituem o trabalho inteligente e a atividade útil. Estamos longe de resolver o problema mais assustador da sociedade moderna: o da falta de ocupação. Provavelmente apenas o resolveremos com uma revolução moral e social. Por enquanto, somos tão incapazes de lutar contra o ócio quanto contra o câncer e as doenças mentais.

11 – As características das funções adaptativas. – O princípio de Le Châtelier e a estabilidade interna do corpo. – A lei do esforço.

A função adaptativa assume tantas faces quantas forem necessárias ao enfrentamento de situações novas pelos tecidos e humores. Ela não é a expressão particular de nenhum sistema orgânico, sendo definível apenas por seu objetivo. Seus métodos variam, mas sua finalidade é sempre a mesma: a sobrevivência do indivíduo. Quando se considera a adaptação em todas as suas manifestações, ela se revela como o agente da estabilização e das reparações orgânicas, a causa do aperfeiçoamento dos órgãos pelo uso, o elo que faz dos tecidos e humores um todo constante em meio à variabilidade do meio exterior. É prático pensar nela como uma entidade, pois essa convenção permite descrever suas características. Na verdade, a função adaptativa é um aspecto de todos os processos fisiológicos e de seus elementos físico-químicos.

Em um sistema equilibrado, quando um fator tende a modificar esse equilíbrio, ocorre uma reação que se opõe a esse fator. Se dissolvermos açúcar na água, a temperatura baixa e o resfriamento diminui a solubilidade do açúcar. Esse é o princípio de Le Châtelier. Quando um exercício muscular vigoroso aumenta a quantidade de sangue venoso que chega ao coração, os centros nervosos são informados pelos nervos do átrio direito, como já mencionamos. Esses centros provocam, assim, uma aceleração das pulsações cardíacas, e o excesso de sangue venoso é eliminado. Há apenas uma analogia superficial entre o princípio de Le Châtelier e essa adaptação fisiológica. No primeiro caso, o equilíbrio tende a ser conservado por meios físicos; no segundo, um estado estável, e não um equilíbrio, é mantido por meio de processos fisiológicos. Se, em vez de sangue, um tecido modificar seu estado, dá-se um fenômeno análogo. A extirpação de um pedaço de pele ativa uma reação complexa que, por mecanismos convergentes, repara a perda de substância. Nesses dois exemplos, o excesso de sangue venoso e a ferida são os fatores que modificam o estado do organismo. A esses fatores se opõe uma série de processos fisiológicos que resulta, em um caso, na aceleração dos batimentos do coração e, em outro, na cicatrização.

Quanto mais um músculo funciona, mais se desenvolve. Em vez de desgastá-lo, o trabalho o fortalece. O fato de as atividades fisiológicas e mentais melhorarem com o uso é um dado imediato da observação, bem como o fato de o esforço ser indispensável ao desenvolvimento ótimo do indivíduo. A inteligência e o senso moral, assim como os músculos, se atrofiam pela falta de exercício. A lei do esforço é ainda mais importante do que a da constância dos estados orgânicos. A estabilidade do meio interior é, sem dúvida, indispensável à sobrevivência do corpo, mas o progresso fisiológico e mental de todos depende da atividade funcional e dos esforços. O ser humano adapta-se a não utilização de seus sistemas viscerais pela degeneração.

A adaptação, para atingir seu objetivo, utiliza múltiplos processos e não se concentra nunca em apenas uma região ou órgão, abrangendo o corpo inteiro. Por exemplo, a cólera provoca mudanças em todos os sistemas orgânicos: os músculos se contraem, e os nervos grande simpáticos e as glândulas suprarrenais entram em jogo. Essa ação produz a elevação da tensão arterial, a aceleração dos batimentos cardíacos e a liberação de glicose pelo fígado, que será utilizada como combustível pelos músculos. Da mesma forma, quando um organismo luta contra o resfriamento da pele, os aparelhos circulatório, respiratório, digestivo, muscular e nervoso são mobilizados. Em suma, o corpo responde às mudanças do meio exterior pela ativação da maioria de suas atividades. O exercício das funções adaptativas é tão necessário ao desenvolvimento do corpo e da consciência quanto o esforço físico é necessário aos músculos. A adaptação às intempéries, à falta de sono, à fadiga e à fome estimula todos os processos fisiológicos.

Os fenômenos adaptativos têm um objetivo, mas nem sempre conseguem alcançá-los. Eles não são precisos e apenas agem dentro de certos limites. As pessoas toleram certo número de bactérias e certa virulência dessas bactérias. Para além desse número e dessa virulência, as funções adaptativas deixam de ser suficientes, e assim se instala a doença. O mesmo ocorre com a resistência à fadiga, ao calor ou ao frio. Não é de se duvidar que o poder adaptativo aumente pelo exercício tanto quanto as outras atividades fisiológicas, pois também é aperfeiçoável. Em vez de prevenir as doenças simplesmente protegendo os indivíduos contra seus agentes, é preciso capacitar todos a se protegerem sozinhos, aumentando artificialmente a eficácia das funções adaptativas.

Em resumo, consideramos a adaptação como a expressão de propriedades fundamentais dos tecidos, como um aspecto da nutrição. As mudanças nos processos fisiológicos são tão variadas quanto as novas e imprevisíveis situações que surgem. Esses processos moldam-se ao objetivo a ser alcançado e não veem o tempo e o espaço do mesmo modo que a nossa inteligência os vê. O tempo, para eles, é diferente do que é para nós, e os tecidos se organizam tão facilmente em função de configurações espaciais já existentes quanto em função das ainda inexistentes. No desenvolvimento do embrião, a vesícula óptica, que vem do cérebro, e o cristalino, que vem da pele, estruturam-se em função de um olho que ainda é virtual. A adaptabilidade é uma característica tanto dos elementos dos tecidos quanto dos próprios tecidos e de todo o organismo. Os elementos parecem agir com base no interesse coletivo, como as abelhas que trabalham por sua comunidade. Eles conhecem o futuro e o presente e se adaptam às situações futuras por mudanças antecipadas em suas formas e funções.

12 – A supressão da maioria das funções adaptativas pela civilização moderna.

Em comparação a nossos ancestrais, utilizamos muito menos as funções adaptativas. Nos últimos anos adaptamo-nos ao meio por mecanismos criados por nossa inteligência, e não mais por mecanismos fisiológicos. A civilização científica nos forneceu meios de conservar o equilíbrio intraorgânico que são mais agradáveis e menos laboriosos do que os processos naturais. Ela tornou quase invariáveis as condições físicas da vida cotidiana, padronizou o trabalho muscular, a alimentação e o sono, e aboliu o esforço e a responsabilidade moral. Como consequência, transformou os modos de atividade de nossos sistemas muscular, nervoso, circulatório e endócrino.

Os habitantes das novas cidades não têm de sofrer as mudanças de temperatura atmosférica, pois o conforto das casas, os aparelhos modernos de aquecimento e refrigeração, a excelência das vestimentas e os automóveis fechados e aquecidos protegem-nos perfeitamente contra as intempéries. Durante o inverno não vivenciamos mais a alternância entre frio prolongado e aquecimento brutal diante do fogo das chaminés e dos fogões aos quais nossos ancestrais eram expostos. Nosso organismo não precisa mais ativar as séries de processos fisiológicos que aumentavam a atividade das trocas e modificavam a circulação de todo o corpo. O homem mal protegido por vestimentas insuficientes, que mantém sua temperatura interna por meio de um exercício vigoroso, faz com que todos os seus sistemas orgânicos funcionem de modo potente. Já quem combate o frio com peles e roupas impermeáveis ao vento e com o aquecedor de um carro bem vedado ou que se fecha em um quarto com temperatura amena mantém esses mesmos sistemas inativos. Em muita gente, a pele jamais é castigada pelo vento e jamais tem de se defender da chuva, da umidade de roupas molhadas ou da ardência do sol durante longas horas de fadiga. Nessas pessoas, os mecanismos responsáveis por regular a temperatura do sangue e dos humores ficam sempre em repouso, privados de um exercício possivelmente indispensável ao seu desenvolvimento completo e ao do indivíduo. Devemos lembrar que as funções adaptativas não têm como substrato um sistema especial que podemos dispensar quando não precisamos, pois são a expressão de todo o nosso corpo.

O esforço muscular não foi completamente eliminado, mas tornou-se bem menos frequente. Ele foi substituído, nas circunstâncias normais da vida, pelo das máquinas, e hoje é limitado ao atletismo, praticado de modo padronizado e com regras arbitrárias. Devemos nos perguntar se esses exercícios artificiais substituem completamente os exercícios naturais das antigas condições de vida. Algumas horas de dança e tênis por semana não equivalem, para as mulheres, ao esforço que faziam subindo e descendo continuamente as escadas de sua casa, executando os trabalhos domésticos sem ajuda de máquinas e circulando a pé nas ruas. Atualmente, elas vivem em apartamentos com elevadores e caminham com dificuldade sobre saltos altos, além de utilizarem constantemente carros e transportes públicos. O mesmo vale para os homens, cujo golfe aos sábados e domingos não compensa a completa inação no resto da semana. Ao eliminar o esforço muscular da vida cotidiana, eliminamos, sem dúvida, o exercício incessante a que eram submetidos nossos sistemas viscerais para manter a constância do meio interior. Como se sabe, os músculos consomem açúcar e oxigênio, produzem calor e liberam ácido lático no sangue circulante. Para se adaptar a essas mudanças, o organismo deve acionar o coração, o aparelho respiratório, o fígado, o pâncreas, os rins, as glândulas sudoríparas e os sistemas cerebroespinhal e grande simpático. Resumindo, os exercícios intermitentes que praticamos hoje, provavelmente não correspondam à atividade muscular contínua que a existência de nossos ancestrais comportava. Atualmente, o esforço físico é reservado a certos momentos e dias. O estado normal dos sistemas orgânicos, das glândulas sudoríparas e das glândulas endócrinas é o repouso.

Modificamos também o uso das funções digestivas. Alimentos duros, como o pão amanhecido e a carne de animais velhos, não são mais empregados na alimentação. Os médicos também esqueceram que as mandíbulas são feitas para triturar coisas resistentes, que o estômago é feito para digerir produtos naturais. Crianças são alimentadas com comidas macias, leite e mingau, e suas mandíbulas, dentes e músculos da face não trabalham o suficiente. O mesmo ocorre, com certeza, com os músculos e glândulas do aparelho digestivo. A frequência, regularidade e abundância das refeições inutilizaram uma função que tinha um papel considerável na sobrevivência das raças humanas: a adaptação à falta de comida. Na vida primitiva, os homens estavam sujeitos a períodos de jejum, e quando a escassez não os obrigava a tal, eles se submetiam voluntariamente. Todas as religiões insistiam na necessidade do jejum. A privação de comida produz, primeiramente, a fome, às vezes certa agitação nervosa e, mais tarde, uma sensação de fraqueza, mas também estimula fenômenos ocultos muito mais importantes. O açúcar do fígado estabiliza, assim como a gordura dos depósitos subcutâneos e as proteínas dos músculos, glândulas e células hepáticas. Todos os órgãos sacrificam sua própria substância para manter a integridade do meio interior e do coração. O jejum limpa e transforma nossos tecidos.

O homem moderno dorme demais ou muito pouco. Adapta-se mal ao sono em excesso, mas pior ainda à sua ausência por longos períodos. No entanto, é útil habituar-se a ficar acordado quando não se deseja. A luta contra o sono ativa aparelhos orgânicos cujo vigor se desenvolve pelo exercício, exigindo também força de vontade. Esse esforço, como muitos outros, foi abolido pelos hábitos modernos. Apesar da agitação da existência, da falsa atividade esportiva e dos transportes rápidos, nossos grandes sistemas reguladores permanecem em repouso. Em suma, o estilo de vida engendrado pela civilização científica tornou inúteis mecanismos cuja atividade, durante milênios, era incessante nos seres humanos.

13 – Necessidade da atividade das funções adaptativas para o desenvolvimento ideal dos seres humanos.

Apesar de tudo, o exercício das funções adaptativas parece indispensável ao desenvolvimento ótimo do indivíduo. Nosso corpo está em um meio físico cujas condições são variáveis e mantêm a constância de seu estado interior por meio de uma atividade orgânica incessante. Essa atividade não está localizada em apenas um sistema; todos os nossos aparelhos anatômicos reagem contra o mundo exterior do modo mais favorável à continuação de nossa vida. Será possível que uma propriedade tão geral de nossos tecidos possa permanecer inutilizada sem inconvenientes para nós? Não somos estruturados para viver em condições mutáveis e irregulares? O homem atinge seu mais alto desenvolvimento quando é exposto às intempéries, quando é privado de sono e depois dorme por muito tempo, quando sua comida é ora abundante ora escassa, e quando conquista com esforço seu abrigo e alimentos. Também é preciso exercitar os músculos, cansar-se e descansar, combater e sofrer, às vezes, estar feliz, amar e odiar, alternar entre o esforço e o relaxamento e lutar contra seus semelhantes ou contra si mesmo. O homem foi feito para esse tipo de existência, assim como o estômago foi feito para digerir os alimentos. Em condições como essas, que permitem um exercício intenso dos processos adaptativos, o homem torna-se mais viril. Sabe-se o quanto são sólidos, física e moralmente, aqueles que, desde a infância, foram submetidos a uma disciplina inteligente, que aguentaram algumas privações e que se adaptaram a condições adversas.

Observamos, ainda assim, indivíduos plenamente desenvolvidos que não foram obrigados a vivenciar a pobreza. Em geral, estes também se conformaram, ainda que de outras maneiras, às leis da adaptação. Desde a infância receberam a imposição ou impuseram a si mesmos uma disciplina, uma espécie de ascese, que os preservou dos efeitos deletérios da riqueza. O filho do senhor feudal recebia um duro treinamento físico e moral. Um dos heróis da Bretanha, Bertrand du Guesclin, obrigava-se a desbravar todo dia as intempéries e a lutar rudemente contra as crianças de sua idade. Ainda que pequeno e disforme, Guesclin adquiriu uma resistência e uma força até hoje legendárias. Não é a riqueza que é perigosa, mas a supressão do esforço. Os filhos dos grandes donos das indústrias do século XIX, tanto nos Estados Unidos quanto na Europa, muitas vezes perderam a força ancestral porque nunca tiveram de lutar contra o meio.

Não conhecemos ainda completamente os efeitos da carência das funções adaptativas sobre o desenvolvimento dos homens. Há, hoje em dia, nas grandes cidades, muitos indivíduos cujas funções não entram nunca em cena. Às vezes, as consequências desse fenômeno aparecem neles de modo evidente, manifestando-se não apenas nas crianças de famílias ricas, mas também nas que são criadas como os ricos. Desde o nascimento, essas crianças são colocadas em condições que deixam em repouso suas atividades adaptativas. Elas são constantemente vigiadas em quartos com temperaturas amenas e, durante o inverno, são vestidas como pequenos esquimós. Recebem grandes quantidades de comida, dormem o quanto quiserem, não têm responsabilidade alguma, nunca fazem esforço intelectual ou moral, aprendem apenas o que as diverte e não superam nenhuma dificuldade. O resultado é conhecido: tornam-se seres amáveis, em geral belos, muitas vezes fortes, que se cansam facilmente, são desprovidos de agudez intelectual, senso moral e resistência nervosa. Esses defeitos não são de origem ancestral, pois existem nos descendentes dos pioneiros tanto quanto nos dos recém-chegados. Não se pode deixar, impunemente, inativas funções tão importantes quanto as adaptativas. A lei do esforço, principalmente, deve ser obedecida. A degeneração do corpo e da alma é o preço que pagam os indivíduos e as raças que se esquecem dessa necessidade.

O fato de o desenvolvimento ideal exigir a atividade de todos os nossos órgãos é um dado imediato da observação. Além disso, o valor do ser humano sempre diminui quando os sistemas adaptativos se atrofiam. Na educação, é essencial que todos esses sistemas funcionem continuamente. Os músculos apenas são úteis porque contribuem para a harmonia e a força do corpo. Em vez de formar atletas, devemos formar homens modernos, pois estes precisam de equilíbrio nervoso, inteligência, resistência à fadiga e energia moral, mais do que de potência muscular. A obtenção dessas qualidades não pode ser feita sem esforço e sem luta, isto é, sem todos os órgãos. Ela também exige que o ser humano não seja exposto a condições de vida às quais não pode se adaptar. Ao que tudo indica, não há adaptação possível à agitação constante, à dispersão intelectual, ao alcoolismo, aos excessos sexuais precoces, ao barulho, à contaminação do ar, à adulteração dos alimentos. Se isso for verdade, será indispensável modificar nosso modo de vida e nosso meio, mesmo que seja necessária uma revolução destrutiva. Afinal, a civilização tem por objetivo não o progresso da ciência e das máquinas, e sim o do homem.

14 — Significado da adaptação. – Suas aplicações práticas.

Resumindo, a adaptação é um modo de ser de todos os processos orgânicos e mentais. Ela não é uma entidade, é um agrupamento automático de nossas atividades de modo a assegurar o máximo possível a sobrevivência do indivíduo. Ela é essencialmente teleológica. É por meio dela que o meio interior permanece constante, que o corpo conserva sua unidade e cura as doenças, e que nós sobrevivemos apesar da fragilidade e do caráter transitório de nossos tecidos. A adaptação é tão indispensável quanto a nutrição, da qual é apenas um aspecto. No entanto, na organização da vida moderna, essa função tão importante não foi levada em consideração. Abolimos quase completamente o seu uso, o que resultou em uma deterioração do corpo e, sobretudo, da consciência.

Esse tipo de atividade é necessário ao desenvolvimento ótimo do ser humano. De fato, sua carência leva à carência das funções nutritivas e mentais, da qual não é distinta. Por causa dela, os processos orgânicos seguem o ritmo do tempo fisiológico e das variações imprevisíveis do meio exterior. Cada mudança no meio provoca uma resposta de todos os nossos órgãos. Esses movimentos dos grandes sistemas funcionais expressam o contato do homem com a realidade exterior. Eles amortecem os choques materiais e mentais que recebemos sem parar. Além disso, não apenas nos permitem sobreviver, mas também são os agentes de nossa formação e aperfeiçoamento. Há, neles, uma característica de importância vital: são impulsionados por fatores químicos, físicos e fisiológicos, que podemos manipular facilmente. Temos, dessa forma, o maravilhoso poder de intervir com sucesso no desenvolvimento das atividades orgânicas e mentais. É assim que o conhecimento dos mecanismos de adaptação nos permitirá restaurar ou construir o indivíduo.

VII – O INDIVÍDUO

1 – O ser humano e o indivíduo. – A querela entre realistas e nominalistas. – A confusão entre símbolos e fatos concretos.

O ser humano não se encontra em lugar algum na natureza. Tudo o que observamos é o indivíduo, que se distingue do ser humano pelo fato de ser uma realidade concreta. É ele que age, ama, sofre, combate, morre. O ser humano, ao contrário, é uma ideia platônica, que vive em nossa mente e nossos livros, e é composto por abstrações estudadas por fisiologistas, psicólogos e sociólogos. Suas características são as dos universais. Estamos novamente diante do problema que cativava as mentes filosóficas da Idade Média: o da realidade das ideias gerais, problema que motivou a luta de Anselmo de Laon contra Abelardo, cujos ecos ainda ouvimos depois de 800 anos. Abelardo foi vencido, mas Anselmo e Abelardo, os realistas que acreditavam na existência dos universais, e os nominalistas, que não acreditavam, estavam igualmente certos.

Na verdade, precisamos do geral e do particular, do ser humano e do indivíduo. A realidade do geral, dos universais, é imprescindível à construção da ciência, pois nossa mente somente funciona por meio de abstrações. Para o cientista moderno, assim como para Platão, as ideias são a única realidade. Essa realidade abstrata nos dá o conhecimento do concreto, e o geral nos faz entender o particular. Graças às abstrações criadas pelas ciências do ser humano, pode-se vestir o indivíduo com esquemas convenientes que, mesmo não sendo feitos sob medida, aplicam-se a ele e nos ajudam a compreendê-lo. Além disso, o estudo empírico dos fatos concretos permite a evolução e o progresso das ideias, dos universais. Elas os enriquecem continuamente. A observação de milhares de indivíduos desenvolve uma ciência cada vez mais completa do ser humano. As ideias, em vez de imutáveis em sua beleza, como queria Platão, transformam-se e crescem quando nossa mente bebe da fonte constantemente jorrante da realidade empírica.

Vivemos em dois mundos diferentes: o dos fatos e o de seus símbolos. Para tomar conhecimento de nós mesmos e de nossos semelhantes, utilizamos tanto as observações quanto as abstrações científicas, mas, às vezes, ocorre de confundirmos o abstrato e o concreto. Tratamos, assim, os fatos como símbolos: assimilamos o indivíduo ao ser humano. A maioria dos erros dos educadores, médicos e sociólogos vem dessa confusão. Os cientistas habituados às técnicas da mecânica, da química, da física e da fisiologia, estranhos à filosofia e à cultura intelectual, estão sujeitos a misturar os conceitos de diferentes disciplinas e a não distinguir claramente o geral do particular. No entanto, na busca pelo conhecimento de nós mesmos, é importante diferenciar claramente o ser humano e o indivíduo. É com indivíduos que lidamos na educação, na medicina e na sociologia. Seria desastroso considerá-los apenas como símbolos, como seres humanos. A individualidade é uma característica fundamental do homem, que não consiste apenas em certo aspecto do corpo e da mente: ela impregna todo o nosso ser, faz dele um acontecimento único na história do mundo. Por um lado, manifesta-se no conjunto formado pelo organismo e pela consciência; por outro, deixa sua marca em cada elemento desse conjunto, sempre permanecendo indivisível. Apenas consideramos separadamente seus aspectos teciduais, humorais e mentais porque é conveniente fazê-lo.

2 – A individualidade tecidual e humoral.

Os indivíduos distinguem-se facilmente uns dos outros pelos traços de seu rosto, gestos, andar e características intelectuais e morais. Apesar das mudanças que o tempo causa em seu aspecto exterior, sua identidade pode ser mantida graças à dimensão de certas partes de seu esqueleto, como Bertillon mostrou no passado. Da mesma forma, as linhas das extremidades dos dedos constituem uma característica indelével. A impressão digital é a verdadeira assinatura do indivíduo, mas o aspecto da pele é apenas uma expressão da individualidade dos tecidos. Em geral, esta última não se traduz por qualquer particularidade morfológica. As células da glândula tireoide, do fígado, da pele etc. de um indivíduo parecem idênticas às de outro indivíduo. O coração bate quase da mesma maneira em todo mundo, a estrutura e as funções dos órgãos não parecem específicas a cada um. No entanto, é possível crer que características individuais apareceriam se nossos métodos de exame fossem mais refinados. Alguns cães têm um sentido olfativo tão desenvolvido que reconhecem o cheiro particular de seu dono em meio a uma multidão. Os tecidos de nosso corpo são capazes de perceber a especificidade de nossos humores e não se adaptam aos humores de outro indivíduo.

A individualidade tecidual manifesta-se da seguinte maneira: coloca-se, na superfície de uma ferida, alguns fragmentos de pele retirados do próprio paciente e outros de algum amigo ou parente. Depois de alguns dias, os enxertos pertencentes ao paciente aderem à ferida e crescem, ao passo que os enxertos estranhos descolam e desaparecem. Os primeiros sobrevivem, os outros morrem. É muito raro dois indivíduos serem tão parecidos o suficiente para poder trocar seus tecidos. Há certo tempo, Cristiani transplantou, em uma pequena garota cuja tireoide funcionava mal, fragmentos da tireoide de sua mãe, e a criança se recuperou. Após algumas décadas, ela se casou e engravidou, e os transplantes continuavam vivos. Eles começaram, então, a aumentar de volume, como faria uma glândula tireoide normal em circunstâncias parecidas. Entre dois gêmeos idênticos, com certeza os transplantes glandulares teriam êxito. No entanto, a regra geral é que os tecidos de um indivíduo recusam-se a aceitar os de outro indivíduo. No transplante do rim, por exemplo, quando a circulação sanguínea é restabelecida pela sutura dos vasos, o órgão volta a funcionar imediatamente, comportando-se, em um primeiro momento, de modo normal. Após algumas semanas, porém, observam-se albumina e sangue na urina, e uma doença similar à nefrite leva rapidamente à atrofia do rim. Todavia, se o órgão transplantado pertencer ao próprio animal, retomará integral e permanentemente suas funções. Os humores reconhecem, nos tecidos estranhos, diferenças constitutivas indetectáveis por qualquer outro teste. Os tecidos são específicos do indivíduo ao qual pertencem, e foi essa característica que impediu, até o momento, a utilização terapêutica do transplante de órgãos.

Os humores têm uma especificidade parecida, que se traduz em certo efeito do soro sanguíneo de um indivíduo sobre as células de outro indivíduo. Muitas vezes, os glóbulos vermelhos do sangue aglutinam-se uns aos outros sob influência do soro. Era esse fenômeno que causava, antigamente, os acidentes registrados após a transfusão sanguínea. Dessa forma, é indispensável que os glóbulos do homem doador de sangue não sejam aglutinados pelo soro do paciente. De acordo com uma importante descoberta de Landsteiner, os seres humanos dividem-se em quatro grupos cujo conhecimento é essencial ao sucesso da transfusão. O soro dos membros desses grupos aglutinam os glóbulos dos membros de outros grupos. Há, ainda, um grupo de doadores universais cujas células não são aglutinadas pelo soro dos outros grupos, o que faz com que seu sangue possa ser misturado impunemente a todos os outros sangues. Essas características persistem por toda a vida e são transmitidas hereditariamente conforme as leis de Mendel. Há cerca de trinta subgrupos cuja influência recíproca é menos marcante. Na transfusão, essa influência é negligenciável, mas é indicativa da existência de semelhanças e diferenças entre grupos mais restritos. Ainda que o teste de aglutinação dos glóbulos pelo soro seja de grande utilidade, ainda é imperfeito. Ele esclarece certas diferenças entre categorias de indivíduos, mas não detecta as características mais sutis entre os indivíduos que compõem cada categoria.

Essas características específicas do indivíduo são evidenciadas pelos resultados do transplante de órgãos, mas não há métodos que permitam identificá-las facilmente. A injeção repetida do soro de um indivíduo nas veias de outro pertencente ao mesmo grupo sanguíneo não causa nenhuma reação, nenhuma formação considerável de anticorpos. É por esse motivo que um doente pode receber sem riscos transfusões repetidas. Nesse caso, os humores não reagem nem contra os glóbulos, nem contra o soro do doador. É provável, no entanto, que procedimentos suficientemente delicados permitiriam evidenciar as diferenças individuais reveladas pelos transplantes de órgãos. Essa especificidade dos humores deve-se a proteínas e a certos grupos químicos que Landsteiner denominou haptenos, substâncias graxas e açúcares que, quando combinadas a uma matéria proteica e injetadas em um animal, provocam o surgimento de substâncias novas no soro: anticorpos especificamente opostos aos haptenos. A especificidade do indivíduo depende, provavelmente, do arranjo interior das grandes moléculas resultantes da combinação de um hapteno e de uma proteína. São inúmeros os grupos de átomos que compõem essas moléculas e as possíveis modificações de suas posições na estrutura molecular. Entre seres humanos que viveram na Terra, certamente nunca existiram dois cuja constituição fosse idêntica. A individualidade dos tecidos está ligada de modo ainda desconhecido às moléculas que participam da construção das células e humores. Nossa própria individualidade baseia-se, portanto, no mais profundo de nós mesmos.

Essa individualidade está impressa no corpo inteiro: ela reside tanto nos processos fisiológicos quanto na estrutura química dos humores e das células. Todos reagem à sua maneira aos acontecimentos do mundo exterior, ao barulho, ao perigo, aos alimentos, ao frio, ao calor, aos ataques dos micróbios e vírus. Quando se injetam, em animais de raça pura, quantidades iguais de uma proteína estranha ou de uma suspensão de bactérias, esses animais nunca respondem à injeção de maneira uniforme, e alguns simplesmente não respondem. Durante as grandes epidemias, os seres humanos comportam-se de acordo com suas próprias características: alguns adoecem e morrem, outros adoecem e curam-se, outros não são atingidos, e outros, por fim, são ligeiramente afetados pela doença, mas sem apresentar sintomas definidos. Cada um manifesta um poder diferente de adaptação. Como diz Richet, existe uma personalidade humoral, assim como uma personalidade psicológica.

O tempo fisiológico também carrega a marca da individualidade. Seu valor, como sabemos, varia para cada um e, além disso, não é constante ao longo da vida. Uma vez que cada evento é registrado em nosso interior, nossa personalidade humoral e tecidual torna-se cada vez mais específica à medida que envelhecemos. Ela é enriquecida por tudo que ocorre em nosso mundo interior, pois as células e os humores, assim como a mente, têm memória. Cada doença, cada injeção de soro ou de vacina, cada invasão de nosso corpo por bactérias, vírus ou substâncias químicas estranhas modificam-nos de modo permanente. Esses acontecimentos produzem, em nós, estados alérgicos em que nossa reatividade é alterada. Dessa forma, os tecidos e humores adquirem uma individualidade cada vez mais acentuada. Os idosos diferem bem mais entre si do que as crianças. Cada homem é uma história diferente de qualquer outra.

3 – A individualidade psicológica. – As características que constituem a personalidade.

A individualidade psicológica sobrepõe-se à individualidade tecidual e humoral. Aquela depende desta na medida em que a atividade mental depende dos processos cerebrais e das outras funções orgânicas. Ela nos dá nossa unicidade e faz com que sejamos nós e não outra pessoa. Dois gêmeos idênticos, provenientes do mesmo óvulo, com a mesma constituição genética, manifestam uma personalidade diferente. As características mentais são um reativo ainda mais delicado da individualidade do que as características humorais e teciduais. Os homens distinguem-se mais uns dos outros pela inteligência e temperamento do que por suas funções fisiológicas. Cada um é definido pelo número de suas atividades psicológicas e por sua qualidade e intensidade. Não há dois indivíduos mentalmente idênticos. Na verdade, aqueles que têm uma consciência rudimentar parecem muito entre si. Quanto mais rica a personalidade, maiores são as diferenças individuais. É raro encontrar todas as atividades da consciência desenvolvidas em uma mesma pessoa. Na maioria delas, algumas dessas funções estão ausentes ou enfraquecidas. Há uma diferença muito considerável não apenas em sua quantidade, mas também na qualidade. Além disso, o número de suas combinações é infinito. Nada é mais difícil de conhecer do que a constituição de um dado indivíduo. A complexidade da personalidade mental e a insuficiência dos testes psicológicos tornam impossível estabelecer uma classificação precisa dos seres humanos. Pode-se, porém, dividi-los em categorias de acordo com suas características intelectuais, afetivas, morais, estéticas e religiosas, bem como com combinações dessas características entre si e com as características fisiológicas.

Há também relações claras entre os tipos psicológicos e morfológicos. O aspecto físico de um indivíduo é uma indicação de sua constituição tecidual, humoral e mental. Entre os tipos mais extremos estão muitos intermediários. As classificações possíveis são inúmeras e têm pouca utilidade.

Os indivíduos foram separados em intelectuais, sensíveis e voluntários. Em cada categoria há os hesitantes, os contrariantes, os impulsivos, os incoerentes, os fracos, os dispersos e os inquietos, bem como os pensativos, os mestres de si, os íntegros e os equilibrados. Entre os intelectuais também há grupos muito distintos: as mentes amplas, cujas ideias são muitas, que assimilam os elementos mais variados, os coordenam e os unem; as mentes estreitas, incapazes de apreender vastos aglomerados de informação, mas que penetram profundamente nos detalhes de uma especialidade; e a inteligência precisa, analítica, mais comum do que aquela capaz de grandes sínteses. Há também o grupo dos lógicos e o dos intuitivos, e é este último grupo que constitui a maior parte dos homens. Observam-se incontáveis combinações dos tipos intelectuais e afetivos. Os intelectuais são emotivos, apaixonados, dinâmicos, mas também covardes, irresolutos, fracos. Entre eles, o tipo místico é muito raro. A mesma multiplicidade de combinações aparece nos grupos com tendências morais, estéticas e religiosas. Tal classificação nos mostra simplesmente a maravilhosa variedade de tipos humanos[11]. O estudo da individualidade psicológica é tão enganoso quanto seria o da química se o número de corpos simples fosse infinito.

Todos nós temos consciência de sermos únicos, e essa unicidade é real. No entanto, há grandes diferenças no grau de individualização. Algumas personalidades são muito ricas, muito assertivas; outras são fracas, modificáveis pelo meio e pelas circunstâncias. Entre o mero enfraquecimento da personalidade e as psicoses, há uma ampla gama de estados intermediários. Algumas neuroses dão às suas vítimas o sentimento de dissolução de sua personalidade, ao passo que outras doenças realmente a destroem. A encefalite letárgica produz lesões cerebrais que levam a mudanças profundas no indivíduo, e o mesmo vale para a demência precoce, a paralisia geral. Em outras doenças, as modificações psicológicas são apenas temporárias. A histeria causa, às vezes, a duplicação da personalidade, fazendo com que o doente torne-se duas pessoas diferentes. Cada uma dessas pessoas artificiais ignora o que a outra faz. Igualmente, pode-se provocar, durante o sono hipnótico, modificações da identidade do sujeito. Se a ele se impõe, por sugestão, outra personalidade, ele adota suas atitudes e vivencia suas emoções. Além das pessoas que se multiplicam em várias pessoas, há outras que se dissociam apenas parcialmente. Nessa categoria, pode-se incluir aqueles que praticam a escrita automática, alguns médiuns e, enfim, os seres patéticos e vacilantes que pululam na sociedade moderna.

Ainda não somos capazes de fazer um inventário completo da individualidade psicológica e medir seus elementos, nem de determinar exatamente

---

11. DUMAS, Georges. *Tratado de Psicologia*. 1924. t. II. Livro III. Capítulo III. p. 575.

no que ela consiste e de que maneira um indivíduo difere de outro. Não conseguimos nem mesmo saber quais são as características essenciais de determinado homem, muito menos suas potencialidades. No entanto, seria preciso que cada indivíduo se inserisse no meio social de acordo com suas aptidões e suas atividades mentais e fisiológicas específicas. Mas ele não pode fazê-lo, pois é ignorante sobre si mesmo. Os pais e educadores compartilham dessa ignorância: não sabem distinguir nas crianças a natureza de sua individualidade. Pelo contrário, buscam padronizá-la. Os homens de negócios não utilizam as qualidades pessoais de seus empregados e não reconhecem o fato de que as pessoas são todas diferentes entre si. Somos, em geral, ignorantes quanto às nossas próprias aptidões. Apesar disso, todos podem fazer tudo. Com base em suas características, cada um se adapta mais facilmente a certo trabalho, a certo estilo de vida. Seu sucesso e felicidade dependem de certa correspondência de seu meio com ele. Entre um indivíduo e seu grupo social, deveria haver a mesma relação que há entre uma fechadura e sua chave. O conhecimento das qualidades inatas da criança e de suas potencialidades impõe-se como a primeira preocupação dos pais e educadores. É certo que a psicologia científica não pode mais ajudá-los nessa tarefa, pois os testes aplicados aos alunos das escolas por psicólogos inexperientes têm pouco significado. Talvez fosse melhor atribuir menos importância a eles, pois iludem aqueles que ignoram o estado da psicologia com uma confiança ilusória. A psicologia ainda não é uma ciência; por enquanto, a individualidade e suas potencialidades não são mensuráveis. Entretanto, um observador sagaz, bom conhecedor dos seres humanos, às vezes, é capaz de descobrir o futuro nas características presentes em dado indivíduo.

4 – A individualidade da doença. – A medicina e a realidade dos universais.

As doenças não são entidades. Observamos pessoas com pneumonia, sífilis, diabetes, febre tifoide, etc. Construímos, assim, em nossa mente, universais, abstrações a que chamamos doenças. A doença representa a adaptação do organismo a um agente patógeno ou sua destruição progressiva por esse agente. A adaptação e a destruição assumem a forma do indivíduo que as sofre e o ritmo de seu tempo interior. O corpo é destruído mais rapidamente por uma doença degenerativa na juventude do que na velhice. Ele responde de um jeito específico a cada inimigo, e o sentido de sua resposta depende das propriedades imanentes de seus tecidos. A angina de peito, por exemplo, anuncia sua presença por um desconforto agudo, como se o coração estivesse sendo agarrado por garras de aço. Mas a intensidade da dor varia conforme a sensibilidade do indivíduo: quando esta é fraca, a doença ganha outro aspecto. Sem aviso e sem dor prévia, ela mata sua vítima. Sabe-se que a febre tifoide produz febre e depressão e que é uma doença grave que exige uma longa estadia no hospital. No entanto, alguns indivíduos, ainda que acometidos por essa doença, continuam com suas ocupações habituais. No curso das epidemias de gripe, difteria, febre amarela etc., alguns doentes apenas apresentam um pouco de febre e algum mal-estar. Assim, reagem às infecções graças às qualidades inerentes de seus tecidos. Como sabemos, os mecanismos adaptativos que nos protegem dos micróbios e vírus variam em cada um. Quando o organismo é incapaz de resistência, como no caso do câncer, sua destruição também ocorre à sua própria maneira. Em uma mulher jovem, um câncer de mama leva rapidamente à morte, ao passo que na extrema velhice, muitas vezes, evolui com grande lentidão. A doença é algo pessoal, que assume o aspecto do indivíduo. Há tantas doenças diferentes quanto há doentes diferentes.

Seria impossível, no entanto, fazer uma ciência da medicina contentando-se em compilar um grande número de observações individuais. Foi preciso classificar os fatos e simplificá-los por abstrações. Foi assim que teve origem a doença, e foi assim que se puderam escrever os tratados de medicina. Foi criado um tipo de ciência grosseiramente descritivo, rudimentar e imperfeito, mas conveniente, indefinidamente aperfeiçoável e de fácil transmissão. Infelizmente, os médicos se contentaram com esse resultado, sem compreender que os tratados, ao descrever entidades patológicas, contêm apenas uma parte dos conhecimentos necessários àqueles que cuidam de pessoas doentes. A ciência das doenças não basta aos médicos, que também devem distinguir claramente entre o ser humano doente descrito nos livros médicos e o doente concreto diante deles. Esse doente não deve ser apenas estudado, mas principalmente alentado, tranquilizado e curado. O papel do médico consiste em descobrir, em cada paciente, as características de sua individualidade, sua resistência própria ao agente patógeno, o grau de sua sensibilidade à dor, o valor de todas as suas atividades orgânicas, seu passado e seu futuro. Ele não deve prever o futuro de um indivíduo pelo cálculo das probabilidades, e sim por uma análise profunda de sua personalidade humoral, tecidual e psicológica. Em suma, a medicina, quando se limita ao estudo das doenças, priva-se de parte de si mesma.

Muitos médicos conformam-se apenas com a investigação de abstrações, enquanto outros creem que conhecer o doente é tão importante quanto conhecer a doença. Os primeiros querem permanecer no domínio dos símbolos, os segundos sentem necessidade de apreender o concreto. Nas escolas de medicina, observa-se o ressurgimento da velha querela entre realistas e nominalistas. A medicina científica, instalada em seus palácios, defende, como a igreja da Idade Média, a realidade dos universais. Ela anatematiza os nominalistas que, a exemplo de Abelardo, consideram os universais e as doenças como criações de nossa mente, e os doentes como a única realidade. Na verdade, a medicina deve ser simultaneamente realista e nominalista e deve estudar tanto o indivíduo quanto a doença. Talvez a desconfiança do público em relação a essa ciência, assim como a ineficácia e a eventual tolice da terapêutica, devam-se à confusão entre os símbolos indispensáveis à construção das ciências médicas e o paciente concreto. O insucesso dos médicos vem do fato de viverem em um mundo imaginário. Eles veem, em seus pacientes, as doenças descritas nos tratados de medicina: são vítimas da crença na realidade dos universais.

Além disso, confundem os conceitos de mente e método, de ciência e tecnologia. Eles não percebem que o ser humano é um todo, que as funções adaptativas incluem todos os sistemas orgânicos, que as divisões anatômicas são artificiais. A separação do corpo em partes foi, até o momento, vantajosa para eles, mas é perigosa e cara para o doente, e um dia o será para o médico.

É importante que a medicina considere a natureza do homem, sua unidade e unicidade. Sua única razão de ser é o alívio dos sofrimentos e a cura do indivíduo. Evidentemente, ela deve utilizar-se da razão e dos métodos da ciência e deve ser capaz de prevenir, reconhecer e tratar as doenças, mas ela não é uma disciplina da razão. Não há motivo válido para cultivá-la por si mesma ou pelo benefício daqueles que a praticam. Ao mesmo tempo, a medicina é o mais difícil de todos os conhecimentos. Ela não pode ser comparada a nenhuma outra ciência. Aquele que a ensina não é um professor como os outros. Enquanto seus colegas especializados no estudo da anatomia, da fisiologia, da química, da patologia, da farmacologia, etc. têm, cada um, um território bem delimitado, o professor de medicina deve adquirir conhecimentos quase universais. Além disso, deve ter um julgamento muito preciso, uma grande resistência física e uma atividade incessante. A tarefa a ele imposta é muito diferente da dos cientistas. Estes podem, de fato, dedicar-se unicamente ao mundo dos símbolos. Os médicos, ao contrário, encontram-se em presença tanto da realidade concreta quanto das abstrações científicas. O pensamento deles deve aprender simultaneamente os fenômenos e os símbolos, explorar os órgãos e a consciência, entrar com o indivíduo em um mundo diferente. Deles se exige a perícia de construir uma ciência do particular. Claro que eles poderiam aplicar indistintamente, a cada doente, seus conhecimentos científicos, como se aplica uma mesma vestimenta a pessoas de estaturas diferentes, mas os médicos apenas cumprem verdadeiramente seu papel quando identificam em nós o que nos é particular. O sucesso deles depende não apenas do conhecimento da ciência, mas também da habilidade de capturar as características que fazem de cada ser humano um indivíduo.

5 – **Origem da individualidade. – A querela entre geneticistas e behavioristas. – Importância relativa da hereditariedade do desenvolvimento. – A influência dos fatores hereditários no indivíduo.**

A unicidade de cada homem tem uma origem dupla: a constituição do óvulo do qual nasce e o modo como este se desenvolve, sua história. Já mencionamos como, antes da fecundação, o óvulo expulsa a metade de seu núcleo, a metade de cada cromossomo, isto é, a metade dos fatores hereditários, dos genes, que são dispostos um após o outro ao longo dos cromossomos. Também mencionamos como a cabeça de um espermatozoide se introduz no óvulo após também ter pedido metade de seus cromossomos. Da união dos cromossomos masculinos e femininos no óvulo fecundado deriva o corpo, com todas as suas características e tendências. O indivíduo, nesse momento, só existe em estado potencial. Ele contém os fatores dominantes que determinaram as características visíveis de seus pais, bem como os fatores recessivos que permaneceram em silêncio nele por toda a vida. De acordo com a posição relativa nos cromossomos do novo ser, os fatores recessivos manifestarão sua atividade ou serão neutralizados por um fator dominante. Essas relações são descritas pela ciência da genética como leis da hereditariedade. Tais leis expressam apenas a maneira como as características imanentes do indivíduo são estabelecidas, mas estas não passam de tendências, de potencialidades. Dependendo das condições com que deparam o embrião, o feto, a criança e o jovem em seu desenvolvimento, essas potencialidades manifestam-se ou continuam virtuais. A história de cada indivíduo é tão única quanto a natureza e a disposição dos genes do óvulo de onde se origina. A originalidade do ser humano depende, pois, tanto da hereditariedade quanto do desenvolvimento.

Sabemos que ela vem dessas duas fontes, mas ignoramos o papel de cada uma em nossa formação. Será que a hereditariedade é mais importante que o desenvolvimento? Ou é o contrário? Watson e os behavioristas afirmam que a educação e o meio são capazes de moldar qualquer ser humano da maneira que desejarmos. A educação seria tudo, e a hereditariedade, nada. Os geneticistas, ao contrário, pensam que a hereditariedade é imposta ao homem como um destino irrevogável e que a saúde da raça está não na educação, mas na eugenia. Ambos esquecem que um problema assim não se resolve por argumentos, e sim por observações e experiências.

As observações e experiências nos mostram que o papel da hereditariedade e do desenvolvimento varia de acordo com os indivíduos e que, com muita frequência, não se pode determinar seu respectivo valor. No entanto, entre os filhos de mesmos pais, criados juntos e da mesma maneira, há diferenças marcantes na forma, na estatura, na constituição nervosa, nas aptidões intelectuais e nas qualidades morais. É bastante evidente que essas diferenças são de origem ancestral. Da mesma forma, se examinarmos com atenção filhotes de cães, no período em que ainda estão sendo amamentados, vê-se que cada um dos oito ou nove que compõem a ninhada apresenta alguma característica distinta. Alguns reagem a um barulho súbito, como o tiro de uma pistola, deitando-se no chão, outros se empertigam sobre suas patinhas e outros avançam na direção do barulho; alguns conquistam as melhores mamas, outros são tirados de seu lugar; alguns se afastam da mãe e exploram os arredores, outros ficam perto dela; alguns grunhem quando tocados, outros ficam em silêncio. Quando animais criados juntos e em condições idênticas tornam-se adultos, constata-se que a maioria de suas características não se altera. Os cães tímidos e temerosos permanecem tímidos e temerosos por toda a vida, enquanto os corajosos e alertas, embora, às vezes, percam essas qualidades ao longo do desenvolvimento, quase sempre as conservam, podendo também aumentá-las. Entre as características de origem ancestral, algumas ficam inutilizadas, outras se desenvolvem. Gêmeos provenientes de um mesmo ovo têm, originalmente, as mesmas características inatas, sendo absolutamente idênticos. Entretanto, aqueles separados desde os primeiros dias de vida e criados de maneiras diferentes, em países afastados, perdem essa identidade. Após 18 ou 20 anos, observam-se diferenças extremamente marcadas entre essas pessoas, mas também grandes semelhanças, especialmente do ponto de vista intelectual. Parece, portanto, que a identidade da constituição não garante a formação de indivíduos semelhantes em meios diferentes. Também fica evidente que a diferença dos meios não é capaz de apagar a identidade da constituição. Dependendo das condições de desenvolvimento do indivíduo, algumas de suas potencialidades tornam-se realidade, o que faz com que dois seres originalmente idênticos tornem-se diferentes.

Na formação de nosso corpo e consciência, como agem as partículas de substância nuclear, isto é, os genes que recebemos de nossos ancestrais?

Até onde a constituição do indivíduo depende da do ovo? A observação e a experiência mostram que alguns aspectos do indivíduo já existem no ovo, ao passo que outros são apenas virtuais. Os genes têm, portanto, influência, seja de modo inexorável, impondo ao indivíduo características que necessariamente se desenvolvem, seja sob a forma de tendências que se cumprem ou não, dependendo das condições do desenvolvimento. O sexo é determinado implacavelmente desde a união das células paternas e maternas. O ovo do futuro homem tem um cromossomo a menos do que o da mulher, ou um cromossomo atrofiado, e, por meio dessa característica, todas as células do corpo do homem diferem do da mulher. A debilidade mental, a loucura, a hemofilia e a surdo-mudez são, como sabemos, defeitos hereditários. Algumas doenças, como o câncer, a hipertensão, a tuberculose etc., também são transmitidas de pai para filho, mas sob a forma de tendência. As condições do desenvolvimento podem impedir ou favorecer sua produção, e o mesmo vale para o vigor da atividade corporal, a vontade, a inteligência, o julgamento. O valor de cada indivíduo é determinado em grande parte por suas predisposições hereditárias, mas, como os seres humanos não são de raça pura, é impossível prever quais serão os produtos de determinado casamento. Sabe-se apenas que, nas famílias de genes superiores, as crianças têm mais chance de pertencer a um tipo superior do que se tivessem nascido em uma família inferior. Todavia, o acaso das uniões nucleares faz com que crianças medíocres descendam de um grande homem, e que um grande homem venha de uma família obscura. A tendência à superioridade não é de modo algum irresistível, ao contrário da loucura, por exemplo. A eugenia somente consegue produzir tipos superiores em certas condições de desenvolvimento e educação. Sozinha, não é capaz de melhorar muito os indivíduos e não tem o poder mágico que o público lhe atribui.

6 – A influência do desenvolvimento no indivíduo. – Variações do efeito desse fator de acordo com as características inatas do indivíduo.

As tendências ancestrais, transmitidas conforme as leis de Mendel e outras leis, dão um aspecto particular ao desenvolvimento de cada homem. Para se manifestar, exigem naturalmente o concurso do meio exterior. As potencialidades dos tecidos e da consciência manifestam-se em razão dos fatores químicos, físicos, fisiológicos e mentais desse meio. Em geral, não se pode distinguir o que é hereditário e o que é adquirido em um indivíduo. Na verdade, algumas particularidades, como a cor dos olhos, dos cabelos, a miopia e a debilidade mental, são evidentemente de origem ancestral, mas a maioria das outras se deve à influência do meio sobre os tecidos e consciência. O desenvolvimento do corpo segue direções diferentes dependendo dos fatores externos, e as propriedades inatas do indivíduo manifestam-se ou permanecem virtuais. É certo que as tendências hereditárias são profundamente influenciadas pelas circunstâncias da formação do indivíduo, mas também é verdade que cada um se desenvolve conforme suas próprias regras, de acordo com a qualidade específica de seus tecidos. Além disso, a intensidade original dessas tendências, sua capacidade de manifestação, variam. O futuro de alguns indivíduos é determinado de modo inexorável, enquanto o de outros depende em maior ou menor grau das condições do desenvolvimento.

Apesar de tudo, é possível prever em que medida as tendências hereditárias de uma criança serão modificadas pelo estilo de vida, educação e meio social. A constituição genética dos tecidos nunca é conhecida. Ignoramos como os genes dos pais e dos avós se agrupam no ovo de onde provém cada ser humano, se este contém ou não partículas nucleares de algum parente longínquo ou se uma mudança espontânea dos próprios genes fará aparecer características imprevisíveis. Há casos em que uma criança descendente de muitas gerações cujas tendências acreditávamos conhecer, manifesta um aspecto totalmente novo. Mesmo assim, pode-se prever, até certo ponto, os resultados prováveis da ação do meio sobre um dado indivíduo. Desde o início da vida da criança, assim como da do cão, um observador competente percebe o significado das características sendo formadas. Uma criança langorosa, apática, desatenta, assustadiça, inativa, não é transformável pelas condições do desenvolvimento em um homem enérgico, um chefe autoritário e audacioso. A vitalidade, a imaginação e o espírito aventureiro não vêm inteiramente do meio, e é provável que este não possa reprimi-los. Na realidade, as circunstâncias do desenvolvimento apenas agem dentro dos limites das predisposições hereditárias, das qualidades inatas dos tecidos e consciência. Não sabemos com segurança a natureza dessas predisposições, mas devemos nos comportar como se fossem favoráveis. É preciso dar a todos uma formação que permita o florescimento de suas qualidades virtuais, até que fique provado que essas qualidades não existem.

Os fatores químicos, fisiológicos e psicológicos do meio favorecem ou dificultam o desenvolvimento das tendências inatas. Com efeito, essas tendências apenas podem ser expressas por certas formas orgânicas. Em caso de carência do cálcio e do fósforo necessários à formação do esqueleto ou das vitaminas e secreções glandulares que permitem a utilização desses materiais pela cartilagem na formação dos ossos, os membros deformam-se e a bacia encolhe. Esse simples acidente impede a manifestação das tendências que levariam uma mulher a ser uma mãe prolífica, talvez geradora de um novo Lincoln ou um novo Pasteur. A falta de uma vitamina ou uma doença infecciosa pode causar a atrofia dos testículos ou outras glândulas e, consequentemente, cessar o desenvolvimento de um indivíduo que, graças a seu patrimônio hereditário, teria se tornado um líder. Todas as condições físicas e químicas do meio podem agir sobre a manifestação de nossas potencialidades. É sua influência modeladora que determina grande parte do aspecto físico, intelectual e moral de cada um de nós.

Os agentes psicológicos têm um efeito ainda mais profundo no indivíduo. São eles que moldam a forma intelectual e moral de nossa vida, a ordem ou a dispersão, o abandono ou o controle de nós mesmos. Pelas modificações circulatórias e glandulares que provocam no organismo, transformam também as atividades e a estrutura do corpo. A disciplina da mente e dos apetites fisiológicos tem um efeito definido não apenas sobre a atitude psicológica do indivíduo, mas também sobre sua estrutura tecidual e humoral. Não sabemos até que ponto as influências mentais do meio são capazes de estimular ou reprimir as tendências ancestrais. Sem dúvida alguma, têm um papel central no destino do indivíduo. Às vezes, aniquilam as maiores qualidades mentais. Elas também fazem com que alguns indivíduos desenvolvam-se para além de toda expectativa, ajudando os fracos e fortalecendo ainda mais os fortes. O jovem Bonaparte lia Plutarco e buscava pensar e viver como os grandes homens de antigamente. É diferente uma criança entusiasmar-se com Babe Ruth ou George Washington, com Charlie Chaplin ou Lindbergh. Brincar de bandido não é a mesma coisa que brincar de soldado. Independentemente de suas tendências ancestrais, cada indivíduo é guiado pelas condições de seu desenvolvimento ao longo do caminho que vai conduzi-lo às montanhas solitárias, à encosta das colinas ou à lama dos pântanos em que chafurda a humanidade.

A influência do meio sobre a individualização varia conforme o estado dos tecidos e da consciência. Em outras palavras, um mesmo fator que age em muitos indivíduos ou no mesmo indivíduo em momentos diferentes de sua existência não tem efeitos idênticos. Sabe-se bem que a resposta de um organismo ao meio depende de suas tendências hereditárias. Por exemplo, o obstáculo que paralisa um estimula outro a um maior esforço e provoca, neste último, a manifestação de atividades até então meramente potenciais. Da mesma forma, em períodos sucessivos da vida, antes ou depois de certas doenças, o organismo responde de modo diferente a uma influência patógena. Um excesso de alimento e sono não age da mesma forma na juventude e na velhice. A rubéola é insignificante para a criança, mas grave para o adulto. A reatividade do organismo varia, não apenas com a idade fisiológica do indivíduo, mas também com sua história anterior. Ela depende da natureza de sua individualização. Em suma, o papel do meio na manifestação das tendências hereditárias não é definível de maneira exata. A influência das propriedades inatas dos tecidos e a do desenvolvimento está misturada de modo inextricável na formação orgânica e mental do indivíduo.

7 – Os limites do indivíduo no espaço. – As fronteiras anatômicas e psicológicas. – Extensão do indivíduo para além das fronteiras anatômicas.

O indivíduo é, como sabemos, um centro de atividades específicas. Parece-nos distinto do mundo exterior e dos outros homens, mas ao mesmo tempo está unido a esse meio e a seus semelhantes. Ele não poderia existir sem eles e tem a dupla característica de ser independente e dependente do universo cósmico. No entanto, ignoramos como ele se liga aos outros seres e onde estão, exatamente, suas fronteiras espaciais e temporais. Temos razões para crer que a personalidade estende-se para além do *continuum* físico. Parece que seus limites ultrapassam a superfície cutânea, que a definição dos contornos anatômicos é em parte ilusória, que cada um de nós é muito mais vasto e difuso do que o corpo.

Sabemos que nossas fronteiras visíveis são constituídas em parte pela pele e em parte pelas mucosas digestivas e respiratórias. Nossa integridade anatômica e funcional e nossa sobrevivência dependem de sua inviolabilidade, e sua destruição e a invasão dos tecidos pelos micróbios levam à morte e à desintegração do indivíduo. Todavia, também sabemos que elas podem ser atravessadas por raios cósmicos, por substâncias químicas que resultam da digestão intestinal das matérias alimentares, pelo oxigênio da atmosfera e pelas vibrações luminosas, calóricas e sonoras. Graças a essas fronteiras, o mundo interior de nosso corpo está em continuidade com o mundo exterior, mas esse limite anatômico aplica-se a apenas um aspecto do indivíduo. Nossa personalidade mental não se inclui nisso. O amor e o ódio são realidades que nos ligam a outros seres humanos de modo positivo, qualquer que seja a distância que nos separe. Uma mulher sofre mais com a perda de seu filho do que com a amputação de um de seus próprios membros. A ruptura de uma união afetiva leva, às vezes, à morte. Se pudéssemos perceber os laços imateriais que nos ligam uns aos outros e ao que possuímos, os homens adquiririam características novas e estranhas. Alguns ultrapassariam com dificuldade a superfície de sua pele, outros alcançariam um cofre de banco, os órgãos sexuais de outra pessoa, os alimentos, certas bebidas, às vezes, um cachorro, uma casa, objetos de arte. Outros, ainda, nos pareceriam imensos. Deles sairiam inúmeros tentáculos que se ligariam aos membros de sua família, a um grupo de amigos, a uma velha casa, ao céu e às montanhas do país onde nasceram. Os líderes dos povos, os grandes filantropos e os santos seriam gigantes que enlaçam, com seus múltiplos braços, um país, um continente, o mundo inteiro. Há uma relação estreita entre nós e nosso meio social. Cada indivíduo ocupa, em seu grupo, determinado lugar, ao qual se une por um laço real. Esse lugar pode lhe parecer mais importante do que sua própria vida. Se a ruína, a doença ou a perseguição de seus inimigos privarem-lhe de sua posição, é possível que prefira o suicídio a tal mudança. É evidente que o indivíduo transcende sua fronteira corporal de todas as formas.

Contudo, o homem pode se estender no espaço de maneira ainda mais positiva[12]. Nos fenômenos telepáticos, projeta instantaneamente para longe uma parte de si mesmo, uma espécie de emanação, que se unirá a um dos pais ou a um amigo. Assim, alcança longas distâncias, atravessa oceanos e continentes inteiros, em um espaço de tempo curto demais para ser considerado. Ele é capaz de encontrar, em meio à multidão, aquele com quem deve falar, e com este estabelece certas comunicações. Também pode descobrir, na imensidão e no tumulto de uma cidade moderna, a casa ou o quarto daquele que procura, ainda que não saiba nada sobre tais lugares ou tal pessoa. O indivíduo que tem essa forma de atividade comporta-se como um ser extensível, uma espécie de ameboide capaz de

---

12. Evidentemente, os limites psicológicos do indivíduo no espaço e no tempo são apenas suposições, mas estas, ainda que estranhas, são úteis para agrupar os fatos que continuam, por enquanto, inexplicáveis. Seu objetivo é simplesmente suscitar novas experiências. O autor percebe claramente que suas conjeturas serão consideradas heréticas tanto pelos materialistas quanto pelos espiritualistas, bem como pelos vitalistas e mecanicistas, e que o próprio equilíbrio de seu cérebro será questionado. Entretanto, não se pode negligenciar fatos somente porque são obscuros. Pelo contrário, é preciso estudá-los. A metapsíquica fornecerá, talvez, informações sobre a natureza humana mais importantes do que as da psicologia normal. As sociedades de pesquisa psíquica e, particularmente a sociedade inglesa, chamaram a atenção do público para a clarividência e a telepatia. É chegada a hora de estudar esses fenômenos fisiológicos, mas as pesquisas metapsíquicas não devem ser conduzidas por amadores, mesmo que sejam grandes físicos, filósofos ou matemáticos. Sair de seu domínio e estudar teologia ou espiritismo é perigoso, até mesmo para os cientistas mais ilustres, como Isaac Newton, William Crookes ou Oliver Lodge. Apenas médicos com um conhecimento profundo do homem, de sua fisiologia, neuroses, tendência à mentira, suscetibilidade à sugestão e habilidade de prestidigitação são qualificados para estudar esses fatos. O autor espera que suas suposições sobre os limites espaciais e temporais do indivíduo inspirem não discussões fúteis, mas sim experiências feitas com as técnicas da fisiologia e da física.

lançar um pseudópodo a grandes distâncias. Observa-se, às vezes, um laço invisível que une uma pessoa hipnotizada ao hipnotizador. Esse laço parece ser uma emanação do indivíduo. Quando o hipnotizador está ligado ao hipnotizado, pode sugerir, a distância, alguns atos a serem realizados. Nesse caso, dois indivíduos separados estão em contato um com o outro, ainda que estejam, aparentemente, fechados em seus limites anatômicos.

O pensamento parece ser transmitido de um ponto a outro do espaço como ondas eletromagnéticas. Não sabemos com que rapidez isso acontece, e até agora não foi possível medir a velocidade das comunicações telepáticas. Os físicos e astrônomos não dão conta dos fenômenos metapsíquicos, embora a telepatia seja um dado imediato da observação. Se um dia descobrirmos que o pensamento se propaga no espaço como a luz, nossas ideias sobre a constituição do universo serão modificadas. No entanto, estamos longe de saber se os fenômenos telepáticos devem-se à propagação de um agente físico no espaço. É possível, inclusive, que não haja qualquer contato espacial entre os dois indivíduos em comunicação. Com efeito, sabemos que a mente não está inteiramente inscrita nas quatro dimensões do *continuum* físico, inserindo-se simultaneamente no universo material e além. Ela se inscreve na matéria por meio do cérebro e estende-se para fora do espaço e do tempo como uma alga que se fixa em um rochedo e deixa flutuar sua cabeleira no mistério do oceano. Podemos supor que uma comunicação telepática consiste em um encontro das partes imateriais de duas consciências fora das quatro dimensões de nosso universo.

Por enquanto, porém, é preciso continuar considerando as comunicações telepáticas como produto de uma extensão do indivíduo no espaço. Essa extensibilidade espacial é um fenômeno raro, mas muitos de nós leem, às vezes, o pensamento dos outros como clarividentes. Da mesma forma, alguns homens têm o poder de persuadir, de convencer seus semelhantes por meio de palavras banais, levando-os ao combate, ao sacrifício e à morte. César, Napoleão, Mussolini e todos os grandes líderes crescem para além da estatura humana e envolvem incontáveis multidões com seus desejos e suas ideias. Há relações sutis e obscuras entre alguns indivíduos e as coisas da natureza. Esses homens parecem atravessar o espaço até a realidade que apreendem, saindo de si mesmos e do *continuum* físico. Às vezes, projetam inutilmente seus tentáculos para fora do espaço e do tempo e não relatam nada de importante. No entanto, lá também podem, a exemplo dos grandes mestres da ciência, da arte e da religião, compreender as leis naturais, as abstrações matemáticas, as ideias platônicas, a beleza suprema, Deus.

8 – Os limites do indivíduo no tempo. – As ligações do corpo e da consciência com o passado e o futuro.

No tempo, assim como no espaço, o indivíduo transcende os limites de seu corpo. Sua fronteira temporal não é mais precisa nem mais fixa do que sua fronteira espacial. Estamos ligados ao passado e ao futuro, ainda que nossa personalidade não os alcance. Esta, como sabemos, nasce no momento da fecundação do ovo pelo elemento masculino, mas seus elementos já existem, dispersos nos tecidos de nossos pais, dos pais de nossos pais e de nossos mais distantes ancestrais. Somos feitos das substâncias celulares de nosso pai e nossa mãe e dependemos do passado de maneira orgânica e indissolúvel. Como carregamos em nós inúmeros fragmentos do corpo de nossos pais, nossas qualidades são criadas pelas deles. A força e a coragem vêm da raça, tanto nos homens quanto nos cavalos de corrida. Não se deve ignorar a história; pelo contrário, devemos utilizar o conhecimento do passado para prever e dirigir o futuro.

Sabe-se que as características adquiridas pelo indivíduo ao longo da vida não são transmitidas a seus descendentes. Todavia, o plasma germinativo não permanece imutável: às vezes, altera-se sob influência do meio interior e é modificável pelas doenças, pelos venenos, pelos alimentos e pelas secreções das glândulas endócrinas. A sífilis dos pais pode ser a causa de transtornos profundos do corpo e da consciência de seus filhos. Por esse motivo, a descendência dos homens geniais é composta, às vezes, por seres inferiores, fracos, mal equilibrados. O *Treponema pallidum* exterminou mais famílias do que todas as guerras do mundo. Do mesmo modo, os alcoólatras, os viciados em morfina, em cocaína etc., dão origem a deficientes que pagam durante toda a vida pelos vícios de seus pais. É fácil transmitir aos descendentes o resultado de seus defeitos, mas é muito mais difícil dar-lhes os benefícios de suas virtudes. A transmissão de qualidades que ganhamos ao longo da vida não se dá de maneira direta. Somente alcançamos o futuro por meio de nossas obras.

Cada indivíduo deixa sua marca em seu meio, sua casa, sua família, seus amigos. Ele vive como se estivesse rodeado por si mesmo, e, graças àquilo que criou, sua descendência herda suas características. A criança depende de seus pais por um longo período, o que lhe dá tempo para absorver o que estes são capazes de ensinar. Por ter o dom da imitação, tende a se tornar igual a eles. Ela aprende sua verdadeira face, não a máscara que usam na vida social, e tem, em geral, indiferença e certo desprezo por eles. Apesar disso, imita sua ignorância, vulgaridade, egoísmo e covardia. Alguns indivíduos, contudo, deixam como herança sua inteligência, bondade, senso estético e coragem. Eles dão continuidade a si mesmos por suas obras de arte, por descobertas científicas, pela criação de instituições políticas, econômicas ou sociais ou simplesmente pela construção de uma fazenda e pelo cultivo dos campos com suas próprias mãos. Nossa civilização foi feita por homens assim.

Portanto, a influência do indivíduo no futuro não corresponde a um prolongamento de si mesmo no tempo, e sim aos fragmentos orgânicos transmitidos diretamente a seus filhos ou às suas criações arquitetônicas, científicas, filosóficas etc. No entanto, ao que tudo indica, nossa personalidade pode realmente se estender para além do tempo fisiológico. Algumas pessoas parecem ter a capacidade de viajar no tempo. Os clarividentes percebem não apenas acontecimentos longínquos, mas também passados e futuros. Sua consciência parece projetar seus tentáculos tão facilmente no tempo quanto no espaço, ou ainda fugir do *continuum* físico e contemplar o passado e o futuro, como uma mosca contemplaria uma mesa se, em vez de caminhar em sua superfície, voasse um pouco para longe. Os fatos ligados à previsão do futuro levam-nos até a beira de um mundo ainda desconhecido. Eles parecem indicar a existência de um princípio psíquico capaz de evoluir fora dos limites de nosso corpo. Os especialistas do espiritismo interpretam alguns desses fenômenos como prova da sobrevivência da consciência após a morte. O médium acredita estar dominado pelo espírito do morto, revelando, por vezes, aos pesquisadores, detalhes conhecidos apenas pelo falecido, cuja exatidão é verificada mais tarde. Poder-se-ia, de acordo com Broad, interpretar esses fatos como um indício da vida após a morte, não da mente, mas de um fator psíquico capaz de se fixar temporariamente no organismo do médium. Esse fator psíquico, ao se unir a um ser vivo, constituiria uma espécie de consciência pertencente tanto ao médium quanto ao defunto. Sua existência seria transitória, e pouco a pouco ela se desagregaria, até desaparecer totalmente. Os resultados das experiências com espíritos são de grande importância, mas seu significado é impreciso. Sabemos que a mente de um clarividente é capaz de perceber igualmente o futuro e o passado. Para ele, não existe segredo. Até o momento, portanto, parece impossível distinguir entre a sobrevivência de um princípio psíquico e um fenômeno de clarividência mediúnica.

9 – O indivíduo.

Em resumo, a individualidade não é apenas um aspecto do organismo: é também uma característica essencial de cada um de seus elementos. Inicialmente virtual no óvulo fecundado, ela manifesta de forma gradual suas características à medida que o novo ser evolui no tempo. O conflito deste ser com o meio obriga suas tendências ancestrais a emergirem, e estas guiam suas atividades adaptativas em determinada direção. Com efeito, são as tendências, as propriedades inatas dos tecidos, que determinam o modo como utilizamos o meio exterior. Todos respondem ao meio à sua própria maneira e escolhem o que mais lhes permite se individualizar. Somos um centro de atividades específicas, que são distintas, mas indivisíveis. Alma e corpo, estrutura e função, célula e meio, multiplicidade e unidade, determinante e determinado: nada disso pode ser separado. Começamos a perceber que a superfície do corpo não é o verdadeiro limite do indivíduo e que ela apenas estabelece, entre nós e o mundo exterior, o plano de clivagem indispensável à nossa ação. Somos construídos como as fortalezas da Idade Média, cujas torres eram cercadas por vários muros. Nossas defesas interiores são muitas e estão entrelaçadas umas com as outras. A superfície da pele constitui a fronteira que nossos inimigos microscópicos não devem transpor. No entanto, estendemo-nos muito além dela, para fora do espaço e do tempo. Conhecemos o centro do indivíduo, mas não sabemos onde estão seus limites exteriores. Talvez, esses limites não existam. Todo homem está ligado àqueles que o precedem e àqueles que o sucedem, aos quais, de certa forma, funde-se. A humanidade não é feita de elementos separados como as moléculas de um gás; ela lembra uma rede de filamentos que se estende no tempo e carrega, como as contas de um rosário, as gerações sucessivas de indivíduos. Sem sombra de dúvida, nossa individualidade é real, mas é menos definida do que acreditamos. Nossa independência completa dos outros indivíduos e do mundo cósmico é uma ilusão.

Nosso corpo é feito dos elementos químicos do meio exterior que nele penetram e se modificam de acordo com sua individualidade. Esses elementos se dispõem em organizações temporárias, tecidos, humores e órgãos, que se desfazem e se reconstroem ao longo da vida. Depois de nossa morte, retornam ao mundo da matéria inerte. Algumas substâncias químicas assumem nossas características raciais e individuais, tornando-se nós mesmos. Outras apenas atravessam nosso corpo, participando da existência de cada um sem assumir qualquer característica nossa, a exemplo da cera, que não altera sua composição química ao formar diferentes estátuas. Essas substâncias passam por nós como um grande rio de onde nossas células tiram as matérias necessárias a seu crescimento e gastos energéticos. De acordo com os místicos, também recebemos do mundo exterior certos elementos espirituais. A graça de Deus entra em nossa alma como o oxigênio do ar ou o nitrogênio dos alimentos entra em nossos tecidos.

A especificidade individual persiste por toda a vida, ainda que os tecidos e humores mudem continuamente. Os órgãos e o meio interior funcionam no ritmo de processos irreversíveis que levam a transformações definitivas e à morte, mas conservam sempre suas qualidades inatas. Eles não são mais modificáveis pelo fluxo de matéria em que estão imersos do que os abetos das montanhas o são pelas nuvens que os atravessam. Entretanto, a individualidade se acusa ou se atenua de acordo com as condições do meio. Quando essas condições são particularmente desfavoráveis, ela parece se dissolver. A personalidade mental é menos marcada que a personalidade orgânica, e nos homens modernos questiona-se, com razão, se ela ainda existe. Alguns observadores contestam sua realidade, como Théodore Dreiser, que a considera um mito. Certamente, os habitantes das novas cidades apresentam uma grande uniformidade em sua fraqueza moral e intelectual. A maioria dos indivíduos pertence ao mesmo tipo: uma mistura de nervosismo e apatia, vaidade e falta de autoconfiança, força muscular e não resistência à fadiga, além de impulsos genésicos, ao mesmo tempo irresistíveis e pouco intensos, às vezes, homossexuais. Esse estado é causado por graves transtornos na formação da personalidade. Não se trata apenas de uma atitude mental, uma moda que pode mudar facilmente; trata-se da expressão da degeneração da raça, do desenvolvimento defeituoso dos indivíduos ou de uma combinação de ambos os fenômenos.

Esse declínio é, em certa medida, de origem hereditária. A supressão da seleção natural permitiu a sobrevivência de seres cujos tecidos e consciência são de má qualidade. A raça foi enfraquecida pela conservação de tais reprodutores. Não se sabe ainda a importância relativa dessa causa de degeneração: como já mencionamos, a influência da hereditariedade é difícil de distinguir da do meio. A idiotia e a loucura têm, certamente, origem ancestral. Já a fraqueza intelectual observada em escolas e universidades e na população em geral vem de transtornos do desenvolvimento, não de defeitos hereditários. Às vezes, quando o meio desses seres frouxos, pouco inteligentes e imorais se altera radicalmente, passando a condições mais primitivas de vida, eles mudam e reconquistam a virilidade. A atrofia dos produtos de nossa civilização não é, portanto, incurável, e está longe de ser sempre a expressão de uma decadência racial.

Apesar de tudo, entre milhares de fracos e deficientes, ainda há homens completamente desenvolvidos. Quando os observamos atentamente, parecem-nos superiores aos esquemas clássicos. De fato, o indivíduo que manifestou todas as suas potencialidades não é nada parecido com a imagem que cada especialista cultiva do objeto de seu estudo. Ele não corresponde aos fragmentos de consciência que os psicólogos buscam medir; não está nas reações químicas, nos processos funcionais e nos órgãos que dividem os especialistas médicos; não é a abstração cujas manifestações concretas os educadores buscam guiar; e está quase ausente do ser rudimentar imaginado pelos *social workers*, diretores de prisões, economistas, sociólogos e políticos. Em suma, esse indivíduo nunca aparece para um especialista, a menos que este concorde em enxergar o conjunto ao qual pertence a parte que estuda. Ele é muito mais do que a soma dos dados acumulados por todas as ciências particulares. Não o entendemos por completo, pois ele abriga grandes áreas desconhecidas. Suas potencialidades são gigantescas. Como a maioria dos grandes fenômenos naturais, ele ainda é ininteligível para nós. Quando o contemplamos na harmonia de suas atividades orgânicas e espirituais, ele desperta em nós uma poderosa emoção estética. Tal indivíduo é o verdadeiro criador e o centro do universo.

10 – O homem é simultaneamente um ser humano e um indivíduo. – O realismo e o nominalismo são ambos necessários.

A sociedade moderna ignora o indivíduo. Ela somente considera seres humanos, crê na realidade dos universais e nos trata como abstrações. Essa confusão entre os conceitos de indivíduo e de ser humano a leva a cometer um de seus erros mais graves: a padronização dos homens. Se estes fossem todos idênticos, seria possível criá-los, fazê-los viver e trabalhar em grandes rebanhos, como animais. Mas cada um tem uma personalidade e não pode ser tratado como um símbolo. Como se sabe há tempo, a maioria dos grandes homens foi criada quase isoladamente ou se recusou a encaixar-se no molde da escola. Na verdade, a escola é indispensável aos estudos técnicos e também responde à necessidade da criança de estar, até certo ponto, em contato com seus semelhantes, mas a educação deve ser guiada constante e atentamente. Essa orientação somente pode ser dada pelos pais. Apenas eles, e especialmente a mãe, observaram, desde o início, as particularidades fisiológicas e mentais cuja orientação é o objetivo da educação. A sociedade moderna cometeu o grave erro de substituir, desde a mais tenra idade, o ensino familiar pela escola. Isso foi imposto pela traição das mulheres, que abandonam suas crianças em creches para se dedicar às suas carreiras, ambições mundanas, prazeres sexuais, fantasias literárias ou artísticas, ou simplesmente para jogar cartas, ir ao cinema ou perder seu tempo em um ócio ativo. Elas causaram, assim, a extinção do grupo familiar, onde a criança cresce em companhia de adultos e aprende muito com eles. Os jovens cães criados em canis com animais da mesma idade são menos desenvolvidos do que os que correm livremente com seus pais. O mesmo vale para as crianças perdidas entre outras crianças e as que convivem com adultos inteligentes. A criança molda facilmente suas atividades fisiológicas, afetivas e mentais com base nas pessoas de seu meio. Além disso, pouco aprende com as crianças de sua idade. Quando é reduzida a uma unidade em uma escola, desenvolve-se mal. Para progredir, o indivíduo exige relativa solidão e a atenção do pequeno grupo familiar.

Também por causa da ignorância sobre o indivíduo, a sociedade moderna atrofia os adultos. O homem não aguenta impunemente o estilo de vida e o trabalho uniforme e estúpido imposto aos operários de fábricas, aos empregados do escritório e aos responsáveis pela produção em massa. Na imensidão das cidades modernas, fica isolado e perdido. Ele é uma abstração econômica, uma cabeça do rebanho, perde sua qualidade de indivíduo e não tem responsabilidade nem dignidade. Em meio à multidão, destacam-se os ricos, os políticos influentes e os bandidos poderosos; os outros são apenas grãos de areia anônimos. O indivíduo, ao contrário, conserva sua personalidade quando faz parte de um grupo em que é conhecido, de uma vila ou pequena cidade, onde sua importância relativa é maior e onde pode esperar tornar-se um cidadão influente. O desprezo teórico pela individualidade levou ao seu real desaparecimento.

Outro erro surgido da confusão dos conceitos entre ser humano e indivíduo é a igualdade democrática. Atualmente, esse dogma está desmoronando sob os golpes da experiência dos povos. Assim, é inútil demonstrar sua falsidade, mas é compreensível ficar surpreso com seu longo sucesso. Como a humanidade pôde acreditar na democracia por tanto tempo? Ela não considera a constituição do corpo e da consciência, e não é adequada ao fato concreto que é o indivíduo. Certamente, os seres humanos são iguais, mas não os indivíduos. A igualdade de seus direitos é uma ilusão. O débil mental e o homem genial não devem ser iguais perante a lei: o ser estúpido, não inteligente, incapaz de atenção, disperso, não tem direito a uma educação superior. É absurdo dar-lhe o mesmo poder eleitoral que se dá ao indivíduo completamente desenvolvido. Os sexos não são iguais. É muito perigoso negligenciar todas essas desigualdades. O princípio democrático contribuiu para o enfraquecimento da civilização ao impedir o desenvolvimento da elite. É evidente que as desigualdades individuais devem ser respeitadas. Na sociedade moderna, há funções apropriadas aos grandes, aos pequenos, aos médios e aos inferiores, mas não se deve buscar formar indivíduos superiores pelas mesmas vias que os medíocres. Além disso, a padronização dos seres humanos pelo ideal democrático garantiu a predominância dos fracos, que são, em todos os domínios, preferidos em relação aos fortes. Eles são auxiliados e protegidos, muitas vezes admirados, da mesma forma que os doentes, os criminosos e os loucos que chamam a atenção do público. O mito da igualdade, o amor ao símbolo e o desprezo pelo fato concreto são, em grande parte, responsáveis pelo enfraquecimento do indivíduo. Como era impossível elevar os inferiores, o único meio de produzir a igualdade entre os homens foi levá-los todos ao mais baixo nível, e assim desapareceu a força da personalidade.

Não apenas o conceito de indivíduo foi confundido com o de ser humano, como também este último foi adulterado pela introdução de elementos estranhos e desprovidos de alguns de seus elementos próprios. A ele aplicamos os conceitos pertencentes ao mundo mecânico. Ignoramos o pensamento, o sofrimento moral, o sacrifício, a beleza e a paz. Tratamos o homem como uma substância química, uma máquina ou uma engrenagem de máquina. Amputamos suas atividades morais, estéticas e religiosas. Também suprimimos alguns aspectos de suas atividades fisiológicas. Não nos perguntamos como os tecidos e a consciência se adaptariam às mudanças na alimentação e no modo de vida. Negligenciamos totalmente o importante papel das funções adaptativas e a gravidade das consequências de sua inutilização. Nossa fraqueza atual vem ao mesmo tempo da negligência da individualidade e da ignorância quanto à constituição do ser humano.

11 – Significado prático do conhecimento de nós mesmos.

O homem moderno é o resultado de seu meio, dos hábitos de vida e dos pensamentos impostos pela sociedade. Vimos como esses hábitos afetam nosso corpo e consciência. Sabemos, no momento, que é impossível adaptarmo-nos ao meio criado pela tecnologia sem deterioração. A ciência não é responsável por nosso estado; somos os únicos culpados. Não soubemos distinguir entre o proibido e o permitido. Enfrentamos as leis naturais e cometemos o pecado supremo, aquele que é sempre punido. Os dogmas da religião científica e da moral industrial desmoronaram diante da realidade biológica. A vida dá sempre a mesma resposta àqueles que lhe exigem o que lhe é proibido. Ela decai e as civilizações entram em colapso. As ciências da matéria inerte nos conduziram a um país que não é nosso. Aceitamos cegamente tudo o que elas nos ofereceram. O indivíduo tornou-se pequeno, especializado, imoral, estúpido e incapaz de se controlar e controlar suas instituições. Ao mesmo tempo, porém, as ciências biológicas revelaram o mais precioso dos segredos: as leis do desenvolvimento de nosso corpo e consciência. É esse conhecimento que permite que nos renovemos. Enquanto as qualidades hereditárias da raça permanecerem intactas, a força e a audácia de seus ancestrais poderão ressurgir nos homens modernos. Mas será que eles ainda são capazes de tal esforço?

VIII – A RECONSTRUÇÃO DO HOMEM

1 – A ciência do homem pode conduzir à sua renovação?

A ciência, que transformou o mundo material, permite que transformemos a nós mesmos. Ela nos revelou o segredo dos mecanismos de nossa vida e mostrou como provocar artificialmente sua atividade, como nos modelar segundo a forma que desejamos. Graças ao conhecimento de si mesma, a humanidade, pela primeira vez em sua história, tornou-se dona de seu destino; mas será ela capaz de utilizar a força ilimitada da ciência para o seu bem? Para crescer novamente, o homem é obrigado a se refazer, mas não pode se refazer sem dor, pois é, ao mesmo tempo, mármore e escultor. É de sua própria substância que ele deve, com grandes golpes, tirar lascas a fim de recuperar seu verdadeiro rosto. A humanidade não vai se resignar a essa operação sem que a necessidade lhe obrigue. Ela não vê urgência de tal movimento em meio ao conforto, beleza e maravilhas mecânicas trazidas pela tecnologia, não percebe sua própria degeneração. Por que se esforçaria para modificar seu modo de ser, viver e pensar?

Felizmente, produziu-se um evento imprevisto por engenheiros, economistas e políticos: a magnífica estrutura financeira e econômica dos Estados Unidos desmoronou. Em um primeiro momento, o público não acreditou na realidade de uma catástrofe assim. Sua fé não foi abalada, as pessoas escutavam docilmente as explicações dos economistas. A prosperidade retornaria, afinal. Mas não retornou. Atualmente, alguns questionamentos ocupam as cabeças mais inteligentes do rebanho. As causas da crise são unicamente econômicas e financeiras? Será que não devemos culpar também a corrupção e a estupidez dos políticos e investidores, a ignorância e as ilusões dos economistas? Será que a vida moderna não diminuiu a inteligência e a moralidade de toda a nação? Por que devemos pagar bilhões de dólares por ano para combater os criminosos? Por que, apesar dessas somas gigantescas, os bandidos continuam atacando vitoriosamente os bancos, matando agentes de polícia, sequestrando, chantageando e assassinando crianças? Por que o número de débeis mentais e loucos é tão grande? A crise mundial não depende de fatores individuais e sociais mais importantes do que os econômicos? Espera-se que o espetáculo de nossa civilização, nesse início de seu declínio, nos obrigue a questionar se a causa do mal não está em nós mesmos tanto quanto em nossas instituições. A renovação será possível somente quando percebermos sua absoluta necessidade.

Por enquanto, o único obstáculo que enfrentaremos será nossa inércia, e não a incapacidade de nossa raça de se reerguer. De fato, a crise econômica deu-se antes que nossas qualidades ancestrais fossem completamente destruídas pelo ócio, corrupção e facilidade da existência. Sabemos que a apatia intelectual, a imoralidade e a criminalidade são, em geral, características não transmissíveis hereditariamente. Quando nasce, a maioria das crianças tem as mesmas potencialidades de seus pais. Para desenvolver as qualidades inatas, basta querer. Temos, à nossa disposição, todo o poder do método científico. Ainda há, entre nós, homens capazes de utilizá-lo sem interesses pessoais. A sociedade moderna não sufocou todos os focos de cultura intelectual, coragem moral, virtude e audácia. A chama não foi apagada e, portanto, o mal não é irreparável. Mas a renovação dos indivíduos exige a reparação das condições da vida moderna, o que é impossível sem uma revolução. Não basta, então, compreender a necessidade de uma mudança e ter os meios científicos para realizá-la; também é preciso que o desmoronamento espontâneo da civilização tecnológica incite, em sua violência, os impulsos necessários para fazê-la.

Além disso, será que temos energia e clarividência suficientes para esse gigantesco esforço? À primeira vista parece que não. O homem moderno tombou na indiferença a tudo, exceto ao dinheiro. No entanto, há motivos para ter esperança, afinal, as raças que construíram o mundo atual não estão extintas. No plasma germinativo de seus descendentes degenerados encontram-se ainda as potencialidades ancestrais, que são passíveis de serem resgatadas. Certamente, os representantes das linhagens energéticas e nobres são abafados pelas hordas de proletários cujo crescimento foi cegamente provocado pela indústria. Eles são poucos, mas sua pequena quantidade não é um obstáculo ao seu sucesso, pois ele têm, em estado virtual, uma maravilhosa força. Devemos nos lembrar do que alcançamos desde a queda do Império Romano. No pequeno território dos Estados do oeste da Europa, em meio a combates incessantes, fomes e epidemias, conseguimos preservar, por toda a Idade Média, os restos da cultura antiga. No decorrer dos longos séculos sombrios, nosso sangue foi derramado por tudo para defender a cristandade de nossos inimigos do norte, do leste e do sul. Graças a um imenso esforço, conseguimos escapar do sono do islamismo. Depois, um milagre se produziu: da mente dos homens formados pela disciplina escolástica, emergiu a ciência. Mais extraordinário ainda é que a ciência foi cultivada pelos homens do Ocidente por si mesma, por sua verdade e beleza, completamente desprovida de interesses pessoais. Em vez de vegetar no egoísmo individual, como no Oriente e, sobretudo, na China, em quatro anos ela transformou o mundo. Nossos pais construíram uma obra única na história da humanidade. A maioria de seus descendentes na Europa e na América esqueceu a história, assim como aqueles que desfrutam atualmente a civilização material construída por nós: brancos que ontem não lutaram ao nosso lado nos campos de batalha da Europa, e amarelos, pardos e negros cujo fluxo crescente tanto preocupa Spengler. Somos capazes de fazer novamente aquilo que já fizemos uma vez. Se nossa civilização ruir, construiremos outra. Mas será que precisamos atravessar o caos para chegar à ordem e à paz? Podemos nos reerguer antes de ter passado pela sangrenta prova de uma revolução total? Somos capazes de nos reconstruir, de evitar os cataclismos iminentes e de continuar nossa ascensão?

2 – Necessidade de uma mudança de orientação intelectual. – O erro da Renascença. – a preeminência da matéria e do homem.

Não podemos conduzir a restauração de nós mesmos e de nosso meio sem transformar nossos hábitos de pensamento. Com efeito, a sociedade moderna sofreu, desde sua origem, de uma falha intelectual, falha essa que repetimos constantemente desde a Renascença. A tecnologia construiu o homem com base não no espírito da ciência, e sim em concepções metafísicas errôneas. Chegou a hora de abandonar essas doutrinas. Devemos quebrar as barreiras que foram levantadas entre as propriedades dos objetos. O erro que nos persegue atualmente consiste em uma má interpretação de uma ideia genial de Galileu. Como se sabe, o astrônomo distinguiu as qualidades primárias das coisas (a dimensão e o peso), que podem ser medidas, de suas qualidades secundárias (a forma, a cor, o odor), que não são mensuráveis. O quantitativo foi separado do qualitativo. Aquele, expresso em linguagem matemática, nos trouxe a ciência, enquanto este foi negligenciado. A abstração das qualidades primárias dos objetos foi legítima, mas a negligência das qualidades primárias não foi. Isso teve consequências graves para nós, pois, no homem, o que não se mede é mais importante do que o que se mede. A existência do pensamento é tão fundamental quanto a dos equilíbrios físico-químicos do soro sanguíneo. A separação entre qualitativo e quantitativo tornou-se ainda mais profunda quando Descartes criou o dualismo entre o corpo e a alma. Desde então, as manifestações do espírito permanecem inexplicáveis. O material foi definitivamente isolado do espiritual. A estrutura orgânica e os mecanismos fisiológicos assumiram uma realidade muito maior do que o prazer, a dor, a beleza. Esse erro colocou nossa civilização no caminho que leva a ciência ao seu triunfo e o homem à sua degradação.

A fim de mudar essa direção, devemos nos transportar em pensamento até os homens da Renascença e absorver sua mentalidade, sua paixão pela observação empírica e seu desdém pelos sistemas filosóficos. Como os renascentistas, devemos distinguir entre as qualidades primárias e secundárias das coisas, mas precisamos nos separar radicalmente deles atribuindo às qualidades secundárias a mesma realidade que às primárias. Rejeitaremos, assim, o dualismo de Descartes. A mente será reintegrada à matéria, a alma não será mais distinta do corpo, as manifestações mentais estarão ao nosso alcance tanto quanto as fisiológicas. Certamente, o qualitativo é mais difícil de estudar do que o quantitativo. Os fatos concretos não satisfarão nossa mente, que ama o aspecto definitivo das abstrações. No entanto, a ciência não deve ser cultivada unicamente por si mesma, pela elegância de seus métodos, por sua claridade e beleza; seu objetivo é a vantagem material e espiritual do homem. Devemos dar tanta importância aos sentimentos quanto à termodinâmica. É indispensável que nosso pensamento abarque todos os aspectos da realidade. Em vez de separar os resíduos das abstrações científicas, utilizaremos ambos. Não aceitaremos a superioridade do quantitativo, da mecânica, da física e da química. Renunciaremos à atitude intelectual criada pela Renascença e à definição arbitrária que esta nos dá do real, mas conservaremos todas as conquistas da humanidade possibilitadas por ela. A mente e as técnicas da ciência são nosso bem mais valioso.

Será difícil nos desfazer de uma doutrina que, por mais de trezentos anos, dominou a inteligência dos civilizados. A maioria dos cientistas têm fé na realidade dos universais, no direito exclusivo do quantitativo à existência, na preeminência das matérias, na separação entre mente e corpo e na subordinação da mente. Eles não desistirão facilmente dessas crenças, pois tal mudança desestabilizaria completamente os fundamentos da pedagogia, da medicina, da higiene, da psicologia e da sociologia. O pequeno jardim que cada um cultiva sem dificuldades transformar-se-ia em uma floresta a ser desbravada. Se a civilização saísse da rota que segue desde a Renascença e voltasse à observação simples do concreto, logo ocorreriam coisas estranhas. A matéria perderia sua preeminência, as atividades mentais alcançariam o mesmo patamar das fisiológicas, o estudo das funções morais, estéticas e religiosas pareceria tão indispensável quanto o da matemática, física e química, os métodos atuais de educação pareceriam absurdos e as escolas e universidades seriam obrigadas a mudar seus programas. Perguntaríamos aos higienistas por que se dedicam exclusivamente à prevenção das doenças dos órgãos e não às doenças mentais, por que isolam as pessoas com doenças infecciosas e não aqueles que transmitem aos outros suas doenças intelectuais e morais, por que consideram perigosos os hábitos que causam as doenças orgânicas em vez daqueles que levam à corrupção, à criminalidade e à loucura. O público iria se recusar a ser atendido por médicos que apenas conhecem uma pequena parte do corpo. Os patologistas seriam levados a estudar as lesões do meio interior tanto quanto as dos órgãos, e teriam de considerar a influência dos estados mentais na evolução das doenças dos tecidos. Os economistas perceberiam que os homens sentem e sofrem, que não basta dar-lhes comida e trabalho e que, assim como têm necessidades fisiológicas, têm necessidades espirituais. Além disso, perceberiam que a origem das crises econômicas e financeiras pode ser moral e intelectual. Não seríamos mais obrigados a chamar de "benefícios da civilização moderna" as condições bárbaras da vida, as grandes cidades, a tirania das fábricas e dos escritórios, o sacrifício da dignidade moral em nome do interesse econômico e do espírito em nome do dinheiro. Rejeitaríamos as invenções mecânicas que são prejudiciais ao desenvolvimento humano. O aspecto econômico não seria mais a razão por trás de tudo. É evidente que a libertação do preceito materialista modificaria a maioria das formas de vida atual. Dessa forma, a sociedade se oporá com todas as forças a esse progresso do pensamento.

Além disso, é importante que a queda do materialismo não evoque uma reação espiritualista. Já que a civilização científica e o culto à matéria não tiveram êxito, pode ser grande a tentação de escolher a cultura oposta, isto é, a da mente. A preeminência da psicologia seria tão perigosa quanto a da fisiologia, da física e da química. Freud é mais pernicioso que os mecanicistas mais extremos. Reduzir o homem a seu aspecto mental seria tão desastroso quanto reduzi-lo a seus aspectos fisiológicos e físico-químicos. O estudo das propriedades físicas do soro sanguíneo, de seus equilíbrios iônicos, da permeabilidade do protoplasma, da constituição química dos antígenos etc. é tão indispensável quanto o dos sonhos, estados mediúnicos, dos efeitos psicológicos da oração, da memória das palavras etc. A substituição do material pelo espiritual não corrigiria o erro cometido pela Renascença. A exclusão da matéria seria mais trágica ainda do que a da mente. A salvação somente será encontrada no abandono de todas as doutrinas, na plena aceitação dos dados da observação positiva e na percepção do fato de que o homem não é nem mais, nem menos do que esses dados.

3 – Como utilizar o conhecimento de nós mesmos. – Como fazer uma síntese. – É possível um cientista adquirir tantos conhecimentos?

Esses dados devem servir como base à reconstrução do homem. Nossa primeira tarefa é deixá-los utilizáveis. Há anos, assistimos ao progresso dos eugenistas, geneticistas, biometristas, estatísticos, behavioristas, fisiologistas, anatomistas, químicos orgânicos, físico-químicos, psicólogos, médicos, endocrinologistas, higienistas, psiquiatras, criminologistas, educadores, ministros religiosos, economistas, sociólogos etc. Sabemos o quão insignificantes são os resultados práticos de suas pesquisas. Esse gigantesco aglomerado de conhecimentos, do qual todos têm apenas um fragmento, é disseminado nas revistas técnicas, nos tratados e no cérebro dos cientistas. É hora de reunir essas partes em um todo e fazer viver esse todo na mente de alguns indivíduos. Assim, a ciência do homem vai se tornar fecunda.

Essa é uma tarefa difícil. Como fazer uma síntese? Com base em que aspecto do ser humano os outros devem ser agrupados? Qual é a mais importante das nossas atividades? A econômica, a política, a social, a mental ou a orgânica? Qual ciência deve crescer e absorver as outras? Sem dúvida alguma, a reconstrução de nós mesmos e de nosso meio econômico e social exige um conhecimento preciso de nosso corpo e de nossa alma, isto é, da fisiologia, da psicologia e da patologia. De todas as ciências dedicadas ao homem, desde a anatomia até a economia política, a medicina é a mais compreensiva, mas ela está longe de considerar o seu objeto em toda a sua extensão. Até agora, somente o que fez foi estudar a estrutura e as atividades do indivíduo em estado de saúde e doença e tentar curar os doentes, cumprindo sua tarefa com modesto sucesso e tendo muito mais êxito, como sabemos, na prevenção das doenças. Entretanto, seu papel em nossa civilização permaneceu secundário, exceto quando, por meio da higiene, ajudou a indústria aumentar a população. É como se a medicina estivesse paralisada por suas próprias doutrinas. Nada a impediria, hoje, de se desfazer desses sistemas aos quais ainda está presa e ajudar-nos de modo mais eficaz. Há quase trezentos anos, um filósofo que sonhava em lhe dedicar sua vida concebeu claramente as altas funções de que a medicina é capaz: "O espírito", escreveu Descartes em *Discurso sobre o Método*[13], "depende tanto das condições e da disposição dos órgãos do corpo que, se for possível achar o meio de tornar os homens em geral mais prudentes e mais hábeis do que o têm sido até aqui, acredito que se deverá buscá-lo na medicina. É verdade que esta que hoje se usa muito pouco tem cuja utilidade seja tão notável. Mas, sem nenhuma intenção de a desprezar, estou certo de não haver ninguém, mesmo entre os que dela fazem profissão, que não confesse ser quase nada o que aí se sabe, em comparação com o que ainda resta por saber. Poderíamos livrar-nos de uma infinidade de moléstias, tanto do corpo como do espírito, e talvez mesmo do enfraquecimento que a velhice provoca, se tivéssemos conhecimento suficiente de suas causas e de todos os remédios que nos proporciona a natureza".

Graça à anatomia, à fisiologia, à psicologia e à patologia, a medicina tem as bases essenciais do conhecimento do homem. Seria fácil ampliar suas visões, incluir, além do corpo e da consciência, suas relações com o mundo material e mental, unir-se à sociologia, tornar-se a ciência do ser humano por excelência. Ela cresceria não apenas a ponto de curar ou prevenir as doenças, mas também de guiar o desenvolvimento de todas as nossas atividades orgânicas, mentais e sociais. Assim entendida, ela nos permitiria desenvolver o indivíduo de acordo com as regras de sua própria natureza e seria a inspiradora daqueles cuja tarefa é conduzir a humanidade a uma verdadeira civilização. Atualmente, a educação, a higiene, a religião, a construção de cidades e a organização política, social e econômica da sociedade são confiadas a pessoas que conhecem apenas um aspecto do homem. Pareceria insensato substituir os engenheiros das usinas de metalurgia ou de produtos químicos por políticos, juristas, professores ou filósofos. Entretanto, a essas pessoas cedemos o controle, infinitamente mais difícil, da formação fisiológica e mental dos homens civilizados e até mesmo do governo de grandes nações. A medicina, desenvolvida para além da concepção de Descartes e transformada em ciência do homem, poderia fornecer à sociedade moderna engenheiros que conhecem os mecanismos do ser humano e de suas relações com o mundo exterior.

Essa superciência somente seria útil se animasse nossa inteligência em vez de ficar enclausurada em bibliotecas, mas será que um cérebro pode

---

13. DESCARTES. *Discurso sobre o método*. 2. ed. São Paulo: Edipro, 2006. p. 65.

assimilar uma quantidade tão grande de conhecimentos? Será que há homens capazes de conhecer bem a anatomia, a fisiologia, a química, a psicologia, a patologia e a medicina e ter, ao mesmo tempo, noções aprofundadas de genética, química alimentar, pedagogia, estética, moral, religião e economia política e social? Parece que se pode responder a essa questão de modo afirmativo. A aquisição de todas essas ciências não é impossível para uma mente vigorosa. Ela exigiria cerca de 25 anos de estudos ininterruptos, e, com 50 anos, aqueles que tiveram a coragem de se submeter a essa disciplina provavelmente serão capazes de governar a formação dos seres humanos e de uma civilização realmente feita para eles. Na verdade, esses cientistas deverão renunciar aos hábitos ordinários da existência, talvez ao casamento e à família. Eles não poderão mais jogar cartas e praticar golfe, ir ao cinema, escutar programas de rádio, fazer discursos em banquetes, integrar comitês, assistir às reuniões das sociedades científicas, dos partidos políticos e das academias ou atravessar o oceano para participar de congressos internacionais. Eles deverão viver como os monges das grandes ordens contemplativas, não como professores de universidades, muito menos como homens de negócios modernos. Ao longo da história das grandes nações, muitos indivíduos se sacrificaram pela salvação de seu país. O sacrifício parece ser uma condição necessária da vida. Tanto hoje como ontem, os homens estão prontos para a renúncia suprema. Se as populações que habitam as cidades sem defesa às margens do oceano fossem ameaçadas por explosivos e gases, nenhum aviador militar hesitaria em lançar seu avião, suas bombas e a si mesmo sobre os invasores. Por que alguns indivíduos não sacrificariam sua vida para adquirir a ciência indispensável à reconstrução do ser humano civilizado e de seu meio? Essa tarefa é, de fato, extremamente dura, mas existem mentes capazes de empreendê-la. A fraqueza dos cientistas que vemos, às vezes, nas universidades e nos laboratórios vem da mediocridade de seu objetivo e da pequeneza de sua vida. Os homens crescem quando são inspirados por um ideal maior, quando contemplam vastos horizontes. O sacrifício de si mesmo não é difícil quando se está fervendo de paixão por uma grande aventura, e não há aventura mais bela e perigosa do que a renovação do homem moderno.

4 – Instituições necessárias à ciência do homem.

A renovação do homem exige que seu corpo e sua mente possam se desenvolver de acordo com leis naturais, e não de acordo com as teorias das diferentes escolas de educadores. O indivíduo deve ser, desde a sua infância, libertado dos dogmas da civilização moderna e dos princípios que formam a base da sociedade moderna. Para desempenhar seu papel construtivo, a ciência do homem não precisa de instituições dispendiosas e numerosas. De fato, ela pode utilizar aquelas que já existem, contanto que sejam renovadas. O êxito desse processo será determinado em alguns países pela atitude do governo e, em outros, pela do público. Na Itália, na Alemanha ou na Rússia, se o ditador julgasse útil formar as crianças seguindo determinado modelo, modificar de certa maneira os adultos e seus modos de vida, as instituições apropriadas surgiriam imediatamente. Nas democracias, o progresso deve vir da iniciativa privada. Quando o público perceber mais claramente a falência de nossas crenças pedagógicas, médicas, econômicas e sociais, há de se questionar, talvez, como remediar a situação.

No passado, indivíduos isolados provocaram a ascensão da religião, da ciência e da educação. Por exemplo, o desenvolvimento da higiene nos Estados Unidos deveu-se inteiramente à inspiração de alguns homens. Hermann Biggs transformou Nova Iorque em uma das cidades mais limpas do mundo, e foi um grupo de jovens homens desconhecidos que, sob a direção de Welch, fundou a Faculdade de Medicina Johns Hopkins, levando aos surpreendentes progressos da patologia, da cirurgia e da higiene nos Estados Unidos. Quando a bacteriologia nasceu do cérebro de Pasteur, o Instituto Pasteur foi criado em Paris com apoio internacional. O Instituto Rockefeller de Pesquisa Médica foi fundado em Nova Iorque por John D. Rockefeller, pois a necessidade de novas descobertas no domínio da medicina ficou evidente para Welch, Theobald Smith, Mitchell Prudden, Simon Flexner, Christian Herter e alguns outros cientistas. Algumas pessoas estabeleceram, pela iniciativa privada, em várias universidades americanas, laboratórios de pesquisas destinados ao progresso da fisiologia, imunologia, química, nutrição etc. As grandes fundações Carnegie e Rockefeller foram inspiradas por ideias mais gerais: aumentar a instrução do público, elevar o nível científico das universidades, promover a paz entre as nações, prevenir doenças infecciosas e melhorar a saúde e o bem-estar de todos com os métodos científicos. Sempre foi a percepção da existência de uma necessidade que determinou esses movimentos. Inicialmente, o Estado não interferia, porém, mais tarde, as instituições privadas lideraram o progresso das instituições públicas. Na França, por exemplo, no início, a bacteriologia era ensinada exclusivamente no Instituto Pasteur. Depois, todas as universidades do Estado instituíram cadeiras e laboratórios de bacteriologia.

O mesmo acontecerá, provavelmente, com as instituições necessárias à restauração do homem. Um dia, sem dúvida, alguma faculdade, alguma universidade ou alguma escola de medicina compreenderá a importância do assunto. Houve intenções de um esforço nessa direção. A Universidade Yale criou, como se sabe, um Instituto para o estudo das relações humanas. Ademais, estabeleceu-se a Fundação Macy com o objetivo de estudar o homem são e doente, e de integrar os conhecimentos que temos a seu respeito. Em Gênova, Nicola Pende fundou um Instituto para a melhoria física, moral e intelectual do indivíduo. Muitas pessoas começam a sentir a necessidade de uma compreensão mais ampla do ser humano, mas esse sentimento ainda não foi formulado de maneira tão clara quanto na Itália. As organizações já existentes devem passar por algumas modificações antes de serem utilizáveis. Elas devem, por exemplo, eliminar os vestígios do limitado mecanicismo do último século e entender a necessidade de um esclarecimento dos conceitos empregados na biologia, da reintegração das partes ao todo e da formação tanto de verdadeiros cientistas quanto de trabalhadores das ciências. Também é preciso que a aplicação ao homem dos resultados de cada ciência, desde os da química da nutrição até os da economia política, seja confiada não a especialistas, de quem depende o progresso das ciências particulares, mas sim a homens que conhecem todas as ciências. Os especialistas devem ser instrumentos de uma mente sintética, que vai utilizá-los como um professor de Medicina de uma grande universidade utiliza, nos laboratórios de sua clínica, os serviços de patologistas, bacteriologistas, fisiologistas, químicos e físicos. Ele não confia a coordenação do estudo e do tratamento dos doentes a nenhum desses cientistas. Um economista, um endocrinologista, um psicanalista e um químico biologista são igualmente ignorantes sobre o homem. Não se pode confiar neles fora dos limites de seu próprio domínio.

Não devemos esquecer que nossos conhecimentos são ainda rudimentares e que a maioria dos grandes problemas mencionados no início deste livro ainda aguardam solução. Todavia, as questões que envolvem centenas de milhares de indivíduos e o futuro da civilização não podem ser deixadas sem resposta. Suas soluções devem ser elaboradas em institutos de pesquisa destinados à ciência do homem. Até o momento, nossos laboratórios biológicos e médicos dedicaram suas atividades à busca pela saúde e à descoberta dos mecanismos químicos e físico-químicos que são a base dos fenômenos fisiológicos. O Instituto Pasteur seguiu, com grande sucesso, o caminho aberto por seu fundador. Sob a direção de Duclaux e de Roux, especializou-se no estudo de bactérias e vírus, nos meios de proteção dos seres humanos contra os ataques desses microrganismos e na descoberta de vacinas, soros e substâncias químicas capazes de prevenir e curar doenças. O Instituto Rockefeller empreendeu a exploração de um campo mais vasto: além dos agentes produtores das doenças e seus efeitos nos animais e nos homens, analisa as atividades físicas, químicas, físico-químicas e fisiológicas manifestadas pelo corpo. Nos laboratórios do futuro, essas pesquisas irão muito mais longe. O homem todo pertence ao domínio da pesquisa biológica. Certamente, cada especialista deve continuar livremente a exploração de seu próprio setor, mas é importante não ignorar nenhum aspecto do ser humano. O método empregado por Simon Flexner na direção do Instituto Rockefeller poderia ser expandido e aproveitado por muitos institutos biológicos e médicos. No Instituto Rockefeller, a matéria viva é estudada de modo muito amplo, desde a estrutura de suas moléculas até a do corpo humano. No entanto, na organização dessas vastas pesquisas, Flexner não impunha nenhum programa aos membros de seu instituto, contentando-se em escolher cientistas com um gosto natural pela exploração desses diferentes territórios. Por meio de um procedimento análogo, seria possível organizar laboratórios destinados ao estudo de todas as atividades psicológicas e sociais do homem, assim como de suas funções químicas e orgânicas.

As instituições biológicas futuras, a fim de ser fecundas, deverão abster-se da confusão entre os conceitos que assinalamos como uma das causas da esterilidade das pesquisas médicas. A ciência suprema, a psicologia, precisa de métodos e conceitos da fisiologia, da anatomia, da mecânica, da química, da físico-química, da fisiologia e da matemática, isto é, de todas as ciências que ocupam um nível inferior na hierarquia de nossos conhecimentos. Sabemos que os conceitos de uma ciência de nível mais alto não podem ser reduzidos aos de uma ciência de nível mais baixo, que os fenômenos macroscópicos são tão fundamentais quanto os microscópicos, que os acontecimentos psicológicos são tão reais quanto os físico-químicos. Ainda assim, os biólogos enfrentam, com frequência, a tentação de voltar aos conceitos mecanicistas do século XIX, pois são mais cômodos. Evitamos, assim, abordar os assuntos realmente difíceis. As ciências da matéria inerte são essenciais ao estudo do organismo vivo e são tão essenciais ao fisiologista quanto o conhecimento da leitura e da escrita ao historiador. Mas são as técnicas, e não os conceitos dessas ciências, que são aplicáveis ao homem. O objeto dos biólogos é o organismo vivo, e não modelos ou sistemas artificialmente isolados. A fisiologia geral, como entendeu Bayliss, é uma pequena parte da fisiologia. Os fenômenos orgânicos e mentais não podem ser negligenciados.

Sabemos que a solução dos problemas humanos é lenta, exige a vida de muitas gerações de cientistas e tem necessidade de uma instituição capaz de dirigir ininterruptamente as pesquisas das quais depende o futuro de nossa civilização. Devemos, portanto, buscar um modo de dar à humanidade uma espécie de alma, um cérebro imortal que integraria seus esforços e daria um objetivo à sua marcha errante. A criação de uma instituição assim seria um evento de grande importância social. Esse centro de pensamento seria composto, como a Suprema Corte dos Estados Unidos, por um número muito pequeno de homens, que iria se perpetuar sozinho e indefinidamente, e suas ideias permaneceriam sempre jovens. Os líderes democráticos, bem como os ditadores, poderiam retirar dessa fonte de verdade científica as informações necessárias para desenvolver uma civilização realmente humana.

Os membros desse alto conselho seriam livres de qualquer pesquisa, de qualquer incumbência de ensino. Eles não fariam discursos, não publicariam livros, apenas contemplariam os fenômenos econômicos, sociais, psicológicos e patológicos manifestados pelas nações civilizadas e pelos indivíduos que as constituem. Atentariam ao andar da ciência, à influência de suas aplicações em nossos hábitos de vida, e tentariam descobrir um modo de moldar a civilização moderna com base no homem sem sufocar suas qualidades essenciais. Sua meditação silenciosa protegeria os habitantes da nova cidade das invenções mecânicas perigosas para seus tecidos ou mente, das adulterações do pensamento e dos alimentos, das fantasias dos especialistas em educação, nutrição, moral ou sociologia e de todos os progressos inspirados não pelas necessidades do público, mas pelo interesse pessoal ou pelas ilusões de seus inventores. Ela impediria a deterioração orgânica e mental da nação. A esses cientistas seria preciso dar uma posição tão elevada, tão livre de intrigas políticas e publicidade quanto a dos membros da Suprema Corte. Na verdade, sua importância seria muito maior do que a dos juristas encarregados de proteger a Constituição, pois teriam a guarda do corpo e da alma de uma grande raça em sua luta trágica contra as cegas ciências da matéria.

5 – A restauração do homem de acordo com as regras de sua natureza. – Necessidade de agir simultaneamente sobre o indivíduo e seu meio.

É necessário resgatar o indivíduo do estado de diminuição intelectual, moral e fisiológica trazida pelas condições modernas de vida. Desenvolver nele todas as suas atividades virtuais. Dar-lhe saúde. Restabelecer, de um lado, sua unidade, e de outro, sua personalidade. Fazê-lo crescer tanto quanto permitem as qualidades hereditárias de seus tecidos e consciência. Quebrar as paredes em que a educação e a sociedade conseguiram confiná-lo. Rejeitar todos os sistemas. Para chegar a esse resultado, devemos intervir nos processos orgânicos e mentais que constituem o indivíduo. Este está estreitamente ligado a seu meio, do qual não existe independentemente. Para renová-lo, devemos renovar o mundo que o rodeia.

É preciso, pois, refazer nosso panorama material e mental, mas as formas da sociedade são rígidas. Não podemos mudá-las desde agora. Apesar disso, a restauração do homem deve ser iniciada imediatamente, nas condições atuais da vida. Cada um pode mudar seu modo de existência, criar seu próprio espaço na multidão não pensante, impor certa disciplina fisiológica e mental a si mesmo, certos trabalhos e hábitos, tornar-se dono de si mesmo; porém, se o indivíduo fizer isso isoladamente, será quase impossível resistir ao seu entorno material, mental e econômico. Assim, para combater vitoriosamente esse ambiente, deve associar-se a outras pessoas com o mesmo ideal. As revoluções são engendradas com frequência por pequenos grupos em que as novas tendências fermentam e crescem. Foram esses grupos que, durante o século XVIII, prepararam, na França, a queda da monarquia. A Revolução Francesa foi feita muito mais pelos enciclopedistas do que pelos jacobinos. Atualmente, devemos combater os princípios da civilização industrial com a mesma perseverança com que os enciclopedistas combateram o Antigo Regime. Mas a luta será mais dura, pois os modos de existência trazidos pela tecnologia são tão agradáveis quanto o álcool, o ópio e a cocaína. As pessoas animadas pelo espírito da revolta serão obrigadas a se associar, a se organizar, a se apoiar mutuamente. Mas como proteger as crianças dos costumes da nova cidade? Estas seguem necessariamente o exemplo de seus companheiros e aceitam as superstições correntes de ordem médica, pedagógica e social, mesmo quando libertadas por pais inteligentes. Nas escolas, todos são obrigados a se conformar aos hábitos do rebanho. A renovação do indivíduo exige, pois, sua afiliação a um grupo igualmente grande para se isolar da multidão, impor regras necessárias e ter suas próprias escolas. Quando esses grupos e escolas existirem, talvez algumas universidades abandonem as formas ortodoxas de educação e decidam preparar os jovens para a vida do futuro por meio de disciplinas adequadas à sua verdadeira natureza.

Um grupo, ainda que pequeno, é capaz de escapar à influência nefasta da sociedade de sua época pela instituição de uma regra similar à disciplina militar ou monástica entre seus membros. Esse meio não é novo. A humanidade já atravessou períodos em que comunidades de homens ou mulheres, a fim de atingir certo ideal, tiveram de impor regras de conduta muito diferentes dos hábitos comuns. Na Idade Média, nossa civilização se desenvolveu graças a agrupamentos desse tipo, como as ordens monásticas, as ordens de cavalaria e as corporações de ofício. Nas ordens religiosas, alguns se isolavam em monastérios, outros ficavam no mundo, mas todos se submetiam a uma disciplina fisiológica e moral estrita. Os cavaleiros tinham regras que variavam conforme as diferentes ordens. Estas exigiam, em certas circunstâncias, o sacrifício de sua vida. No caso dos membros das corporações de ofício, suas relações internas e com o público eram determinadas por uma legislação minuciosa. Cada corporação tinha seus costumes, suas cerimônias e festas religiosas. Resumindo, esses homens abandonavam, em maior ou menor grau, as formas ordinárias da existência. Será que não somos capazes de repetir, com as devidas adaptações, o que faziam os monges, os cavaleiros e os artesãos da Idade Média? Duas condições essenciais ao progresso do indivíduo são o isolamento e a disciplina. Atualmente, todo indivíduo pode, mesmo no tumulto das grandes cidades, submeter-se a essas condições. Ele é livre para escolher seus amigos, não ir ao teatro e ao cinema, não escutar os programas radiofônicos, não ler certos jornais e certos livros, não enviar suas crianças a certas escolas etc. Mas é, sobretudo, por uma regra intelectual, moral e religiosa, e pela renúncia aos costumes da multidão, que somos capazes de nos reconstruir. Grupos grandes o bastante seriam capazes de oferecer a si mesmos uma vida ainda mais pessoal. Os Doukhobors, do Canadá, mostraram a independência que aguarda aqueles cuja vontade é suficientemente forte.

Não seria preciso um grupo dissidente muito numeroso para mudar profundamente a sociedade moderna. A disciplina dá aos homens grande força, e esse é um dado antigo da observação. Uma minoria ascética e mística ganharia rapidamente um poder implacável sobre a maioria hedonista e manipulável, e seria capaz, por persuasão ou talvez pela força, de impor a ela outras formas de vida. Nenhum dos dogmas da sociedade moderna é inquebrantável. Nosso progresso não necessita das fábricas gigantescas, dos *office buildings* que arranham o céu, das grandes cidades mortíferas, da moral industrial ou da mística da produção. Outros modos de existência e de civilização são possíveis. A cultura sem conforto, a beleza sem luxo, a máquina sem a servidão da fábrica e a ciência sem o culto à matéria permitiriam aos homens desenvolver-se indefinidamente, sempre preservando sua inteligência, senso moral e virilidade.

6 – As escolhas dos indivíduos. – As classes biológicas e sociais.

É preciso escolher dentre a multidão de homens civilizados. Sabemos que a seleção natural não cumpre seu papel há muito tempo, que muitos indivíduos inferiores foram preservados graças aos feitos da higiene e da medicina e que sua multiplicação foi prejudicial à raça. Mas não podemos prevenir a reprodução dos fracos que não são loucos nem criminosos, nem eliminar as crianças de má qualidade como destruímos, em uma ninhada de cachorrinhos, aqueles que têm defeitos. Há apenas um meio de impedir a predominância desastrosa dos fracos: desenvolver os fortes. A inutilidade de nossos esforços para melhorar os indivíduos de má qualidade tornou-se evidente. Vale mais a pena fazer crescerem aqueles que são de boa qualidade. É reforçando os fortes que se ajudarão eficientemente os inferiores. A massa sempre desfruta as invenções da elite e as instituições por ela criadas. Em vez de nivelar, como fazemos hoje, as desigualdades orgânicas e mentais, nós as exageraremos e criaremos homens maiores. É preciso abandonar a ideia perigosa de restringir os fortes, elevar os fracos e, assim, fazer pululiarem os medíocres.

Devemos buscar, entre as crianças, aquelas com as mais altas potencialidades e desenvolvê-las tão completamente quanto possível, dando assim à nação uma aristocracia não hereditária. Tais crianças estarão em todas as classes da sociedade, ainda que os homens distintos apareçam com mais frequência nas famílias inteligentes do que nas outras. Os descendentes dos homens que fundaram a civilização norte-americana conservaram, muitas vezes, as qualidades ancestrais. Essas qualidades escondem-se, em geral, sob o manto da degeneração, que vem da educação, do ócio, da falta de responsabilidade e de disciplina moral. Os filhos dos homens muito ricos, como os dos criminosos, deveriam ser retirados, desde a mais tenra idade, do meio que os corrompe. Separados assim de suas famílias, poderiam manifestar sua força hereditária. Há, sem dúvida, nas famílias aristocráticas da Europa, indivíduos de grande vitalidade. Na França, na Inglaterra e na Alemanha, os descendentes dos cavaleiros das Cruzadas e dos barões feudais ainda são bastante numerosos. As leis da genética indicam-nos a possibilidade de existência de seres aventureiros e intrépidos entre eles. Também é provável que a linhagem dos criminosos que tiveram imaginação, audácia e julgamento, a dos heróis da Revolução Francesa ou da Revolução Russa e a dos magnatas das finanças e da indústria seriam úteis na construção de uma elite empreendedora. A criminalidade, bem sabemos, não é hereditária se não estiver unida à fraqueza intelectual ou a outros defeitos mentais ou cerebrais. Raramente se observam altas potencialidades nos filhos de pessoas honestas, inteligentes, sérias, que não tiveram sorte em suas carreiras, fizeram maus negócios ou vegetaram toda a vida em situações inferiores. Essas potencialidades estão ausentes, em geral, nas famílias de camponeses que moram há séculos no mesmo local. Entretanto, às vezes despontam, de tais contextos, artistas, poetas, aventureiros e santos. Uma família de Nova Iorque cujos membros são conhecidos por suas brilhantes qualidades vem de camponeses que cultivam o mesmo pedaço de terra no sul da França desde a época de Carlos Magno até a de Napoleão.

A força e o talento podem aparecer bruscamente em famílias onde nunca se revelaram. Mutações ocorrem no homem assim como nos outros animais e nas plantas. Observa-se, até mesmo em meio aos proletários, sujeitos capazes de alto desenvolvimento, embora seja um fenômeno pouco frequente. Com efeito, a divisão da população de um país em diferentes classes não é efeito do acaso nem de convenções sociais: ela tem uma base biológica profunda, depende das propriedades fisiológicas e mentais dos indivíduos. Nos países livres, como os Estados Unidos e a França, todos tinham, no passado, a liberdade de galgar ao lugar que eram capazes de conquistar. Hoje em dia, quem é proletário deve sua situação aos defeitos hereditários de seu corpo e sua mente. Da mesma forma, os camponeses permaneceram voluntariamente ligados ao solo desde a Idade Média, pois têm a coragem, o julgamento, a resistência e a falta de imaginação e de audácia que os tornam aptos a esse estilo de vida. Os ancestrais desses cultivadores desconhecidos, apaixonados pela terra, soldados anônimos, armadura inquebrável das nações da Europa eram, apesar de suas grandes qualidades, de uma constituição orgânica e mental mais fraca do que a dos senhores medievais que conquistaram a terra e a defendiam contra todos os invasores. Os primeiros nasceram servos; os segundos, reis. Atualmente, é indispensável que as classes sociais sejam cada vez mais classes biológicas. As pessoas devem subir ou descer ao nível a elas destinado pela qualidade de seus tecidos e alma. A ascensão daqueles com os melhores órgãos e as melhores mentes deve ser facilitada, e cada um deve ocupar seu lugar natural. Os povos modernos podem ser salvos pelo desenvolvimento dos fortes, não pela proteção dos fracos.

7 – A construção da elite. – A eugenia voluntária. – Uma aristocracia hereditária.

Para a perpetuação de uma elite, a eugenia é essencial. É evidente que uma raça deve reproduzir seus melhores elementos. Contudo, nas nações mais civilizadas, a reprodução diminui e dá origem a indivíduos inferiores. As mulheres deterioram-se voluntariamente com o álcool e o tabaco, submetem-se a um regime alimentar perigoso a fim de alcançar um alongamento convencional de suas silhuetas e recusam-se a ter filhos. Sua carência deve-se à educação, ao feminismo, ao egoísmo mal compreendido, bem como às condições econômicas, à instabilidade do casamento, ao desequilíbrio nervoso e ao fardo que a fraqueza e a corrupção precoces das crianças impõem aos pais. As mulheres vindas de famílias mais antigas, que seriam as mais aptas a ter crianças de boa qualidade e a criá-las de modo inteligente, são quase estéreis. São os recém-chegados, os camponeses e proletários dos países mais primitivos da Europa, que produzem famílias numerosas, mas seus rebentos não têm o valor daqueles dos primeiros colonos da América do Norte. Não se pode esperar um aumento da taxa de natalidade entre os elementos mais nobres das nações antes de uma revolução profunda nos hábitos de vida e de pensamento e do surgimento de um novo ideal no horizonte.

A eugenia pode exercer uma grande influência sobre o destino das raças civilizadas. Na verdade, jamais controlaremos a reprodução dos humanos como controlamos a dos animais, mas seria possível impedir a propagação dos loucos e débeis mentais. Talvez também fosse necessário impor aos candidatos, ao casamento, um exame médico, como os que se aplicam aos jovens soldados e empregados de hotéis, hospitais e grandes lojas, mas tais exames somente darão uma ilusão de segurança. Aprendemos seu valor lendo os relatórios contraditórios dos especialistas diante dos tribunais. Ao que tudo indica, a eugenia, para ser útil, deve ser voluntária. Por meio de uma educação apropriada, poderíamos fazer os jovens compreender a que sofrimentos estarão expostos se casarem em famílias em que há sífilis, câncer, tuberculose, nervosismo, loucura ou debilidade mental. Tais famílias devem ser consideradas por eles no mínimo tão indesejáveis quanto as famílias pobres. Na realidade, são mais perigosas do que as dos ladrões e assassinos: nenhum criminoso causa sofrimentos tão grandes quanto a introdução da tendência à loucura em uma raça.

A eugenia voluntária não é impossível. Sem dúvida, o amor sopra tão livremente quanto o vento, mas a crença nessa particularidade do amor é abalada pelo fato de que certos homens jovens apenas se apaixonam por jovens meninas ricas e vice-versa. Se o amor é capaz de escutar o dinheiro, talvez se submeta a considerações tão práticas quanto a saúde. Ninguém deveria desposar um indivíduo portador de deformações hereditárias. Tecidos saudáveis e uma mente sã são essenciais à vida normal. Quase todos os sofrimentos do homem vêm de sua constituição orgânica e mental e, em grande medida, de sua hereditariedade. Na verdade, aqueles que têm um fardo ancestral mais pesado de loucura, debilidade mental ou câncer não devem se casar. Nenhum ser humano tem o direito de dar a outro ser humano uma vida miserável, muito menos de gerar crianças destinadas à infelicidade. De fato, a eugenia exige o sacrifício de muitos indivíduos. Essa necessidade, que observamos pela segunda vez, parece ser a expressão de uma lei natural. Muitos seres vivos são sacrificados a todo o momento pela natureza por causa de outros seres vivos. Sabemos da importância social e individual da renúncia. As grandes nações sempre honraram, mais do que todas as outras, aqueles que dão sua vida pela pátria. O conceito de sacrifício, de absoluta necessidade social, deve ser introduzido na mente do homem moderno.

Ainda que a eugenia seja capaz de impedir o enfraquecimento da elite, não basta para produzir seu progresso ilimitado. Nas raças mais puras, os indivíduos não ultrapassam certo nível. No entanto, nos homens, assim como nos cavalos de corrida, seres excepcionais aparecem de vez em quando. Ignoramos tudo sobre a gênese da genialidade. Não sabemos como produzir, no plasma germinativo, uma evolução progressiva, nem como provocar, pelas mutações apropriadas, o surgimento de seres superiores. Devemos nos contentar em favorecer a união dos melhores elementos da raça pelo meio indireto da educação, por certas vantagens econômicas. O progresso dos fortes depende das condições de seu desenvolvimento e da possibilidade dada aos pais de transmitir a seus rebentos as qualidades adquiridas ao longo de sua existência. A sociedade moderna deve permitir a todos, mas principalmente à elite, ter uma vida estável, formar um pequeno mundo familiar, possuir uma casa, um jardim, amigos. As crianças devem ser criadas por seus pais e ter contato com as coisas que são a expressão de sua mente. O grupo social deve ser suficientemente pequeno e a família, suficientemente durável e compacta, para que a personalidade dos pais possa ser sentida. É imperativo cessar imediatamente a transformação do fazendeiro, do artesão, do artista, do professor e do cientista em proletários manuais ou intelectuais, detentores de nada mais do que seus braços ou cérebro. Esse proletariado será a vergonha eterna da civilização científica. Ele causa a supressão da família como unidade social, apaga a inteligência e o senso moral, destrói os remanescentes da cultura e da beleza e rebaixa o ser humano. Certa segurança é indispensável ao desenvolvimento ótimo do indivíduo e da família. Evidentemente, é necessário que o casamento deixe de ser uma união temporária, que a união entre homem e mulher, como a dos antropoides superiores, dure ao menos até que os jovens não precisem mais de proteção e que as leis sobre a educação, especialmente as que dizem respeito às meninas, ao casamento e ao divórcio, tenham em vista os interesses da próxima geração. As mulheres devem receber uma educação superior, não para serem médicas, advogadas ou professoras, mas sim para tornarem-se capazes de transformar suas próprias crianças em seres humanos de qualidade superior.

A eugenia voluntária levaria não somente à produção de indivíduos mais fortes, mas também a famílias em que a resistência, a inteligência e a coragem seriam hereditárias. Essas famílias constituiriam uma aristocracia, de onde sairiam, provavelmente, homens de elite. A sociedade moderna deve melhorar, de todas as maneiras possíveis, a raça humana. Não há benefícios financeiros e sociais grandes o suficiente, honras altas o bastante, para recompensar adequadamente aqueles que, graças à sabedoria de seu casamento, conceberam gênios. A complexidade de nossa civilização é imensa, e ninguém conhece seus mecanismos. Todavia, esses mecanismos devem ser conhecidos e controlados, e, para tal, precisamos gerar indivíduos de maior calibre intelectual e moral. O estabelecimento de uma aristocracia biológica hereditária por meio da eugenia seria um passo importante na solução dos grandes problemas da atualidade.

8 – Os agentes físicos e químicos da formação do indivíduo.

Apesar de o nosso conhecimento sobre o homem ainda ser muito incompleto, permite-nos intervir na formação de seu corpo e alma, ajudá-lo a desenvolver todas as suas potencialidades e moldá-lo conforme nossos desejos, contanto que esses desejos não se afastem das leis naturais. Temos três métodos diferentes à nossa disposição. O primeiro consiste em introduzir, no organismo, substâncias químicas capazes de modificar a constituição dos tecidos, dos humores e das glândulas, além das atividades mentais; o segundo, em ativar, por modificações apropriadas do meio exterior, os mecanismos de adaptação, reguladores de todas as atividades do corpo e da consciência; e o terceiro, em provocar estados mentais que favoreçam o desenvolvimento orgânico ou levam o indivíduo a se desenvolver sozinho. Esses métodos utilizam instrumentos de natureza física, química, fisiológica e psicológica. A manutenção desses instrumentos é difícil e incerta, pois somente conhecemos imperfeitamente seu modo de uso. Seus efeitos não se limitam a apenas uma parte do organismo: eles se estendem a todos os sistemas, agindo com lentidão, mesmo na infância e na juventude. No entanto, sempre deixam sua marca definitiva no indivíduo.

Os fatores químicos e físicos do meio exterior, como se sabe, são capazes de modificar profundamente os tecidos e a mente. Para formar homens resistentes e calejados, deve-se utilizar os longos invernos das montanhas, os países onde as estações alternam entre escaldantes e congelantes, onde há névoas frias e pouca luz, onde ciclones sopram furiosamente ou onde a terra é pobre e coberta por rochedos. Escolas destinadas à formação de uma elite dura e vigorosa poderiam ser instaladas nessas regiões, e não nos países do sul, onde o sol brilha sempre e a temperatura é sempre quente e estável. A Riviera e a Flórida apenas convêm aos degenerados, aos doentes, aos velhos e às pessoas normais que precisam, por um curto período, descansar. A energia moral, o equilíbrio nervoso e a resistência orgânica aumentam nas pessoas expostas às alternâncias entre calor e frio, secura e umidade, sol violento, chuva e neve, vento e névoa, ou, em uma palavra, às intempéries normais das regiões setentrionais. A brutalidade do clima da América do Norte, onde há invernos escandinavos sob um sol espanhol, provavelmente foi uma das causas da lendária força e intrepidez do Ianque de outrora. Esses fatores perderam quase totalmente sua eficácia desde que os homens passaram a se proteger do clima rigoroso com o conforto de sua casa e o sedentarismo.

Ainda conhecemos mal o efeito das substâncias químicas contidas nos alimentos sobre as atividades fisiológicas e mentais. A opinião dos médicos a esse respeito tem pouco valor, pois jamais fizeram experiências em seres humanos longas o suficiente para descobrir a influência de determinada alimentação. Contudo, sabemos que, no passado, os homens de nossa raça que dominavam seu grupo por sua inteligência, brutalidade e coragem alimentavam-se, sobretudo, de carne, farinhas grossas e álcool. Novas experiências são essenciais para precisar a influência desses fatores. Ao que parece, a frequência da alimentação, sua quantidade e qualidade afetam tanto a mente quanto o corpo. Para aqueles cujo destino é criar, empreender e comandar, provavelmente a alimentação dos trabalhadores não seja adequada, nem a dos monges contemplativos que, na paz dos monastérios, buscam suprimir em si as paixões do século. Devemos descobrir que alimentação deve ser dada aos homens modernos que vegetam em seus escritórios e fábricas. Talvez seja importante diminuir seu sedentarismo para que não adquiram os defeitos dos animais domésticos. Certamente, não podemos alimentá-los como nossos ancestrais, cuja vida era uma perpétua luta contra as coisas, os animais e seus semelhantes. Mas não é com vitaminas e frutas que os melhoraremos. Essas substâncias sempre foram abundantes no leite, na manteiga, nos cereais e nos legumes, mas as populações que se nutriam de tais alimentos não manifestaram, até hoje, qualidades excepcionais. O mesmo vale pare os animais criados em laboratório com uma alimentação teoricamente excelente. Precisamos de substâncias que, sem aumentar o volume e o peso do esqueleto, produzam flexibilidade e força muscular, resistência nervosa e agilidade mental. Um dia, talvez, algum cientista descubra como produzir grandes homens a partir de crianças ordinárias, a exemplo das abelhas, que transformam uma larva comum em rainha com auxílio dos alimentos que sabem preparar para ela. No entanto, é provável que nenhum fator físico ou químico sozinho faça o indivíduo progredir muito: é um conjunto de condições variadas que determina a superioridade das formas orgânicas e mentais.

9 – Os agentes fisiológicos.

A atividade de adaptação de todos os sistemas fisiológicos tem uma poderosa influência sobre o desenvolvimento do indivíduo. Sabemos que essas operações, em vez de desgastar as estruturas anatômicas, tornam-nas mais resistentes. Além disso, o estímulo das atividades orgânicas e mentais é o meio mais garantido de melhorar a qualidade dos tecidos e da mente.

Chega-se facilmente a esse resultado ativando os mecanismos que resultam em uma série de reações nos órgãos organizadas em torno de um fim. Bem se sabe, por exemplo, que cada grupo muscular pode ser desenvolvido por exercícios apropriados. Se quisermos fortalecer não apenas os músculos, mas também os aparelhos encarregados da nutrição desses músculos e aqueles que permitem o esforço prolongado de todo o corpo, serão necessários exercícios mais variados do que os esportes. Esses exercícios são os mesmos que eram exigidos pelas necessidades cotidianas da vida primitiva. O atletismo especializado ensinado nas universidades não cria homens realmente resistentes. Uma ativação dos sistemas que compreenda simultaneamente os músculos, os vasos, o coração, os pulmões, o cérebro e a medula, isto é, o organismo inteiro, é essencial. A corrida em terreno acidentado, a escalada de montanhas, a luta, a natação e os trabalhos em florestas e campos, aliados à exposição, a intempéries e à certa dureza de vida produzem a harmonia dos músculos, do esqueleto, dos órgãos e da consciência.

Dessa forma, podem-se exercitar os grandes aparelhos que permitem ao corpo enfrentar as mudanças no mundo exterior. O ato natural de escalar árvores ou rochedos faz funcionarem todos os sistemas reguladores da composição do plasma sanguíneo, da circulação e da respiração. A estadia em grandes altitudes estimula a atividade dos órgãos encarregados da fabricação dos glóbulos vermelhos da hemoglobina. A corrida prolongada induz fenômenos que eliminam a grande quantidade de ácido produzido pelos músculos e lançado no sangue. A sede esvazia os tecidos da água. O jejum mobiliza as proteínas e as matérias graxas dos órgãos. Na passagem do calor ao frio e do frio ao calor ativam-se os vários mecanismos que regulam a temperatura do organismo. Há muitas outras maneiras de estímulo dos processos de adaptação. Sua ativação aperfeiçoa o corpo inteiro e deixa seus aparelhos mais fortes, mais flexíveis, mais preparados para cumprir suas funções.

A harmonia das funções orgânicas e psicológicas é uma das qualidades mais importantes que um indivíduo pode ter. Ela é obtida por meios que variam conforme as características específicas de cada um, mas exige sempre um esforço mental. É pela inteligência e dominação de nós mesmos que conservamos o equilíbrio das funções. Todo homem tem uma tendência natural a buscar a satisfação de seu apetite fisiológico e das necessidades artificiais, tais como o álcool, a velocidade e a constante mudança, mas degenera quando satisfaz completamente essa tendência. Portanto, deve habituar-se a controlar sua fome, sua necessidade de sono, seus impulsos sexuais, sua preguiça, seu gosto por exercícios musculares, por álcool etc. O excesso de sono e comida é mais perigoso que a falta. É primeiramente pelo treinamento, e depois pela adição progressiva do raciocínio aos hábitos do treinamento, que se podem desenvolver indivíduos com atividades fortes e equilibradas.

O valor de cada um depende de sua capacidade de enfrentar, sem esforço e rapidamente, situações diferentes. Esse resultado é obtido pelo desenvolvimento de inúmeros reflexos, de reações instintivas muito variadas. Quanto mais jovem o indivíduo, mais fácil é estabelecer esses reflexos. A criança é capaz de acumular em si grandes tesouros de conhecimentos inconscientes. Pode-se treiná-la facilmente, muito mais do que o mais inteligente dos cães pastores. Ela pode aprender a correr sem se cansar, a cair como um gato, a escalar, nadar, portar-se e caminhar harmoniosamente, a observar exatamente o que acontece em torno dela, a acordar rápida e totalmente, a falar várias línguas, a obedecer, a atacar e a defender-se, a utilizar habilidosamente suas mãos para diversos trabalhos etc. Os hábitos morais são criados de maneira idêntica. Até os cachorros aprendem a não roubar. A honestidade, a franqueza e a coragem devem ser desenvolvidas pelos mesmos processos empregados na formação dos reflexos, isto é, sem raciocínio, sem discussão, sem explicação. Em outras palavras, a criança deve ser condicionada.

O condicionamento, para usar a terminologia de Pavlov, não é senão o estabelecimento de reflexos associados. Ele reproduz, de maneira científica e moderna, os procedimentos empregados desde sempre pelos treinadores de animais. Na formação desses reflexos, é estabelecida uma relação imediata entre uma coisa desagradável e algo desejado pelo sujeito. Um som de sino, um tiro de fuzil ou até mesmo um golpe de chicote tornam-se, para um cachorro, sinônimo de um alimento do qual gosta. O mesmo vale para os homens. Não sofremos a privação de comida e sono que exige uma expedição em território desconhecido. Aguenta-se facilmente o sofrimento físico se for acompanhado por sucesso em longo prazo. A própria morte torna-se positiva quanto associada a uma grande aventura, à beleza do sacrifício ou à iluminação da alma que se funde em Deus.

10 – Os agentes psicológicos.

Os fatores psicológicos têm, como sabemos, uma profunda influência no desenvolvimento do indivíduo. Eles contribuem, em grande parte, para dar ao corpo e à mente sua forma definitiva. Mencionamos como o desenvolvimento de reflexos adequados prepara a criança para se adaptar facilmente a certas situações. O indivíduo que adquiriu vários reflexos reage com sucesso a situações previstas. Por exemplo, se é atacado, pode instantaneamente atirar com arma de fogo. Entretanto, esses reflexos não lhe permitem responder a situações imprevistas e imprevisíveis. A capacidade de reagir com êxito a todas as circunstâncias depende de algumas qualidades do sistema nervoso, dos órgãos e da mente, que são desenvolvidas com ajuda de certos fatores psicológicos. Sabemos, por exemplo, que a disciplina intelectual e moral produz um melhor equilíbrio do sistema simpático e uma melhor integração das atividades orgânicas e mentais. Esses fatores se dividem em dois tipos: interiores e exteriores. No primeiro tipo estão todos os reflexos e estados de consciência impostos ao sujeito pelos outros indivíduos e por seu meio social. A segurança ou a falta dela, a pobreza ou a riqueza, o esforço, a luta, o ócio e a responsabilidade criam condições mentais que modelam os indivíduos de modo quase específico. O segundo tipo compreende os estados internos que dependem do próprio indivíduo, como a atenção, a meditação, a vontade de poder, a ascese etc.

O emprego dos agentes psicológicos na formação do homem é delicado. Podemos, contudo, controlar facilmente o desenvolvimento intelectual da criança. Professores com livros apropriados introduzem em seu mundo interior as ideias destinadas a influenciar a evolução de tecidos e mente. Já dissemos que o crescimento das outras atividades psicológicas, como o senso moral, estético ou religioso independe da educação intelectual. Os fatores mentais capazes de agir sobre essas atividades pertencem ao meio social. É preciso, portanto, inserir o cidadão em um contexto apropriado, onde há necessidade de rodeá-lo com determinada atmosfera psicológica. Atualmente, é muito difícil dar às crianças as vantagens resultantes das privações, da luta, da dificuldade da existência e da verdadeira cultura intelectual, bem como aquelas que vêm do desenvolvimento da vida interior. A vida interior, essa coisa privada, escondida, não compartilhável, não democrática, é considerada pecado pelo conservadorismo de muitos educadores. Entretanto, ainda é a fonte de toda originalidade, de todas as grandes ações. Somente ela permite ao indivíduo conservar sua personalidade em meio à multidão, garantindo a liberdade de seu espírito e o equilíbrio de seu sistema nervoso no caos da nova cidade.

Os fatores mentais agem em cada indivíduo de modo diferente e devem ser empregados somente por aqueles que compreendem plenamente as particularidades orgânicas e cerebrais de cada ser humano. Conforme seja fraco, forte, sensível, generoso, egoísta, inteligente, estúpido, apático, alerta etc., cada um reage de maneira diferente ao mesmo estímulo mental. Esses processos delicados não podem ser aplicados cegamente à formação de cada organismo. Todavia, há condições econômicas e sociais que agem uniformemente sobre todos os integrantes de um grupo ou de uma nação. Os sociólogos e economistas não devem, portanto, modificar as condições de vida sem considerar os efeitos psicológicos dessa alteração. Trata-se de um dado primário da observação: a completa pobreza, a prosperidade, a paz, a loucura ou o isolamento não são favoráveis ao progresso humano. O indivíduo provavelmente alcançaria seu desenvolvimento ideal em uma atmosfera mental criada por uma mistura de segurança econômica, lazer, privações e luta. O efeito das condições da existência varia de acordo com a raça e o indivíduo. Os acontecimentos que abalam alguns levam outros à revolta e à vitória. O meio econômico e social deve ser moldado com base no homem, e não o homem com base no meio. Devemos dar aos sistemas orgânicos a atmosfera psicológica adequada para mantê-los em plena atividade.

Os agentes psicológicos têm, naturalmente, um efeito muito mais marcado sobre as crianças e adolescentes do que sobre os adultos. Deve-se empregá-los durante o período plástico da vida, mas sua influência, ainda que menos marcada, persiste por toda a existência. Quando o organismo amadurece, quando o valor do tempo diminui, sua importância aumenta. Seu efeito é muito útil no corpo que envelhece. Pode-se atrasar a senescência mantendo a mente e o corpo ativos. Durante a maturidade e a velhice, o homem tem necessidade de uma disciplina mais rígida do que em sua juventude. A deterioração prematura deve-se, em geral, ao abandono de si mesmo. Os mesmos fatores que ajudam nossa formação são capazes de retardar nosso declínio. Uma utilização sábia desses agentes psicológicos adiaria a degradação orgânica e a derrocada dos tesouros intelectuais e morais no abismo da degeneração senil.

11 – A saúde.

Sabemos que há dois tipos de saúde: a natural e a artificial. Desejamos a saúde natural, aquela que vem da resistência dos tecidos às doenças infecciosas e degenerativas, do equilíbrio do sistema nervoso, e não a artificial, baseada em regimes alimentares, vacinas, soros, produtos endócrinos, vitaminas e exames médicos periódicos e na proteção onerosa oferecida pelos medicamentos, hospitais e enfermeiros. O homem deve ser construído de modo a não precisar desses cuidados. A medicina obterá seu maior triunfo quando descobrir como é possível ignorar a doença, a fadiga e o medo. Devemos dar aos seres humanos a liberdade e a alegria que vêm da perfeição das atividades orgânicas e mentais.

Essa concepção de saúde enfrentará uma forte oposição, pois ameaça nossos hábitos de pensamento. A medicina moderna tende à produção da saúde artificial, a uma espécie de fisiologia controlada. Seu ideal é intervir nas funções dos tecidos e órgãos com substâncias químicas puras, estimular ou substituir as funções insuficientes, aumentar a resistência às infecções, acelerar a resistência dos órgãos e humores aos agentes patógenos etc. Ainda consideramos o corpo humano uma máquina mal construída cujas peças devem ser constantemente aprimoradas ou reparadas. Em um discurso recente, Henry Dale celebrou com razão as vitórias da terapêutica nos últimos quarenta anos: a descoberta dos soros antitóxicos e das vacinas, hormônios, insulina, adrenalina, tiroxina etc., além dos compostos orgânicos do arsênio, vitaminas, substâncias que regulam as funções sexuais e inúmeras novas substâncias sintetizadas em laboratório para o alívio da dor e o estímulo de funções insuficientes. Ademais, celebrou o advento dos gigantescos laboratórios industriais onde essas substâncias são manufaturadas. É claro que esses progressos da química e da fisiologia são de grande importância, revelam pouco a pouco os mecanismos ocultos do corpo e conduzem a medicina por uma via sólida, mas será que devem ser considerados desde já um grande triunfo da humanidade na busca pela saúde? Isso está longe de estar certo. A fisiologia não pode ser comparada à economia política, pois os processos orgânicos, humorais e mentais são infinitamente mais complicados do que os fenômenos sociais e econômicos. O sucesso da economia controlada é possível, mas o da fisiologia é provavelmente inviável.

A saúde artificial não basta ao homem moderno. Os exames e cuidados médicos são incômodos, penosos e frequentemente pouco eficazes. Os hospitais e remédios são caros, e seus efeitos insuficientes. Homens e mulheres precisam constantemente de pequenos reparos, apesar de parecerem saudáveis, e não são bons nem fortes o suficiente para desempenhar satisfatoriamente seu papel de seres humanos. A saúde é muito mais do que a ausência de doenças. A crescente insatisfação do público em relação à profissão médica é, em certa medida, a expressão desse sentimento. Não podemos dar ao homem a saúde que ele deseja sem levar em consideração sua verdadeira natureza. Sabemos que os órgãos, os humores e a mente são um só, que são resultados de tendências hereditárias, das condições do desenvolvimento, de fatores químicos, físicos e fisiológicos do meio, que a saúde depende da constituição química e estrutural de cada parte da constituição e de certas propriedades do conjunto. Devemos ajudar esse conjunto a manter sua integridade em vez de interferir no funcionamento de cada órgão. A saúde natural é um fato observável. Alguns indivíduos resistem às infecções, às doenças degenerativas, à deterioração da senescência. É preciso descobrir o segredo dessa resistência, pois a saúde natural aumentaria enormemente a felicidade da humanidade.

Os maravilhosos triunfos da higiene em seu combate às doenças infecciosas e às grandes epidemias permitem à pesquisa biológica desviar parte de sua atenção dos vírus e bactérias para os processos fisiológicos e mentais. Em vez de simplesmente mascarar as lesões orgânicas das doenças degenerativas, devemos buscar preveni-las ou curá-las. Não basta, por exemplo, fazer desaparecerem os sintomas do diabetes dando insulina ao doente. Esta não cura o diabetes. Essa doença somente será vencida pela descoberta de suas causas e dos meios de regeneração ou substituição das células pancreáticas insuficientes. A mera administração de substâncias químicas ao doente não lhe traz saúde de verdade. Deve-se capacitar os órgãos a fabricar por conta própria essas substâncias químicas no corpo, mas o conhecimento da nutrição das glândulas é muito mais difícil do que o de seus produtos de secreção. Até o momento, seguimos um caminho fácil, mas agora devemos explorar, nas profundezas de nós mesmos, regiões desconhecidas. O progresso da medicina não virá da construção de hospitais melhores e maiores, de novas e grandes fábricas de produtos farmacêuticos. Ele depende do advento de alguns cientistas imaginativos, de sua meditação no silêncio dos laboratórios, da descoberta dos mistérios organísmicos e mentais para além do proscênio das estruturas químicas. A conquista da saúde natural exige um aprofundamento considerável de nosso conhecimento sobre o corpo e a alma.

12 – O desenvolvimento da personalidade.

É preciso restaurar, no ser humano padronizado pela vida moderna, sua personalidade. Os sexos devem voltar a ser claramente definidos. É importante que cada indivíduo seja inequivocadamente homem ou mulher e que sua educação impeça-lhe de manifestar as tendências sexuais, as características mentais e as ambições do sexo oposto. Também é importante que se desenvolva na riqueza específica e multiforme de suas atividades. Os homens não são máquinas fabricadas em série. Para reconstruir sua personalidade, devemos quebrar os muros da escola, da fábrica e do escritório e rejeitar os próprios princípios da civilização tecnológica.

Tal revolução está longe de ser impossível. A renovação da educação é viável sem modificar muito a escola. Entretanto, o valor atribuído a esta última deve mudar. Sabemos que os seres humanos, sendo indivíduos, não podem ser criados em massa e que a escola não é capaz de substituir a educação individual dada pelos pais. Em geral, os educadores cumprem satisfatoriamente seu papel intelectual, mas também é indispensável desenvolver as atividades morais, estéticas e religiosas da criança. Os pais têm uma função na educação da qual não podem se livrar e para a qual devem estar preparados. Não é estranho que grande parte do tempo das jovens meninas não seja dedicado ao estudo fisiológico e mental das crianças e dos métodos de educação? Deve-se restabelecer a função natural das mulheres, que não é somente gerar crianças, mas também criá-las.

Assim como a escola, a fábrica e o escritório não são instituições inatingíveis. No passado, havia uma forma de vida industrial que permitia aos trabalhadores ter uma casa e terras, trabalhar em casa, na hora em que quisessem e como quisessem, fazer uso de sua inteligência, fabricar objetos inteiros e ter a alegria da criação. É preciso resgatar essas vantagens. Graças à energia elétrica e às máquinas modernas, a pequena indústria foi capaz de se libertar das fábricas. Será que a grande indústria também não poderia ser descentralizada? Ou não seria possível empregar, nessas fábricas, todos os jovens da nação por um curto período, como um período de serviço militar? Dessa forma, seria possível suprimir o proletariado. Os homens viveriam em pequenos grupos em vez de formar imensos rebanhos. Todos conservariam, em seu grupo, seu próprio valor humano. As pessoas deixariam de ser uma engrenagem de máquina e voltariam a ser um indivíduo. Atualmente, o proletário ocupa uma posição tão baixa quanto a do servo feudal. Assim como ele, não pode ter a esperança de se libertar, de ser independente, de mandar nos outros. Já o artesão tem a esperança legítima de um dia tornar-se patrão, assim como o camponês proprietário de sua terra, o pescador proprietário de seu barco, que, ainda que submetidos a um duro trabalho, são donos de si mesmos e de seu tempo. A maioria dos trabalhadores industriais poderia ter uma independência e uma dignidade parecidas. Nos gigantescos escritórios das grandes corporações, nas lojas do tamanho de cidades, os empregados perdem sua personalidade como os operários nas fábricas e tornam-se, de fato, proletários. Ao que tudo indica, a organização moderna dos negócios e a produção em massa são incompatíveis com o desenvolvimento da pessoa humana. Se isso é verdade, é a civilização moderna, e não o homem, que deve ser sacrificada.

Se reconhecesse a personalidade dos seres humanos, a sociedade seria obrigada a aceitar sua desigualdade. Cada indivíduo deve ser utilizado conforme suas características particulares. Ao tentar estabelecer a igualdade entre os homens, eliminamos as particularidades individuais que eram muito úteis. A felicidade de cada um depende de sua adaptação exata a seu tipo de trabalho, e há muitas tarefas diferentes em uma civilização moderna. É preciso, portanto, variar os tipos humanos em vez de unificá-los, e aumentar essas diferenças pela educação e pelos hábitos de vida. Em vez de reconhecer a diversidade necessária dos seres humanos, a civilização industrial as comprimiu em quatro classes: os ricos, os proletários, os camponeses e a classe média. O funcionário, o professor escolar, o agente de polícia, o pastor de igreja, o médico, o cientista, o professor universitário e o lojista, que constituem a classe média, têm quase o mesmo estilo de vida. Esses tipos tão distintos são agrupados não por sua personalidade, mas por sua posição financeira. Contudo, é evidente que não têm nada em comum. A estreiteza de suas existências abafa os melhores, aqueles que são capazes de crescer, que tentam desenvolver suas potencialidades mentais. Para ajudar no progresso social, não basta contratar arquitetos, comprar cimento e tijolos e construir escolas, universidades, laboratórios, bibliotecas e igrejas; é preciso dar àqueles que se dedicam às coisas da mente os meios de desenvolver sua personalidade conforme sua constituição inata e seu ideal espiritual. É como as ordens religiosas da Idade Média, que criaram um modo de existência próprio ao desenvolvimento da ascese, do misticismo e do pensamento filosófico.

O materialismo brutal de nossa civilização não apenas se opõe ao progresso da inteligência como também apaga os afetuosos, os gentis, os frágeis e os isolados que amam a beleza, que buscam na vida algo além do dinheiro, e cuja sensibilidade não aguenta a vulgaridade da existência moderna. Antigamente, esses seres tão delicados ou tão incompletos podiam desenvolver sua personalidade livremente. Alguns se isolavam e viviam em si mesmos, outros se refugiavam nos monastérios, em ordens hospitaleiras ou contemplativas onde encontravam a pobreza e o trabalho, mas também a dignidade, a beleza e a paz. Aos indivíduos desse tipo, será necessário fornecer o meio adequado em vez das condições adversas da civilização industrial.

Há ainda o problema não resolvido da imensa horda de deficientes e criminosos, que lançam um fardo enorme sobre a população sã. Como sabemos, o custo das prisões e dos asilos de alienados, da proteção do público contra bandidos e loucos, tornou-se gigantesco. As nações civilizadas tentam inocentemente conservar seres inúteis e perigosos. Os anormais impedem o desenvolvimento dos normais, e esse problema deve ser combatido de frente. Por que a sociedade não se desfaz dos criminosos e alienados de um jeito mais econômico? Ela não pode continuar fingindo que sabe discernir os responsáveis dos não responsáveis, que sabe punir os culpados e poupar aqueles que, apesar de terem cometido crimes, são tidos como moralmente inocentes. Ela não é capaz de julgar os homens, mas deve se proteger dos elementos que a ameaçam. Então, como fazê-lo? Certamente não será erguendo prisões maiores e mais confortáveis, assim como a saúde não seria melhorada pela construção de hospitais maiores e mais avançados. Somente poderemos extinguir a loucura e o crime por um melhor conhecimento do homem, pela eugenia, por mudanças profundas na educação e nas condições sociais. Enquanto esperamos, no entanto, devemos lidar com os criminosos de modo eficaz, talvez suprimindo as prisões, que poderiam ser substituídas por instituições menores e mais baratas. O condicionamento dos criminosos menos perigosos pelo chicote ou outro meio mais científico, seguido de uma curta estadia no hospital, provavelmente serviria para garantir a ordem. Quanto ao restante, aqueles que mataram, que roubaram a mão armada, que sequestraram crianças, que tiraram dos pobres ou que traíram gravemente a confiança do público, um estabelecimento eutanásico, equipado com um gás apropriado, permitiria eliminá-los de modo humano e econômico. Será que o mesmo tratamento não seria aplicável aos loucos que cometeram atos criminosos? Não se deve hesitar em organizar a sociedade moderna em função do indivíduo são. Os sistemas filosóficos e os prejulgamentos sentimentais devem desaparecer diante dessa necessidade, afinal, o desenvolvimento da personalidade humana é o objetivo supremo da civilização.

13 – O universo humano.

A restauração do homem na harmonia de suas atividades fisiológicas e mentais mudará o universo, pois este modifica sua face de acordo com o estado do nosso corpo. Não devemos esquecer que ele é apenas a resposta de nosso sistema nervoso, de nossos órgãos sensoriais e de nossas técnicas a uma realidade exterior desconhecida e, provavelmente, incognoscível; e que todos os nossos estados de consciência, todos os nossos sonhos, tanto os dos matemáticos quanto os dos apaixonados, são igualmente verdadeiros. As ondas eletromagnéticas que, para o físico, representam um pôr do sol, não são mais objetivas que as brilhantes cores percebidas pelo pintor. O sentimento estético causado por essas cores e a medida do comprimento das ondas que a compõem são dois aspectos de nós mesmos e têm o mesmo direito à existência. A alegria e a dor são tão importantes quanto os planetas e os sóis, mas o mundo de Dante, de Emerson, de Bergson ou de Hale é mais vasto do que o mundo do Sr. Babbitt. As dimensões do universo aumentarão necessariamente com a força de nossas atividades orgânicas e mentais.

Devemos libertar o homem do cosmos criado pelo gênio dos físicos e astrônomos, desse cosmos em que está enclausurado desde a Renascença. Apesar de sua beleza e grandeza, o mundo da matéria inerte é muito pequeno para ele, assim como nosso meio econômico e social não foi feito sob medida. Não podemos aderir ao dogma de sua realidade exclusiva. Sabemos que não estamos inteiramente confinados a ele, que alcançamos dimensões além do *continuum* físico. O homem é, ao mesmo tempo, um objeto material, um ser vivo, um centro de atividades mentais. Sua presença na imensidão morta dos espaços interestelares é totalmente negligenciável. No entanto, está longe de ser um estranho nesse maravilhoso reino da matéria. Sua mente navega-o facilmente com ajuda de abstrações matemáticas, mas prefere contemplar a superfície da terra, as montanhas, os rios, os oceanos. O homem é feito à semelhança das árvores, plantas e animais, e regozija em sua companhia. Ele se liga ainda mais intimamente às obras de arte, aos monumentos, às maravilhas mecânicas da cidade, ao pequeno grupo de amigos, àqueles que ama. Ele pertence, para além do espaço e do tempo, a outro mundo, que é ele mesmo e cujos ciclos infinitos pode percorrer se quiser. O ciclo da Beleza, que contempla os sábios, os artistas e os poetas. O ciclo do Amor, inspirador do sacrifício, do heroísmo, da renúncia. O ciclo da Graça, suprema recompensa daqueles que buscaram com ardor o princípio de todas as coisas. Assim é o nosso Universo.

14 – A reconstrução do homem.

Chegou o dia de começar o trabalho de nossa revolução. Não estabeleceremos um programa. Isso confinaria a realidade viva a uma armadura rígida, impediria o fluxo do imprevisível e aprisionaria o futuro nos limites de nossa mente.

Devemos nos levantar e andar. Libertar-nos da tecnologia cega. Perceber, em sua complexidade e em sua riqueza, todas as nossas potencialidades. As ciências da vida nos mostraram qual é a nossa finalidade e colocaram à nossa disposição os meios de alcançá-la, mas ainda estamos imersos no mundo que as ciências da matéria inerte construíram sem respeito pelas leis de nossa natureza. Esse mundo não é feito para nós, pois nasceu de um erro de nossa razão e da ignorância sobre nós mesmos. É impossível nos adaptarmos a ele. Portanto, nos revoltaremos, transformaremos seus valores. Organizá-lo-emos com base em nossas necessidades. A ciência atual permite-nos desenvolver todas as possibilidades que se escondem em nós. Conhecemos os mecanismos secretos de nossas atividades fisiológicas e mentais e as causas de nossa fraqueza. Sabemos como violamos as leis naturais. Sabemos por que estamos sendo punidos, por que estamos perdidos na escuridão. Ao mesmo tempo, começamos a distinguir, entre as névoas da aurora, o caminho para a nossa salvação.

Pela primeira vez na história do mundo, uma civilização que iniciou seu declínio pode discernir as causas de seu mal. Talvez ela saiba utilizar esse conhecimento e evitar, graças à maravilhosa força da ciência, o destino comum a todos os grandes povos do passado... Nesse novo caminho, devemos agora seguir em frente.

Fim

GRÁFICA PAYM
Tel. [11] 4392-3344
paym@graficapaym.com.br